Walter Dietrich
David

Biblische Gestalten

Herausgegeben von
Christfried Böttrich und Rüdiger Lux

Band 14

EVANGELISCHE VERLAGSANSTALT
Leipzig

Walter Dietrich

David

Der Herrscher mit der Harfe

EVANGELISCHE VERLAGSANSTALT
Leipzig

Der hochwürdigen Theologischen Fakultät
der Universität Helsinki in Dankbarkeit
und dem Freund Timo Veijola († 1. 8. 2005)
in bleibender Verbundenheit

Bibliographische Information der Deutschen Nationalbibliothek
Die Deutsche Nationalbibliothek verzeichnet diese
Publikation in der Deutschen Nationalbibliographie;
detaillierte bibliographische Daten sind im Internet über
http://dnb.dnb.de abrufbar.

2., durchgesehene und aktualisierte Auflage 2016
© 2006 by Evangelische Verlagsanstalt GmbH · Leipzig
Printed in Germany · H 7070

Das Buch wurde auf alterungsbeständigem Papier gedruckt.

Umschlaggestaltung: behnelux gestaltung, Halle/Saale
Satz: Steffi Glauche, Leipzig
Druck und Binden: Hubert & Co., Göttingen

ISBN 978-3-374-02399-8
www.eva-leipzig.de

INHALT

VORWORT ZUR ERSTEN AUFLAGE

König David – oft beschrieben, oft besungen, oft gemalt. Gibt es über ihn noch Neues mitzuteilen? Schon das wäre etwas: gut Gesagtes, schön Gesungenes, treffend Gemaltes in Erinnerung zu rufen. Es gibt indes auch Neues: neue Überlegungen zu den biblischen Quellen, neue Informationen zur Geschichte der Zeit, neue Wahrnehmungen der unvergänglichen Gestalt Davids. Der Versuch, alt und neu zu mischen, die Zusammenschau der Ebenen, gleichsam die Schaffung einer neuen Skulptur Davids aus teils vertrauten, teils noch unverbrauchten Materialien, ist der Zweck dieses Buches.

Ein solcher Versuch konnte nur nach längeren Vorarbeiten und mit Hilfe unverdrossener Unterstützer gewagt werden. Vorausgegangen sind mehrere Seminarien, Symposien und Buchveröffentlichungen zur Forschungs-, Literatur-, Zeit- und Wirkungsgeschichte der David-Gestalt, deren Einsichten und Ergebnisse im vorliegenden Band fruchtbar gemacht werden. Seit einigen Jahren unterstützt der »Schweizerische Nationalfonds zur Förderung der wissenschaftlichen Forschung« das von mir verantwortete Projekt »Erforschung der Samuelbücher«. In diesem Rahmen konnte ich Mitarbeiterinnen und Mitarbeiter anstellen, die mir zur Hand gingen – so auch bei diesem Buch: Marie-Gabrielle Mouthon und Simon Hofstetter beim Korrekturlesen, Sara Kipfer bei der Suche und Aufbereitung von Bildmaterial, Stefan Münger bei der Aufnahme oder Herstellung von Kartenskizzen. Viele Gespräche und Diskussionen im Kollegen-, Doktoranden- und Studierendenkreis haben mich belehrt und bereichert. Die Zusammenarbeit mit dem Verlag, insbesondere Frau Dr. Annette Weidhas, und den Reihenherausgebern, namentlich Herrn Prof. Rüdiger Lux, war konstruktiv. So lege ich diesen Band in Dankbarkeit vor – und in der Hoffnung, er werde denen, die ihn (oder in ihm) lesen, mancherlei Gewinn und auch Freude bringen.

Bern, im Frühjahr 2006   *Walter Dietrich*

ZUR ZWEITEN AUFLAGE

Ich bin dankbar, anlässlich der Neuauflage einige (glücklicherweise nur wenige) Korrekturen am Text der Erstauflage anbringen, vor allem aber: eine Reihe von Aktualisierungen vornehmen zu können, die sich aus der in den letzten zehn Jahren weiter fortgeschrittenen Forschungsdiskussion ergeben. Eigens genannt sei hier die Erweiterung der Literaturliste am Ende des Bandes: Die Einträge reichen jetzt über die Angaben in der Erstauflage hinaus bis ins Jahr 2016. Bei dieser Gelegenheit habe ich einen »Systemwechsel« gegenüber der ursprünglichen Bibliographie vorgenommen: Seinerzeit war sie untergliedert nach den Hauptkapiteln des Buches; das sollte leserfreundlich sein, konnte aber auch zu erhöhtem Aufwand bei der Auffindung eines Titels führen und verlangte immer wieder Querverweise zwischen den verschiedenen Abschnitten der Bibliographie. Jetzt sind die Literaturangaben zum gesamten Buch von A bis Z durchgeordnet, was (zumal auch dank der Aufdatierung) eine größere zusammenhängende Datenmenge ergibt, letztlich aber, so hoffe ich, doch der besseren Verwendbarkeit dient.

Erneut sei dem Verlag, insbesondere Frau Dr. Annette Weidhas, für die konstruktive Zusammenarbeit gedankt.

Bern, im Frühjahr 2016   *Walter Dietrich*

A. EINFÜHRUNG

Die Vita Davids im Spiegel der Kunst

König David lebte vor rund 3000 Jahren. Er ist über diese drei Jahrtausende erstaunlich lebendig geblieben. Zweifellos ist er eine der Gestalten, welche die europäische Kultur- und Geistesgeschichte am nachhaltigsten beeinflusst haben. In den biblischen Schriften, in der frühjüdischen wie der frühchristlichen und dann auch der islamischen Literatur, in der Bildkunst mittelalterlicher wie moderner Kirchen, in Moldauklöstern wie in österreichischen Barockschlössern, in der Herrscherideologie byzantinischer, fränkischer und deutscher Kaiser, in der Kühle staatsrechtlicher Argumentation wie in der heißen Erwartung chiliastischer Bewegungen, in der Bildhauerei eines Michelangelo wie in Gemälden Marc Chagalls, in Oratorien und Opern vom Barock bis zur Moderne, in Elegien, Gedichten und Romanen vom Mittelalter bis in die Gegenwart: überall trifft man auf David.[1]

Die wichtigsten Stationen der Vita Davids, wie sie uns die Bibel schildert, sollen anhand einer mittelalterlichen Buchillustration in Erinnerung gerufen werden. Es handelt sich um eine Bilderserie, die dem »Bamberger Psalmenkommentar des Petrus Lombardus« (12. Jh.) vorgeschaltet war.[2] Mit ihr sollte der Le-

---

1   Einen Eindruck von der facettenreichen Wirkungsgeschichte der Davidgestalt wird Teil III dieses Buches bieten. Wer sich ausführlicher informieren will, nutze den umfangreichen Sammelband Dietrich/Herkommer 2003 (»König David – biblische Schlüsselfigur und europäische Leitgestalt«).
2   Zu dessen kunst- und kulturgeschichtlicher Einordnung vgl. Stolz 2003.

serschaft die Lebensgeschichte des Mannes vor Augen geführt werden, der damals selbstverständlich als der Autor der Psalmen galt. Was er geleistet und erlebt, getan und erlitten hatte, sollte man sich beim Lesen und Hören, beim Rezitieren und Meditieren »seiner« Gebete vergegenwärtigen. Die Bildreihe folgt der Davidbiographie der Samuelbücher erstaunlich genau. Freilich versieht der Künstler die Texte unbefangen mit dem höfisch-ritterlichen Kolorit, das der Adressatenschaft offenbar vertraut war. Zur Sicherung eines korrekten Verständnisses gibt er den Figuren gelegentlich Spruchbänder (mit lateinischen Texten) in die Hand und lässt über den Bildern Textleisten mitlaufen, die (in gereimten lateinischen Hexametern) den Gang der Handlung gerafft wiedergeben. Nicht weniger interessant ist es zu sehen, wie er hier und da doch von der biblischen Vorlage abweicht, sie ergänzt oder kürzt (die entsprechenden Hinweise sind im Folgenden *kursiv* gesetzt).

Abb. 1:
Der junge David kämpft mit Raubtieren (1Sam 17,34 f.) und übt
sich im Gesang zur Harfe, womit er die Tiere verzaubert.
König Saul rast *und bedroht sein Gefolge*. Ein Diener geht und sucht
Abhilfe (1Sam 16,14–19).
David besänftigt mit der Harfe Saul (1Sam 16,23) und befreundet
sich mit Sauls Ältestem, Jonatan (1Sam 18,1–4, auch 20,1–42).

Abb. 2:

Samuel soll mit einem Horn (hier: einem Krug) voll Salböl nach
Betlehem gehen. Dort salbt er David inmitten seiner Brüder
zum König (1Sam 16,1–13).

Die Truppen Israels und der Philister stehen sich gegenüber. David
wagt mit seiner Schleuder den Zweikampf gegen den riesigen
Goliat (1Sam 17,1–41).

Der Philister ist gefällt; David schlägt ihm mit dessen eigenem
Schwert den Kopf ab, den er anschliessend zu Saul bringt (1Sam
17,42–58). *Auffälligweise sind für diese Geschichte zwei Bilder
verwendet.*

14

Abb. 3:
Saul gibt seine Tochter Michal David zur Frau (1Sam 18,20–27).
Der Brautpreis von 200 Philister-Vorhäuten bleibt unerwähnt.
Die Hochzeitstafel. *Davon verlautet in der Bibel nichts. Umso*
anschaulicher tritt hier das mittelalterlich-höfische Milieu vor Augen.
David übt sich in Minne zu Michal, muss sie dann aber verlassen
(1Sam 19,11–17). *Dass er vor Mordanschlägen Sauls flieht, wird*
diskret übergangen.

15

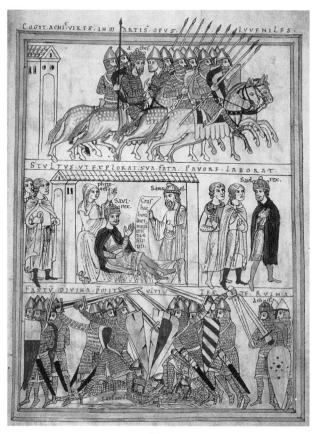

Abb. 4:

Der Philisterkönig Achisch von Gat nimmt David auf
(1Sam 27,1–7). *Davids zwielichtiges Leben als Milizführer und die*
Verfolgung durch Saul (1Sam 21–26) bleiben beiseite.

Vor der Entscheidungsschlacht gegen die Philister lässt Saul den
verstorbenen Samuel von einer Totenbeschwörerin heraufrufen
und erhält ein unheilvolles Orakel (1Sam 28).

Die Heere Israels und der Philister prallen aufeinander, Saul stirbt
(1Sam 31). *Davids Beiseitestehen und sein gleichzeitiger Kampf gegen*
die Amalekiter (1Sam 29–30) bleiben weg.

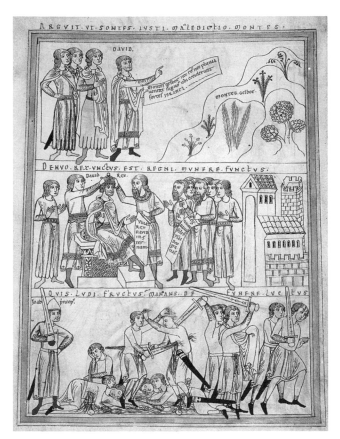

Abb. 5:

David verflucht aus der Ferne das Gebirge Gilboa, auf dem Saul
und Jonatan gefallen sind (2Sam 1,17–27). *Den Todesboten lässt er
töten (2Sam 1,1–16).*

David wird zum König von Juda gekrönt (2Sam 2,1–7). *Vermutlich
ist auch die Einsetzung zum König von Israel (2Sam 5,1–5) mitgemeint.*
Im Hintergrund die neue Residenz Jerusalem (2Sam 5,6–12).

Blutige Stellvertreterkämpfe zwischen Kriegern aus dem davidischen Juda und dem saulidischen Israel (2Sam 2,8–17).
*Die Morde an Sauls Erben, General Abner und König Eschbaal
(2Sam 3f.), bleiben beiseite.*

17

Abb. 6:

David überführt in feierlicher Prozession die heilige Lade nach
Jerusalem. Dass er dabei tanzt (*nach der Bibel fast nackt!*), erweckt
Michals Zorn (2Sam 6).

Abschalom hat sich gegen seinen Vater David erhoben und lässt
sich über das weitere Vorgehen beraten. Er folgt dem Rat des
David-Spitzels Huschai, während dessen Gegenspieler Ahitofel
sich erhängt (2Sam 17).

Davids Flucht vor Abschalom und Beschimpfung durch den
Sauliden Schimi (2Sam 16). *Die vorangehenden Erzählungen von
Ehebruch, Vergewaltigung, Mord und Intrigen am Königshof
(2Sam 10–14) fehlen.*

18

Abb. 7:
Abschalom stirbt von General Joabs Hand, nachdem sich beim
    Ritt durch den Wald sein Haar *(nach der Bibel war es sein Hals)* im
    Geäst verfangen hat (2Sam 18,1–16).
Joabs Mannen – *allesamt Ritter in Kettenhemden* – erringen den Sieg.
    Der Bericht über die Schwierigkeit, David über den Tod seines Sohnes
    zu informieren (2Sam 18,19–32), wird übergangen.
David klagt und weint um Abschalom, seine Umgebung ist betrübt
    (2Sam 19,1–9). *Die anschließenden Wirren (2Sam 19,10–20,22) und*
    die für David wenig schmeichelhaften Geschichten in 2Sam 21;24 und
    1Kön 1f. bleiben beiseite.

19

B. DARSTELLUNG

So anregend und unterhaltsam die Geschichte Davids in der gezeigten mittelalterlichen Bildserie dargestellt ist, und so schön und eindrucksvoll die Gestalt Davids noch ungezählte weitere Male in der europäischen Kunstgeschichte in Szene gesetzt worden ist (wovon im Teil B. III wenigstens ein bescheidener Eindruck geboten werden soll): Kritisches Denken verlangt nach Auskunft darüber, welcher Art und welchen Alters die Quellen sind, aus denen all diese Davidbilder gewonnen wurden.

I. Die Quellen über David aus biblischer Zeit

Das älteste und für die Folgezeit bestimmende Bild von König David hat die Bibel gemalt.[3] Es ist freilich nicht von einer Hand entworfen, sondern gleicht einem von verschiedenen Künstlern zu verschiedenen Zeiten und in unterschiedlichen Stilrichtungen gestalteten Mosaik. Wir wollen im Folgenden die von ihnen geschaffenen Teilbilder je für sich betrachten.[4] Dabei wird sich zeigen, dass sie einerseits sehr spezifische Farben und Formen aufweisen, dass in ihnen aber an-

---

3   Die einzige kleine, aber gewichtige Ausnahme ist eine altaramäische Inschrift aus frühbiblischer Zeit, die gleich anschließend zu behandeln sein wird.

4   Es sei ausdrücklich betont, dass es dabei (noch) nicht um die Frage der Historizität, der historischen Verlässlichkeit der einzelnen Quellen, geht. Diese sollen vielmehr vorerst auf ihre literarische Eigenart und ihren literaturgeschichtlichen Ort befragt werden.

dererseits oft traditionelle Motive und Materialien verwendet sind, die sich mit denen anderer Teilbilder berühren. So ergibt sich, aufs Ganze gesehen, ein seltsam bewegtes, spannungsreiches und doch auch wieder harmonisches Gesamtbild.

Gleichsam zur Einstimmung nehmen wir eine Erwähnung Davids in den Blick, die erst neuerdings in einer außerbiblischen Quelle aufgetaucht ist und die sich dem großen biblischen Davidbild als eine kleine Sonderfacette zuordnen lässt.

1. Davids Haus in der Stele von Tel Dan

Am 21. Juli 1993 wurde bei einer archäologischen Ausgrabung auf Tel Dan, dem Ruinenhügel einer altisraelitischen Stadt nahe der Grenze zum nördlichen Nachbarn Aram (heute: Syrien), ein Aufsehen erregender Fund gemacht. In einer antiken Mauer entdeckte man einen ganz besonderen Stein: das Fragment einer Stele, eines monumentalen Gedenksteins, der auf einer Seite geglättet und mit einer in altaramäischer Sprache und Schrift abgefassten Inschrift versehen worden war. Irgendwann musste die Stele zerschlagen und in ihren einzelnen Bruchstücken sekundären Verwendungszwecken zugeführt worden sein, z. B. dem Bau jener Mauer. Diese war ihrerseits wieder gewaltsam zerstört worden, und zwar offenbar im Jahr 733/32 v. Chr. im Verlauf eines Feldzugs des Assyrerkönigs Tiglatpileser III. Damit war der *terminus ad quem* des in ihr verbauten Stelen-Fragments gegeben. Aus philologischen und paläographischen Gründen war man sich bald einig, dass die Inschrift aus der Mitte des 9. Jahrhundert v. Chr. stammen musste.

Wie der aufgefundene Stein, so war auch der in ihn eingemeißelte Text nur äußerst bruchstückhaft erhalten. Immerhin war soviel zu entnehmen, dass es in der Vergangenheit eine Phase der Demütigung Arams durch Israel gegeben hatte, dass nun aber dem Verfasser bzw. dem Auftraggeber der Stele ein großer Sieg über Israel gelungen war, bei dem Tausende von Streitwagen und Pferden vernichtet worden waren. Im Zusammenhang dieser Ausführungen nun begegnen die Wörter, die die wissenschaftliche Gemeinschaft (und nicht nur sie) elektrisierten: »König Israels« sowie »bytdwd«.[5]

Dass auf einer aramäischen Inschrift im Grenzland zu Israel ein »König Israels« erwähnt wurde, war nicht weiter verwunderlich; auch nicht, dass dieses aramäische Siegesmonument den Besiegten ein Dorn im Auge war und baldmöglichst wieder zerstört wurde. Doch sollte die Konsonantenfolge *bytdwd* wirklich, wie die Erstveröffentlicher ohne Zögern vorschlugen, als *bêt dāwīd* (»Haus Davids«) gelesen werden? Und durfte man mit ihnen das vorangehende, auf -*k* endende Wort zu *mlk* (*mælæk*, »König«) ergänzen und den so gewonnenen »König des Hauses David« mit dem eine Zeile weiter oben vorkommenden »König Israels« in Parallele setzen? War die Genitivverbindung »König des Davidhauses« sprachlich überhaupt möglich, und konnten ein Staat und eine Dynastie parallelisiert werden?[6] Wie überhaupt

---

5   Vgl. die Erstveröffentlichung durch den Archäologen Biran und den Epigraphiker Naveh (1993).

6   Diese Schwierigkeiten sind dann behoben, wenn man *bêt dāwīd* als Bezeichnung nicht der Dynastie, sondern des von ihr beherrschten Staates auffasst: ein altorientalisch durchaus gängiger Sprachgebrauch; als alttestamentlichen Beleg vgl. 2Sam 3,1.6.

sollte in so früher Zeit so hoch im Norden und gar bei den Aramäern der Name Davids bekannt sein?

Alsbald erhob sich eine erregte wissenschaftliche Debatte. Während die einen frohlockten, nun habe man endlich einen sehr frühen außerbiblischen Beleg für die Existenz Davids bzw. seines Hauses,[7] konterten andere, dieses Haus sei auf Sand gebaut,[8] die Inschrift beweise zu David wenig bis nichts. Wie das? Nun, die Buchstabenfolge *bytdwd* müsse (und dürfe) gar nicht als *bêt dawid* vokalisiert werden, sondern als *bêt dôd*: ein zunächst ebenso verblüffender wie erwägenswerter Vorschlag: Das hebräische Wort *dôd* (das aus den gleichen Konsonanten gebildet ist wie *dawid*) hat eine Bedeutungsbreite von »Onkel« bis »Liebling«. Es könnte hier als gewissermaßen zärtliches Attribut einer Gottheit gebraucht sein, so dass man *bêt dôd* zu verstehen hätte als »Haus des Lieblings(gottes)«. Nicht um die Daviddynastie ginge es demnach in der Inschrift, sondern um ein Heiligtum[9] – und ein solches oder deren mehrere habe es in Dan gewiss gegeben. (Nur freilich dürfte man dann das vorangehende Wort nicht zu *mælæk* »König« ergänzen.)

Als der Kampf der Positionen hin und her wogte, wurden auf Tel Dan zwei weitere, kleinere Bruchstücke jener Siegesstele gefunden und umgehend der wissenschaftlichen Öffentlichkeit bekannt gemacht.[10] Fortan hieß das zuerst entdeckte Fragment »A«, die

---

7   Vgl. den Titel des Beitrags von Shanks 1994: »›David‹ Found at Dan«. Auf Italienisch klang das so: »il primo testo extrabiblico che parla della dinastia davidica« (Kaswalder/Pazzini 1994, 201).

8   So der Titel des Beitrags von Davies 1994.

9   Dies der Deutungsvorschlag von Knauf / de Pury / Römer 1995, sowie einigen anderen.

10   Siehe Biran/Naveh 1995.

beiden anderen »B1« und »B2«. Die beiden letzteren
ließen sich zweifelsfrei zusammenfügen und brachten
in die aufgeregte Debatte einige Klarheit.

Abgesehen von einigen klaren Aramaismen, welche die aramäische Herkunft des Textes bestätigen,
ist das Aufregendste an den Bruchstücken B1 und B2
die Nennung zweier Personennamen in den Zeilen 6
und 7. Von vornherein ist klar, dass auf einer Monu-
mentalinschrift nicht irgendwelche Leute, sondern nur
hochrangige, am ehesten Könige, erwähnt werden.
Die beiden Namen sind nicht vollständig erhalten,
zu erkennen sind jeweils nur die letzten Konsonanten,
gefolgt jeweils von *br* (aramäisch: »Sohn des …«), worauf ursprünglich der Vatersname gefolgt sein muss.
Die betreffenden Passagen lauten: … *-rm br* … und …
-jhw br … Beim ersten Namen hat man wohl »-ram«,
beim zweiten sicher »-jahu« zu vokalisieren. Mindestens einer der beiden Namen enthält also den Got-
tesnamen Jhwh, und das weist eindeutig nach Israel
bzw. Juda. Wenn nun in Fragment A ein »König von
Israel« und ein »König(?) von Davidhaus« erwähnt
werden, dann drängt sich die Vermutung geradezu
auf, die beiden Eigennamen auf den B-Fragmenten
seien die Namen jenes israelitischen und jenes judäischen Königs.

Ausweislich der Bibel hat nur einmal ein israeli-
tischer König, dessen Name auf *-ram* endet, gleichzei-
tig mit einem König von Juda regiert, dessen Name auf
-jahu endet: J(eh)oram von Israel (850–845 v. Chr.) und
Ahasja(hu) von Juda (845 v. Chr.). Der Bibel zufolge
(2Kön 9f.) kamen beide beim gleichen Anlass ums
Leben: bei einem Putsch, den der israelitische Streit-
wagenoberst Jehu ben Nimschi während eines Grenz-
krieges zwischen Israel und Aram anzettelte. Von den
gleichen Vorgängen scheint auch die Stele von Tel Dan

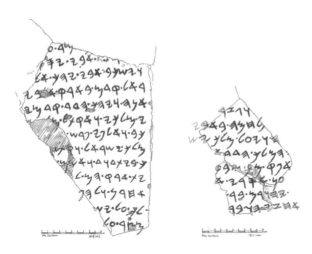

Abb. 8: Stelen-Fragmente von Tel Dan

zu handeln. Ihr Verfasser bzw. Auftraggeber – aller Wahrscheinlichkeit nach der Aramäerkönig Hasaël von Damaskus, dessen Name in der Bibel einen Schreckensklang hat[11] – rühmt sich, Israel besiegt und den König von Israel wie den König von Juda getötet zu haben; und allem Anschein nach nennt er diese beiden auch beim Namen und Vatersnamen: »Joram, Sohn des Ahab« und »Ahasjahu, Sohn des Jehoram«.

Damit werden die biblischen Nachrichten von einem Umsturz im Jahr 845 nun auch außerbiblisch bestätigt – auch wenn beide Quellen sich nicht einig sind, wer dafür die Hauptverantwortung trägt: der aramäische König oder der israelitische Usurpator. Oder soll man annehmen, die beiden hätten Hand in Hand gearbeitet und dann eine Art Propagandastreit ausgetragen, wem der Ruhm gebühre? In unserem Zusammenhang ist indes etwas scheinbar Nebensäch-

---

11   1Kön 19,17; 2Kön 8,11–13.28 f.; 10,32; 12,18 f.; 13,3.22.

25

liches von höchstem Interesse: In einer aramäischen Inschrift aus der Mitte des 9. Jahrhunderts v. Chr. wird das Königreich Juda »Haus Davids« genannt.[12] Das heißt, über die dort regierende Dynastie hatte der Dynastiegründer dem Land seinen Namen gegeben, und den kannten selbst die Aramäer. Darin deutet sich nicht nur eine gewisse zeitliche Erstreckung an – solche Vorgänge brauchen ihre Zeit, David muss also erheblich viel früher gelebt haben –, sondern auch eine hohe und unvergessene persönliche Bedeutung des Namensgebers. So erweist der Aramäerkönig Hasaël, der sich rühmt, Israel und »Davidhaus« besiegt zu haben, indirekt dem König David seine Reverenz.

2. David in den Samuelbüchern

1. Das »Höfische Erzählwerk«

Die Samuelbücher sind die älteste biblische Quelle zu König David. Auch wenn sie nicht in einem Zuge entstanden sind und höchstens zu kleinen Teilen in die unmittelbare zeitliche Nähe Davids führen, stammt der Großteil ihres Textbestandes doch sicher aus der mittleren – einige sagen auch: aus der späteren – judäischen Königszeit.

Das Königreich Juda, als dessen Gründer David firmiert, existierte vom 10. Jh. bis ins Jahr 586 v. Chr., als ihm die Babylonier ein Ende machten. Bis 722 hatte es zum nördlichen Nachbarn das Königreich (Nord-)Israel, ehe dieses dem assyrischen Imperium zum Opfer

---

12 Leonard-Fleckmann (2016) vertritt hingegen die These, *bêt dā-wīd* sei nur ein Sippenname und habe nie ein Staatswesen bezeichnet. David sei überhaupt nie König von Juda gewesen. Dem widerspricht der biblische Befund auf ganzer Linie.

fiel. Die assyrische Expansion bedrohte auch Juda aufs heftigste. 701 v. Chr. stand eine assyrische Heeresmacht vor Jerusalem, das nur knapp um schweren Tribut freigekauft werden konnte. Schon davor und erst recht danach waren die judäischen Könige assyrische Vasallen. Um 640 v. Chr. änderte sich die politische Großwetterlage; das neuassyrische Reich brach zusammen, das neubabylonische wurde sein Erbe.

Allem Anschein nach hat während der Zeitspanne zwischen dem Untergang Israels und Judas – eher an deren Anfang als an deren Ende – in Jerusalem ein großer Schriftsteller und Geschichtsschreiber die Samuelbücher im Wesentlichen in die Form gebracht, in der sie heute vorliegen. Er schuf ein – heute freilich nur mehr zu postulierendes – *Höfisches Erzählwerk über die frühe Königszeit in Israel*, das von 1Sam 1 bis 1Kön 2 (evtl. bis 1Kön 12) reichte.[13] Diesem Geschichtswerk eignen zugleich Züge der Erbauung und Unterhaltung, es handelt sich um eine Art Geschichtsroman, um schöngeistige historische Literatur hohen Ranges, die in der Weltliteratur ihresgleichen sucht.

Freilich hat der postulierte Verfasser sein Werk nicht einfach frei gestalten können oder wollen, sondern auf vielerlei ältere Quellen und Informationen

---

13   Zur näheren Begründung und Erläuterung vgl. Dietrich 1997, 259–273. Finkelstein / Silberman (2004, 160–163) und einige andere Forscher votieren für die Zeit nach 640 (als in Jerusalem der König Joschija [639–609] herrschte) als die Zeit der großen Literaturbildung im Bereich der biblischen Geschichts- und namentlich der Samuelbücher. Für die letzteren kommt aber mindestens ebenso gut die Epoche des Königs Hiskija (725–696) in Betracht. Dafür spricht namentlich die starke Präsenz Nordisraels in den Samueltexten; das Bruderkönigreich war nach 722 natürlich noch in lebendiger Erinnerung; dass es unter Joschija wieder verstärkt in den Blick gekommen wäre, wie Finkelstein meint, ist eine unbewiesene Vermutung.

zurückgegriffen. Wie viele andere Textbereiche der Bibel, so ist auch dieses Erzählwerk Traditionsliteratur in dem Sinne, dass in ihm ältere Tradition aufgenommen ist – und es übrigens selbst auch wieder Glied in der Kette der Traditionsbildung wurde; denn die Samuelbücher wuchsen später noch weiter, und es traten ihnen andere literarische Werke zur Seite. So gesehen ist der Verfasser nicht nur Autor, sondern zugleich Traditor und Redaktor (keinesfalls aber bloßer Repetitor!). Er war ein eigenständig denkender und eigenwillig handelnder Schriftsteller und Historiker – und doch war er nicht nur seinem eigenen Kunst- und Wahrheitssinn verpflichtet, sondern auch dem seiner Gewährsleute. Mit ihnen zusammen arbeitete er an einem Teil des kulturellen Vermächtnisses und Gedächtnisses Altisraels. Er ordnet sich ein in einen großen Traditionsstrom, der lange vor ihm eingesetzt hatte und mit ihm nicht enden sollte. Nicht von ungefähr ist sein Name nicht bekannt, ist sogar sein geistiges Profil weitgehend in den Texten aufgegangen, die er bearbeitet und erschaffen hat. Im Folgenden soll zunächst den Spuren nachgegangen werden, die seine Arbeit in den Daviderzählungen der Samuelbücher hinterlassen hat;[14] danach ist zu fragen, auf welche Quellen er dabei zurückgreifen konnte.

Es ist auffällig, dass und wie in die Geschichte Davids diejenige Sauls und seiner Familie verwoben ist. Saul ist in den Samuelbüchern schon lange vor David präsent, wohl schon im ersten Kapitel[15], jeden-

---

14 Dabei ist vornehmlich auf Züge zu achten, die sich durch die gesamten Samuelbücher hindurchziehen und also einen weiten redaktionellen Horizont verraten – freilich auch wieder keinen Horizont, der über 1Kön 2 (oder 12) hinausreicht.

15 Das Leitwort der Hanna-Geschichte, »erbitten, erfragen« (š'l), hat die gleichen Konsonanten wie der Name »Saul«.

falls ab 1Sam 9. In 1Sam 14,49–51 wird seine gesamte Familie vorgestellt, mit deren Mitgliedern es David dann zu tun bekommt. Sauls Schatten liegt über einem langen Abschnitt seines Lebenswegs (1Sam 16–2Sam 1). Als Saul schließlich im Kampf gegen die Philister gefallen ist, werden sein Sohn und Nachfolger Esch-baal und sein Cousin Abner zu Davids Gegenspielern (2Sam 2–4). Zuvor war Sauls ältester Sohn Jonatan Davids bester Freund gewesen (1Sam 18,4; 20; 23,16–18; 2Sam 1,17–27), weshalb dann Jonatans Sohn Meribaal seine besondere Aufmerksamkeit fand (2Sam 9,2–13; 16,1–4; 19,25–31). Mit Sauls Tochter Michal führte David eine Ehe nicht ohne tragische Momente (1Sam 18,20–28; 19,11–17; 25,44; 2Sam 3,12–21; 6,20–23). Der Saul-Nachkomme Schimi machte ihm und gar noch seinem Nachfolger schwer zu schaffen (2Sam 16,5–14; 19,17–24; 1Kön 2,8f.36–46). So kann man den Eindruck gewinnen, die Samuelbücher wollten fast ebenso die Geschichte Sauls wie diejenige Davids darstellen. Dabei ist doch unverkennbar, dass die Sympathien viel mehr bei David als bei Saul liegen.

Warum erhält Saul neben David eine so prominente Rolle in den Samuelbüchern? Kaum nur aus historischen Gründen (der eine beerbte eben den anderen), auch nicht nur aus literarischen Gründen (zwei Antipoden ermöglichen eine lebensvolle, spannende Darstellung). Vielmehr scheinen David und Saul für zwei politisch-ethnische Größen zu stehen, die für die Geschichte der gesamten Königszeit (und noch darüber hinaus) bestimmend waren. Saul war von Herkunft Benjaminit, sein Herrschaftsgebiet war das Kernland des späteren Staates Nordisrael.[16] David war Judäer,

---

16 Benjamin war zwar ein zwischen Juda und Nordisrael umstrittenes Gebiet (vgl. z. B. 1Kön 15,16–22), doch formuliert in 2Sam

seine Hausmacht war Juda, er begründete das dortige Königtum; Israel war mit Juda nur zeitweilig in Personalunion verbunden, ab 926 v. Chr. erlangte es (wieder) Selbstständigkeit. Diese beiden Größen verkörpern sich in Saul und David. Das Schicksal Sauls und der Sauliden, wie es die Samuelbücher zeichnen, ist transparent auf das Schicksal des (vermutlich vor kurzem untergegangenen) Nordreichs; darin, dass David über Saul die Oberhand behielt, spiegelt sich die Tatsache, dass das Königreich Juda das Königreich Israel überlebte. Die Totengräber des Nordreichs Israel waren die Assyrer, gewiss – doch waren die Judäer nicht gänzlich unbeteiligt.[17] Analog waren die Philister hauptverantwortlich für den Untergang des saulidischen Königtums – doch auch David war nicht gänzlich unschuldig daran: War er nicht Vasall der Philister? Waren nicht er und seine Leute immer verdächtig nah, wenn Sauliden ums Leben kamen (vgl. z. B. 2Sam 3f.; 21)? War nicht er es, der zwei Aufstände, die ihre Basis vor allem in Norden hatten, blutig niederschlug (2Sam 15–20), und verhalf nicht er Salomo auf den Thron, der den Norden rücksichtslos ausbeutete (1Kön 4,7–19; 12,4)?

Anscheinend arbeitet der Höfische Erzähler am historischen Stoff eine Grundproblematik auf, die zu seiner Zeit besonders brennend geworden war: Wie

19,21 ein Saulide ausdrücklich, dass sich Benjamin zum Nordreich (»Josef«) gehörig fühlte.

17 Sie hatten dem Bruderstaat in seinem Abwehrkampf gegen Assur wenig Unterstützung gezeigt, im Gegenteil. Es ist in diesem Zusammenhang der sog. syrisch-efraimitische Krieg 734/733 zu erwähnen, in dessen Verlauf sich Juda auf die Seite Assyriens schlug, das seinerseits Nordisrael schwer malträtierte (und wenig später ja ausradierte). Diese dramatischen Ereignisse spiegeln sich in assyrischen Inschriften, aber auch in 2Kön 16 und Jes 7f.

war das Verhältnis von Juda und Israel zu bestimmen? War der Norden nicht von Anfang an vom Süden immer wieder übervorteilt und am Ende sogar in den Abgrund gestoßen worden? Die Antwort des Höfischen Erzählwerks lautet: Es ist wahr, es hat schon in der frühen Königszeit Spannungen zwischen Nord und Süd gegeben, und Saul hat gegen David den Kürzeren gezogen. Doch dabei ging nichts mit unrechten Dingen zu. David hat die Macht nicht unrechtmäßig an sich gerissen, sie war ihm von Gott zugedacht; mit Gottes Hilfe konnte er sie erhalten und ausbauen und sie schließlich, nach mancherlei Wirren, geordnet an Salomo übergeben. Niemals hat David gegenüber Sauliden und dem Norden persönliche Schuld oder gar Blutschuld auf sich geladen. Dies ist ein Aspekt, auf den das Erzählwerk allergrößten Wert legt. Immer wieder schildert es Situationen, in denen David Gelegenheit hatte, seinen Widersachern im Norden Schaden zuzufügen, doch er hat es nie getan. Die Aufstände dort waren von zweifelhaften Subjekten angezettelt, und David blieb gar keine andere Wahl, als sich mit gewaltsamen Mitteln zur Wehr zu setzen. Mitgliedern der Saul-Familie, die ihm mit Aggression begegneten – Saul selbst, Meribaal, Schimi –, antwortete er mit Großmut; solche, die fremder (nie eigener!) Aggression zum Opfer fielen – Jonatan, Abner, Eschbaal –, beklagte oder rächte er.[18]

Es lohnt sich, in diesem Zusammenhang den Blick auf ein Detail zu richten. Das hebräische Wort für »Hand« trägt auch die symbolische Bedeutung »Kraft, Gewalt«. Schaut man den beiden Kontrahenten David

---

18 Das sind, es sei betont, Aussagen des Höfischen Erzählers; wie zutreffend sie in historischer Hinsicht sind, steht auf einem anderen Blatt. Weiter dazu unter B.III.1.1.

und Saul auf die Hände, zeigt sich ein großer Unterschied: Davids Hand hält die Leier (1Sam 16,16.23; 18,10); er erhebt sie nie gegen seine Widersacher (24,7.13.14; 25,26.33; 26,9.11.23), selbst wenn Gott ihm diese in die Hand gibt (24,5.11.19; 26,8.23). Saul hingegen hat den Spieß in der Hand (18,10; 19,9; 22,6); er will zwar möglichst seine Hand nicht selbst an David anlegen, dies aber den Philistern überlassen (18,17.21.25). Gott indes verhindert, dass ihm David je in die Hand fällt (23,7.14.17.20; 24,14). An einem solchen Beispiel ist zu sehen, mit welch feinen literarischen Mitteln unser Autor arbeitet; alle genannten Stellen dürften auf ihn selber zurückgehen.

Eine ganze Reihe von Erzählfäden dieser Art zieht sich durch das gesamte Werk und weist es als ein durchgeformtes Ganzes aus. Am anschaulichsten wird dies in den vielen Lebensschicksalen, die der Autor die gesamte Zeit über verfolgt. Von Saul und seinen Familienangehörigen war schon die Rede. Ein Gegenbild zur Prinzessin Michal, die sich mit David überwarf und von ihm keine Kinder bekam (2Sam 6,20–23), ist Batscheba, die gleichsam an Michals Stelle tritt und dem König einen Sohn und gar den späteren Thronfolger schenkt (2Sam 11f.; 1Kön 1). Wir erfahren indes noch von weiteren Gemahlinnen Davids, von denen er insgesamt mindestens 17 Söhne hatte (2Sam 3,2–5; 5,13–15). Die ältesten dieser Söhne spielen dann Hauptrollen in der großen Familiengeschichte, die zeigt, wie und warum am Ende Salomo, der Zehnte in der Reihe, die Oberhand behält (2Sam 13–19; 1Kön 1f.). Mit Salomos unmittelbarem Gegenspieler, Adonija, ist der General Joab verbündet, der ebenso getreue wie unheimliche Paladin Davids während dessen gesamter Zeit als König (2Sam 2,18; 3,27; 8,16; 14,1.19; 18,5.14.20; 20,7–22.23; 1Kön 1,7.19;

2,5f.28–35). Auch den Priester Abjatar, der David schon von dessen Zeit als Freibeuter an bis an sein Lebensende begleitet hat, schaltet Salomo aus (1Sam 22,20–23; 23,6.9; 2Sam 8,17; 15,24.27–36; 17,15; 20,25; 1Kön 1,7.19.25.42; 2,22.26f.35).

Neben der Geschichte der Könige läuft in den Samuelbüchern eine Geschichte der Priester mit: angefangen von Eli und seinen Söhnen (1Sam 1–4) über Samuel (1Sam 3; 7) und die Priesterschaft zu Nob (1Sam 21f.) bis hin zu dem eben erwähnten Abjatar und dessen Kompagnon und Konkurrenten Zadok, der das bessere Ende für sich hat (2Sam 8,17; 15,24f.; 17,15; 20,25; 1Kön 1,8.34; 2,35). Abjatar und Zadok wiederum werden mit der heiligen Lade in Verbindung gebracht (2Sam 15,25f.), deren Geschicke sich ebenfalls durch das gesamte Höfische Erzählwerk hindurch verfolgen lassen: von ihrer ersten Erwähnung in 1Sam 3,3 an (einem kleinen, gezielten Einschub unseres Erzählers) über ihre abenteuerlichen Reisen durch das Philisterland (1Sam 4–6), ihre Überführung nach Jerusalem (2Sam 6), ihren Einsatz in politischen Krisensituationen (2Sam 11,11; 15,24)[19] bis hin zu ihrer Deponierung im Allerheiligsten des Tempels Salomos (1Kön 8,1–13).

Der Schriftsteller, der diese und noch viele weitere Erzählfäden in den Händen hielt, sie miteinander verschlang, ohne dass sie sich verhedderten, der einmal den einen ruhen ließ, um den anderen aufzunehmen und dann wieder einen dritten einzufädeln und mit einem vierten zu verbinden, ehe er den ersten wieder

---

19   Vermutlich ist das »Zelt«, aus dem das Salböl für Salomo geholt wird (1Kön 1,39) und in das sich Joab vor Salomo flüchtet (1Kön 2,29), eben der Aufbewahrungsort der Lade (vgl. 2Sam 6,17; 11,11; 1Kön 8,4), ehe sie in den Tempel verbracht wird.

zu Wort kommen ließ: dieser geniale Schriftsteller zeigt in vielem die Arbeitsweise eines Romanciers. Ein Roman schildert das Leben einer bestimmten Epoche in einer möglichst umfassenden, facettenreichen und fesselnden Weise. Genau dies geschieht im Höfischen Erzählwerk mit der frühen Königszeit in Israel. Und die Kunstfertigkeit, mit der dies geschieht, hat dem Autor immer wieder die rühmendsten Zeugnisse eingebracht. Vielleicht das Faszinierendste ist, dass er seine Beweggründe und Zielsetzungen oft nicht klar zu erkennen gibt.[20] Was oben über das Juda-Israel-Problem als leitenden Gesichtspunkt gesagt wurde, ist nur eine These zu einem bestimmten Themenstrang in seinem Werk. Keineswegs dürfte man daraufhin sagen, er habe eine politische Abhandlung oder gar eine Propagandaschrift schreiben wollen. Dagegen spricht schon die Verkleidung der Thematik in einen geschichtlichen Stoff, dagegen spricht auch die Differenziertheit, ja Ambivalenz, mit der er dieses wie andere Themen ins Bild setzt.

Der Verfasser des Höfischen Erzählwerks ist ein Meister des ambivalenten Erzählens. Schon die Hauptfiguren Saul und David sind durchaus nicht einseitig schwarz oder weiß gezeichnet. Die Gestalt Sauls zeigt außer zerstörerischen und abstoßenden auch gewinnende und tragische Züge.[21] Und der David der Samuelbücher ist keineswegs nur der unschuldig-strahlende Held, sondern auch der brutal-egoistische und gewissenlos-opportunistische Gewaltmensch. In Abwandlung gilt Ähnliches für wohl

---

20 Im Teil III kommen diverse Beispiele dafür in den Blick.
21 Vgl. die Darstellung bei Gunn 1980 und Exum 1992, 70–119. Nach Shalom Brooks (2005) wäre er *nur* gewinnend gewesen. Dabei ist eben die Ambivalenz der Darstellung verkannt.

alle Figuren dieses antiken Romans: Kaum eine ist nur gut oder nur schlecht. Nehmen wir zum Beispiel einige Frauengestalten: Was ist davon zu halten, dass Michal ihren Vater anlügt (freilich aus Not: 1Sam 19,17) und David für sein Verhalten bei der Ladeprozession rügt (vermutlich mit gutem Grund: 2Sam 6,16.20–23)? Wie ist zu beurteilen, dass Abigajil zwar David klug und richtig berät, sich ihm aber doch mehr oder weniger deutlich anbietet und ihren Gatten vor ihm desavouiert (1Sam 25,20–31)? Dass eine »weise« Frau den Monarchen dazu bringt, seinen rebellischen Sohn zu rehabilitieren (2Sam 14), und eine andere »weise« Frau die Leute ihrer Stadt dazu bringt, einen antimonarchischen Rebellen zu köpfen (2Sam 20)? Wie sollen wir uns die Rolle Batschebas zurechtlegen: zuerst bei der Affäre mit David (2Sam 11,2–4), dann bei der Thronerhebung ihres Sohnes und der Liquidierung seines Konkurrenten (1Kön 1,11–21; 2,13–25)? Wie haben wir uns Abischag von Schunem vorzustellen – außer dass sie schön war (1Kön 1,1–4)?[22]

Wie bei den Frauen-, so ist es bei den Männergestalten: nicht nur bei Saul und David, sondern etwa auch bei Jonatan: Ist es recht, dass er seiner Liebe zu David den Vorrang gibt vor seinen Sohnespflichten (1Sam 20; 23,16–18)? Hat der Priester Ahimelech wirklich völlig ahnungslos den vor Saul flüchtenden David unterstützt (1Sam 21)? Trägt der Philisterfürst Achisch nicht auch rührende Züge (1Sam 27; 29)? Ist Sauls und Eschbaals Heerführer Abner loyal oder ein Verräter (2Sam 2f.)? Ist sein judäisches Pendant Joab nur ein skupelloser Gewalttäter oder nicht auch ein treuer Gefolgsmann und kluger Berater Davids? Geht Urija, als David ihm Fronturlaub gewährt, wirklich

---

22 Näheres dazu unter III.2.

nur aus Ehrbarkeit nicht zu seiner Frau Batscheba – oder aus Misstrauen und Trotz (2Sam 11)? Ist Abschaloms Rebellion gegen David nur aus eitlem Machtstreben geboren oder auch aus berechtigter Unzufriedenheit mit dem Monarchen? Setzte sich der Ratgeber Ahitofel, indem er sich für Abschalom entschied, ins Unrecht – oder hatte er nicht vielmehr Recht (2Sam 17)? War Salomos Machtergreifung rechtens oder ein Putsch, waren seine Säuberungsmaßnahmen begründet oder reine Willkür (1Kön 1 f.)?

So ließe sich fortfahren. Das Aufregende an dem biblischen Davidroman ist, dass er keine flachen Charaktere zeichnet und keine platten Lehren erteilt. Er bringt viele Details – und verschweigt doch andere, die man zu gern erführe. Er malt das pralle Leben – und lässt doch ganz gezielt Leerstellen. Er eröffnet immer wieder konträre Perspektiven und divergente Deutungsmöglichkeiten. Durch all dies versetzt er die Leserinnen und Leser in Unruhe, zieht sie, ob sie wollen oder nicht, in das Geschehen hinein, verlangt von ihnen, selbst weiterzudenken und Position zu beziehen – statt sie von ferne und von oben zuschauen und sich langweilen zu lassen.

Eine besondere Wirkung der scharf und doch nicht einseitig profilierten, der lebensvoll und doch nicht vollständig ausgemalten Charaktere ist es, dass sich Leserinnen und Leser mit ihnen zumindest teilweise identifizieren, sich aber auch wieder von ihnen distanzieren können. Irgendwie versteht man(n) sogar den wegen der schönen Tamar liebeskranken Amnon – um dann über seine (und vielleicht ja auch die eigene) Begehrlichkeit zu erschrecken; Tamar ist des Mitleids und der Achtung nicht nur aller Frauen gewiss – und doch ist sie auch ein warnendes Beispiel für gar zu viel Arglosigkeit (2Sam 13). Oder das Ringen zwischen

David und Abschalom: Welcher Vater könnte nicht begreifen, wie David seinem stürmischen Sohn immer wieder mit Nachsicht begegnet? Und ist nicht auch Abschalom zu begreifen in seinem Ungestüm und seinen hochfliegenden Gefühlen, als es ihm gelingt, das Volk hinter sich zu sammeln und den alternden Monarchen aus der Hauptstadt zu vertreiben? Wer zuckte nicht zusammen, wenn er Joab den wehrlos am Baum Hängenden kaltblütig ermorden sieht? Und wer fühlte nicht mit dem Vater, der auf die Nachricht vom Tod des Sohnes in rettungslose Trauer verfällt? Oder ist etwa Joab im Recht mit seiner Aufforderung an den König, sich zusammenzunehmen und nicht die Soldaten vor den Kopf zu stoßen, die für ihn gesiegt haben?

Das stärkste Angebot zu Identifizierung und Distanzierung bietet natürlich David selbst, die Hauptfigur des Romans. Man kann die Samuelbücher geradezu als einen Entwicklungsroman lesen,[23] der zeigt, wie ein junger namenloser Mann über Nacht zum gefeierten Helden wird, und dies dadurch, dass er schlauer und erfolgreicher zu kämpfen versteht als der stärkste Vorkämpfer der Philister; wie er die Herzen aller im Sturm nimmt: des Königs und der Königsfamilie, der Soldaten und der Frauen; wie er urplötzlich vom hohen Ross gestürzt wird und lernen muss, nicht mehr verehrt und verwöhnt zu werden, sondern sich durchzuschlagen, zu sich selbst und zu einem angemessen Verhältnis zu anderen zu finden, vor allem zur ambivalenten Vatergestalt eines Saul; wie er nach und nach Gefühle wie Trauer und Gerechtigkeitsempfinden in sich zulässt; wie er namentlich durch Frauen dazu angeleitet wird, seine Unbe-

---

23   So Dallmeyer/Dietrich 2002.

herrschtheit zu zähmen und seine Beziehungsfähig-
keit zu entfalten; wie er üben muss, mit Missgriffen,
Misshelligkeiten und Misserfolgen fertig zu werden,
wie er mitleidsfähig und selber leidensfähig wird –
und schließlich nach langem, erfülltem Leben stark
und ruhig von der Bühne dieser Welt abtreten kann.
Diese David-Biografie der Samuelbücher, die weit
davon entfernt ist, ein hochglänzendes Propagandabild zu sein, führt uns das Kämpfen, Wachsen, Lernen,
Reifen, Weisewerden nicht so sehr eines Königs, sondern eines Mannes, eines Menschen vor Augen, von
dem sich unendlich viel lernen lässt.

Darüber hinaus ist die David-Geschichte der Samuelbücher auch durch und durch religiös gefärbt.
Gott spielt in ihr eine starke, ja die entscheidende
Rolle: nicht vorn auf der Bühne – darin ist die Welt-
sicht des Autors gewissermaßen aufgeklärt –, aber
hinter den Kulissen. Gott lenkt die Geschicke nicht
nur Davids, sondern aller Figuren, die auf der Bühne
mit ihm und gegen ihn wirken. Er fördert ab einem gewissen Zeitpunkt Saul nicht mehr, dafür aber ganz
und rückhaltlos David. Er »ist mit ihm«, wie wohl ein
dutzend Mal ausdrücklich festgestellt wird, und darum sinken wohl links und rechts von ihm viele Menschen nieder, nicht aber er. Er zieht, wie an einem ma-
gischen Faden entlang, unbeirrt seine Bahn: durch alle
möglichen Tiefen und Untiefen, über alle möglichen
Umwege, gegen alle nur möglichen Widerstände. Wer
sich David auf diesem Weg entgegenstellt, muss über
kurz oder lang weichen. Auf lange Strecken wird dabei von Gott gar nicht oder höchstens in Figurenrede
gesprochen. Das politische und zwischenmenschliche
und innerpsychische Geschehen läuft ab nach inner-
weltlichen Gesetzen. Gott greift nicht von außen in die
Ereignisfolge ein, sondern lenkt sie gleichsam von

innen heraus.[24] Kein Mensch, auch nicht David, hat das Recht und die Macht, das Ziel dieser Geschichte von sich aus festzulegen. Gott hat sich vorgenommen, sein Volk vor dem Untergang zu bewahren (dem es vor und unter Saul nahe war) und es auf ungeahnte Höhen zu führen (was unter David geschah).

2.2 Die älteren Traditionen

Der Höfische Erzähler hat nicht frei fabuliert und formuliert, er hat, wie es jeder gute Romancier tut, sorgfältig recherchiert und das, was er dabei in Erfahrung brachte, behutsam tradiert, so dass die Spuren mancher von ihm aufgenommener Information in seinem Werk noch deutlich zu erkennen sind.[25] Es lassen sich mit einiger Wahrscheinlichkeit drei Textformen unterscheiden.[26]

a) *Einzelüberlieferungen*
Anscheinend fand der Höfische Erzähler gewisse Texte einzeln oder in Sammlungen vor und platzierte sie in seinem Werk an der Stelle, die sich bei dem von ihm gewählten chronologischen Aufriss her nahe

---

24 Für die sog. Thronfolgegeschichte hat diese Art der verdeckten Geschichtstheologie meisterlich G. von Rad beschrieben (1965).

25 Die hier vertretene Sicht unterscheidet sich von der älteren, die meinte, in den Samuelbüchern seien mehrere kleinere, schon zur frühen Königszeit abgefasste Geschichtswerke unbeschädigt erhalten (so Rost 1926 = 1965: eine sog. Thronfolgegeschichte; oder Weiser und Grønbæk 1966 bzw. 1971: eine sog. Aufstiegsgeschichte). Manche meinten, diese Quellen seien je für sich noch überarbeitet worden (z. B. Würthwein 1974, Kaiser 1990), ehe sie in das von Dtn bis 2 Kön reichende Deuteronomistische Geschichtswerk gelangt seien (dazu Veijola 1975).

26 Vgl. zum Folgenden Dietrich 1997, 230–259.

legte. Zu dieser Kategorie gehört etwa das Trauerlied auf Saul und Jonatan (2Sam 1,19–27), als dessen Verfasser ausdrücklich David angegeben wird. Wahrscheinlich war es in einer Art Liederbuch aufgezeichnet, dem »Buch des Aufrechten« (vgl. 1,17 f.), in dem eine Reihe von Gesängen gesammelt war, die man berühmten Ahnen Israels zuschrieb: z. B. Josua (Jos 10,12 f.) oder Salomo (1Kön 8,12 f, LXX t.e.). Offenbar war dieses Buch so bekannt, dass mehrere biblische Geschichtserzähler Texte aus ihm aufnahmen – so eben auch unser Höfischer Erzähler. Sprichwörtlich geworden und im Volksgedächtnis haften geblieben war vielleicht ein anderes, kürzeres Lied: »Saul hat seine Tausende geschlagen, David seine Zehntausende«, das der Höfische Erzähler mehrfach aufgreift (1Sam 18,7; 21,12; 29,5) – eine übrigens für ihn bezeichnende Technik. Auf einer ähnlichen Ebene liegt der nordisraelitische Separationsruf: »Wir haben keinen Anteil an David, und wir haben kein Erbe am Sohn Isais! Jeder zu seinem Zelt, Israel!«, der ebenfalls zweimal zitiert bzw. variiert wird (2Sam 20,1; 1Kön 12,16).

Einige Listen dürften dem königlichen Archiv in Jerusalem entnommen sein:
– die Liste der von David mit Geschenken bedachten Orte in Juda, 1Sam 30,27–31;
– die Listen der David-Söhne, 2Sam 3,2–5 und 5,13–16;
– die Liste der Spitzenbeamten Davids, 2Sam 8,16–18 (vgl. 2Sam 20,23–26).

Diese Texte fallen dadurch aus ihrer Umgebung heraus, dass sie in keiner Weise erzählerisch ausgestaltet sind. Es werden schlicht Namen von Orten und Personen aufgelistet. Aus dem Alten Orient wie auch aus Ostraka-Funden in Altisrael kennt man als vergleichbares Genre die sog. Wirtschaftsurkunden, in denen Güter und/oder Empfänger aufgezählt sind.

In 2Sam 8 findet sich eine Aufzählung der von David geführten Kriege.[27] Jedes der besiegten Nachbarvölker wird mit wenigen Sätzen bedacht, immer werden einige Besonderheiten des jeweiligen Feldzugs festgehalten: die Hinrichtung von Gefangenen, die Lähmung von Pferden, die Versklavung der Bevölkerung. Auch dies dürfte ein Text aus dem Jerusalemer Palastarchiv sein.

Auf eine Aufzählung anderer Art stößt man in 1Sam 22,1–5. Dort ist eine Reihe von Kurzmitteilungen ohne jede erzählerische Ausgestaltung und teilweise auch ohne feste Einbindung in den erzählerischen Kontext zusammengestellt: David zieht sich in die Höhle Adullam zurück, sammelt um sich eine 400 Mann starke Miliz aus sozial randständigem Milieu, bringt seine Eltern vorsorglich nach Moab, wird durch das Orakel eines (wie aus dem Nichts auftauchenden) Propheten namens Gad dazu bewogen, sich mit seiner Truppe nach Jaar-Heret zu begeben. Diese Nachrichten klingen wie Aufzeichnungen aus einer Art Tagebuch oder ein Ereignisprotokoll, das jemand in der Umgebung Davids bzw. des späteren Jerusalemer Hofs geführt haben könnte. In den davidischen Beamtenlisten wird jedenfalls ein »Schreiber« geführt, dem möglicherweise derartige Aufgaben oblagen (2Sam 8,17; 20,25).

b) *Ausgestaltete Einzelerzählungen*
Es gibt in den Samuelbüchern mehrere, in sich gerundete Erzählungen, von denen man sich vorstellen

---

27   Nach Halpern (2001, 204) hätte es sich um die Textvorlage für eine von David aufgerichtete Siegesstele gehandelt: eine interessante, aber sehr kühne Hypothese.

kann, dass sie je für sich in Umlauf waren, ehe sie in den jetzigen literarischen Kontext eingegliedert wurden. Als Beispiel kann die Goliat-Erzählung 1Sam 17 dienen. Über ihren Entstehungsgrund werden wir mehr oder weniger zufällig durch die Notiz 2Sam 21,19 orientiert, wonach ein gewisser Elhanan aus Betlehem den hünenhaften Goliat aus Gat erschlagen hat. Offenbar zog die große Königsgestalt die Heldentat eines einfachen Soldaten an sich; es bildeten sich verschiedene Ausformungen – eine mehr soldatischer, eine mehr volkstümlicher Prägung –, die der Höfische Erzähler zu einer Großerzählung vereinte und einigermaßen provisorisch in sein Werk einflocht.[28]

Sehr viele Davidererzählungen können in dieser Weise auf bestimmte Einzelerinnerungen oder -informationen zurückgehen. So erzählte man sich offenbar in Juda eine Geschichte, die am (seinerzeit sicher wohlbekannten) ›Fels des Entschlüpfens‹ haftete (1Sam 23,24–28). Eine andere war mit dem Städtchen Keïla verbunden (1Sam 23,1–13), eine mit einer Höhle bei der Oase Engedi (1Sam 24), eine mit dem Hügel Hachila (1Sam 26). Freilich sind all diese Erzählungen wohl nicht erst vom Höfischen Erzähler, sondern von früheren Sammlern zusammengebunden worden (s. im Folgenden).

Die Geschichte von David, Nabal und Abigajil in 1Sam 25 hat deutlich einen älteren Handlungskern (David als Freibeuter, der Schutzgeld eintreibt, dabei auf den Widerstand eines reichen Viehzüchters trifft und durch dessen Gattin knapp davon abgehalten wird, ein Blutbad anzurichten), den der Höfische Erzähler durch Reden Davids und vor allem Abigajils breit ausgestaltet hat. Gleiches tat er übrigens auch

---

28   Vgl. dazu Dietrich 1996 = 2002 sowie 2015 (BK 8.2), 320–333.

mit den beiden Erzählungen über Sauls Verschonung durch David (1Sam 24 und 26) und schuf so eine narrative Trilogie über David und die Gewaltlosigkeit.[29]

Über Sauls Tod in der Schlacht von Gilboa waren offenbar zwei Erzählversionen in Umlauf: eine, die nordisraelitischen Geist atmet und mit Anteilnahme vom Tod Sauls und seiner Söhne berichtet (1Sam 31), und eine zweite, die deutlich judäisches bzw. prodavidisches Kolorit zeigt und David einerseits mit den traurigen Vorgängen bekannt werden, ihn andererseits aber möglichst weit davon entfernt sein lässt (2Sam 1, verbunden mit 1Sam 29f.). Jede dieser Erzählungen war wohl schon Bestandteil eines größeren Erzählkranzes, ehe sie der Höfische Erzähler zusammenführte.

Auch dürften die Erzählungen vom David-Batscheba-Urija-Skandal (2Sam 11) und von Tamars Vergewaltigung durch Amnon (2Sam 13) lange Zeit für sich umgelaufen sein. Der Höfische Erzähler platzierte sie sicher mit Absicht so nebeneinander, dass die eine auf die andere abfärbt; Vater und Sohn erscheinen auf diese Weise als Männer, die ihre Sexualität nicht zügeln können und damit großes Unheil über das Königshaus bringen, wovon dann im Fortgang der Großerzählung (2Sam 14–20) berichtet wird.

c) *Erzählkränze und Novellen*

Die Davidüberlieferungen der Samuelbücher werden kaum jahrhundertelang einzeln tradiert worden sein, ehe sie in einen umfassenden literarischen Kontext gelangten. Schon relativ früh wurden sie zu größeren Erzählkränzen verbunden oder zu Novellen ausgestal-

---

29   Siehe dazu Dietrich 2004 und 2015 (BK 8.2), 688–698, sowie unter III.2.

tet, in denen bestimmte Teilthemen der Davidgeschichte abgehandelt wurden. Als der Höfische Erzähler sie aufnahm, verband er sie nicht nur miteinander und stimmte sie aufeinander ab, sondern überformte sie auch sprachlich und sachlich so, dass sie sich in seine Gesamtintention einfügten. (Wäre es anders, wäre er ein schlechter Romancier gewesen.)[30]

Eine lange Reihe von Texten, die nicht eigentlich David, sondern Saul und sein Haus zum Gegenstand haben, könnte den Namen *Vom Aufstieg und Niedergang der Sauliden* tragen. Ihren Auftakt bilden die beiden großen Erzählungen 1Sam 9,1–10,16 und 1Sam *13f. von Sauls unvermuteter Kür zum König und seinem unvermuteten ersten Sieg über die Philister.[31] Erkennbar ist Saul hier mit Sympathie gezeichnet. Das gilt ebenso für die noch folgenden Erzählungen, auch wenn diese hauptsächlich den Niedergang sei-

---

30 Die Arbeitsweise des Höfischen Erzählers bringt es mit sich, dass sich seine mutmaßlichen Quellen wohl in den Konturen, kaum aber mehr in jedem Detail exakt bestimmen und voneinander abgrenzen lassen. Einen interessanten Vorschlag zur Überwindung dieser Unschärfe macht Ina Willi-Plein (2004), indem sie eine im 9. Jh. abgefasste schriftliche Quelle, die von ihr so genannte »Davidshausgeschichte«, postuliert. Sie bilde die Grundlage des Textbestandes zwischen 1Sam 14,47 und 1Kön 4,6 (zu den Einzelinhalten s. die Auflistung 166–168). Bei der Einarbeitung ins Höfische Erzählwerk (und dann ins Deuteronomistische Geschichtswerk) sei sie dann allerdings erheblich angereichert und erweitert worden. Ließe sich diese Hypothese weiter festigen, könnte sie gleichsam die Annahme einzelner Erzählkränze und Novellen ersetzen.

31 Die zweite Erzählung ist jetzt umgeprägt zu einer Darstellung davon, wie sich Saul mit Samuel überwirft (13,7–15) und wie Jonatan (Davids späterer Freund!) anstelle Sauls den triumphalen Sieg erringt – und um ein Haar auf Geheiß seines Vaters liquidiert worden wäre (1 Sam *14). In diesen Abänderungen spürt man die Hand des (prodavidischen) Höfischen Erzählers.

nes Hauses schildern (und in diesem Zusammenhang sehr wohl auch von David handeln). Nirgendwo wird mit Häme auf die Sauliden geschaut (so wie auch David nicht verherrlicht wird). Es zeichnet sich eine Intention ab, die der Höfische Erzähler aufgenommen und verstärkt hat: den Machtverlust des Hauses Sauls und den Übergang der Macht zum Hause Davids als unvermeidbar und letztlich dem Wohl Israels dienend hinzustellen. In diesen Erzählzusammenhang dürften – oft allerdings nur in einem Grundbestand – die folgenden Texte gehören: Wie in einem weiteren Philisterkrieg David den Goliat besiegt und Zugang zum Haus Sauls findet (1Sam *17,1–18,4); wie Saul David vertreibt und Jonatan ihn in Schutz nimmt (*20,1–21,1); wie Saul sich am Priestergeschlecht von Nob für die Unterstützung Davids rächt (21,2–10; *22,6–23); wie Saul David vergeblich in Juda jagt (*23 und *26 – abzüglich vor allem der Redeanteile, die vom Höfischen Erzähler stammen); wie Saul vor der Entscheidungsschlacht gegen die Philister ein negatives Totenorakel bekommt (28,4–25); wie Saul und seine Söhne auf den Bergen von Gilboa fallen und die Jabeschiten ihm die letzte Ehre erweisen (31,1–13); wie Eschbaal Sauls Nachfolger wird und sich mit David auseinanderzusetzen hat (2Sam 2,8–32); wie sein General Abner mit David in Verhandlungen tritt und getötet wird (3,6–16.20–37); wie Eschbaal ums Leben kommt (4,1–8a.12) und David sein Nachfolger wird (5,3); wie David sieben noch lebende Sauliden hinrichten lässt und diese dann im Familiengrab bestattet werden (2Sam 21,1–14);[32] wie David mit dem

---

32 Diese Erzählung aus dem postulierten Erzählkranz ist im Höfischen Erzählwerk ausgelassen worden, gelangte jedoch über den Nachtrag 2Sam 21–24 in die Samuelbücher.

Jonatan-Sohn Meribaal[33] (9,2–13; 16,1–4; 19,25–31) und dem Sauliden Schimi (16,5–13; 19,17–24) umgeht; wie der Benjaminit Scheba im Norden zum Aufruhr gegen David ruft und scheitert (20,1f.14–22). Die hier umrissene Sammlung ist sichtlich recht divergent. Es gibt in ihr ausgesprochene Einzelerzählungen, aber auch schon fortlaufende Erzählzusammenhänge, manche Teilstücke sind beim Einbau ins Höfische Erzählwerk zerteilt worden. Gleichwohl wird erkennbar, dass diese Traditionen wohl benjaminitischen Ursprungs sind, aber bereits im Umfeld Davids tradiert wurden. David verhält sich gegenüber den Sauliden korrekt, diese erleiden ein mehr oder minder unverschuldetes, tragisches Schicksal. Den (offenbar nordisraelitischen) Adressaten wird signalisiert: Euer Königshaus hatte keine Zukunft, es musste der Davidsherrschaft weichen. Wenn man bedenkt, dass im späteren Gang der Überlieferung Saul immer weiter marginalisiert und sein Bild immer weiter eingeschwärzt wurde, gelangt man mit der skizzierten Erzählsammlung in eine relativ frühe Zeit: vielleicht in die der Auseinandersetzungen zwischen Nord und Süd nach dem Zerbrechen der davidisch-salomonischen Personalunion (vgl. 1Kön 12; 14,30; 15,7.16–22.32)

Ein weiterer, in seinen Umrissen noch erkennbarer Erzählkranz handelte *Vom Freibeuter David*. Er umfasste eine Reihe von Erzählungen zwischen 1Sam 19 und 2Sam 5. Darin geht es um das Schicksal Davids, der von Saul verfolgt wird, sich darum durch Juda und den Negev zu den Philistern durchschlagen muss, von ihren Gnaden Stadtkönig von Ziklag wird

---

33 Die Namensform »Mephiboschet« ist eine Verballhornung.

und sich langsam wieder nach Juda zurückkämpft, bis er schließlich König in Hebron wird.[34] Im Einzelnen war hier Folgendes erzählt: Wie David zu Saul kam (1Sam 16,14–23), Goliat besiegte (17,1–9.48–54), Sauls Schwiegersohn und Michals Gatte wurde (*18,20–27), Sauls Mordanschläge überstand (19,9–17), einen ersten Anlauf machte, bei den Philistern unterzukommen (21,11–12a.13–16), sich dann aber in Juda als Milizführer etablierte (22,1–5), den wütenden Nachstellungen Sauls entkam (23,24b–28; *24), als Freibeuter für sein und seiner Truppe Auskommen sorgte (*25 – ohne die vom Höfischen Erzähler eingebrachten Rede-Anteile), schließlich doch Vasall der Philister wurde und in deren Auftrag den Negev kontrollierte (27,*2–7), dabei die Amalekiter vernichtend schlug (30,1–25), sich als König von Juda in Hebron festsetzte (2Sam 2,1–4a), König auch von Israel wurde und Jerusalem zu seiner Residenz erhob (5,1–9) . Es ist kein Zufall, dass diese gesamte Aufzählung durchgehend mit David als grammatischem Subjekt formuliert werden konnte. In der Tat ist er der alleinige Mittelpunkt der gesamten Erzählreihe. Diese schildert den Aufstieg eines *nobody* zum ersten König Judas. Dabei zeichnet sie einen geografisch gut nachvollziehbaren Weg von Betlehem (in Juda) über das Gibea Sauls (in Benjamin) und dann kreuz und quer durch Südpalästina bis nach Gat (im Philisterland) und dann zurück über den Ne-

---

34 Alles, was in diesem Textbereich über den Motivkreis »Flucht und Rückkehr Davids« hinausgreift, dürfte der Höfische Erzähler ergänzt haben: nicht nur aus dem Sauliden-Erzählkranz, sondern teilweise auch aus der eigenen Feder; dies betrifft insbesondere folgende Passagen: 1Sam 16,1–13; 17,10–14.23–39.*41–46; *18,1–19; 19,1–8.18–24; *20; 21,12b; 23,14b–18; *24 (vor allem die Redeanteile); 25,15–17.*21–34; 26,8–11.*18–25; 27,1.3b.4; *29; 2Sam 1,8.13,13–16.

gev nach Hebron (in Juda) und schließlich nach Jerusalem, einer bis dahin offenbar unabhängigen Stadt (zwischen Juda und Benjamin). Dieses Itinerar veranschaulicht, wie zwischen den etablieren Königtümern der Israeliten und der Philister im judäischen Bergland eine dritte Macht aufkam und sich gegen Angriffe von beiden Seiten (1Sam 23f.; 2Sam 5,17–25) zu halten vermochte – eine historisch recht plausible Sicht der Dinge. Unverkennbar ist der Erzählkranz aus sehr verschiedenartigen Einzelüberlieferungen zusammengeflochten: Namensätiologien (z. B. 1Sam 23,28; 25,25), Soldatenschwänken (z. B. 1Sam *24), knappen Lokalüberlieferungen (z. B. 1Sam 23,1–13; 27,1–7; 2Sam 5,6–11) und dramatischen Einzelerzählungen (z. B. 1Sam 19,11–17; 21,2–10 + 22,6–19). Die ordnende und gestaltende Hand des Sammlers lässt sich am ehesten in ständig wiederkehrenden Formulierungen erkennen, wie David »floh und entrann«, »flüchtete« oder »sich versteckte«. Die Darstellung bekommt dadurch etwas Atemloses, man ist förmlich mit David auf der Flucht. Doch wird man nicht darüber im Zweifel gelassen, dass über dem aufregenden Geschehen ein Gott wacht, der David schützt und für ihn jederzeit ansprechbar ist (vgl. die vielen priesterlichen und prophetischen Orakel).

Mit der *Batscheba-Salomo-Novelle* hat der Höfische Erzähler ein kleines, feines Stück Literatur aufgenommen, das er, um es in sein Werk einzupassen, in zwei Stücke unterteilen und an zwei relativ weit voneinander entfernt liegenden Stellen unterbringen musste: In 2Sam *11f. wird erzählt, wie Salomo zur Welt, in 1Kön *1f., wie er auf den Thron kam.[35] Die Novelle zeigt ein

---

35 Die ursprüngliche Zusammengehörigkeit der beiden Stücke ist
    vor allem an der gleichen, nur in ihnen begegnenden Perso-

hohes literarisches Niveau. Alle Handlungspersonen werden sorgfältig eingeführt; immer nur zwei von ihnen betreten die Bühne; die von ihnen geführten Dialoge sind fein geschliffen; der Erzähler gibt seine Haltung zu dem Geschehen nur verdeckt zu erkennen. David wird als Ehebrecher und Mörder vorgeführt, aber nicht plump verurteilt; er hat Macht über Batscheba und Urija, und doch sind diese nicht einfach hilflose Opfer. Im zweiten Teil sind alle wichtigen Handlungsträger tief in den Kampf um die Macht verwickelt: die beiden Thronprätendenten Adonija und Salomo, der alte König, seine Gattin Batscheba, der Prophet Natan, die Generäle Joab und Benaja; niemand handelt ausschließlich edel, niemand aber auch ganz und gar verwerflich. Am Ende weiß man nicht recht, ob man über den Ausgang der Sache – die Konsolidierung der Macht in Salomos Händen – erleichtert oder erschrocken sein soll. Offenbar will der Verfasser seine Adressaten mit Ereignissen konfrontieren, die ihn selber zutiefst aufwühlen – und die noch nicht gar zu weit zurückliegen können. Der zeitliche Horizont der Erzählung begrenzt sich auf die Zeit Davids und Salomos, der räumliche Horizont reicht kaum über Jerusalem hinaus. Es begegnen historische Details, die in der späteren Königsgeschichte keine Rolle mehr spielten: etwa die »Kreti und Pleti« und die »Helden Davids«, zwei Elite-Einheiten, die anscheinend schon unter Salomo aufgelöst wurden; oder die Lade als noch transportables Heiligtum, untergebracht in einem Zelt, während sie ja ab Salomo im

---

nenkonstellation zu erkennen: David, Batscheba, Salomo, Natan, Joab. Natürlich ist jetzt namentlich in den zweiten Teil Vieles eingearbeitet, was den Stoff an die heute vorliegenden David- und Salomo-Überlieferungen anpasst.

Tempel ihren festen Platz hatte. Obwohl also die Novelle nahe bei der dargestellten Zeit anzusiedeln sein wird, ist sie doch nicht einfach Tatsachenreportage. Der Verfasser weiß mehr, als ein normaler Mensch wissen kann; so gibt er Gespräche im Wortlaut wieder, die unter vier Augen geführt wurden. Er hat intime Kenntnis von Vorgängen bei Hof, treibt aber keineswegs Hofberichterstattung, im Gegenteil, seine Geschichte ist randvoll von Intrigen und Ehebruch, von Blut und Mord. Das musste in königstreuen Ohren äußerst ungemütlich klingen. Der Höfische Erzähler hielt es denn auch für angebracht, hier gewisse Missverständnisse auszuschließen. Er fügte einige deutende und wertende Passagen ein,[36] die klar machten, dass bei aller Ambivalenz des Geschehens, dass durch alle Irrungen und Wirrungen hindurch am Ende doch ein positives Ergebnis erreicht war: Mit Salomo saß der Richtige, nämlich der von Gott Ausersehene, auf Davids Thron. Hatte der Verfasser der Novelle zwar Erzählfiguren von Gott reden lassen, jedoch niemals selbst versucht, Gottes Haltung zu dem Berichteten festzulegen, so hat der Höfische Erzähler keine Scheu vor theologischen Bewertungen (2Sam 11,27b; 12,1–25;

---

36   Hier hat der viel zu früh verstorbene Timo Veijola Pionierarbeit geleistet. Zuerst (1975, 16–26) hob er in 1Kön 1f. eine recht umfangreiche sekundäre Textschicht ab (1,*30.35–37.46–48; 2,1–11.*15.24.26b.27.31b–33.35b.37b.42–45), die aus der Machtergreifung Salomos eine gottgewollte Stabübergabe von David an Salomo machte. Dann (1979 = 1990) erwies er den gesamten Textblock zwischen 2Sam 11,27a und 2Sam 12,24b? (d.h. den Auftritt Natans, die Buße Davids, den Tod des ersten Kindes und die Zeugung eines zweiten) als Nachtrag, dessen Absicht es war, David nicht nur als Ehebrecher und Mörder, sondern als reumütigen Sünder, und Salomo als Frucht nicht einer verbotenen, sondern einer inzwischen legalisierten Beziehung erscheinen zu lassen.

1Kön 1,30.37.48; 2,15b.24.33). Wie in seinem gesamten Lebensbild Davids, so sieht er auch in der Regelung seiner Nachfolge Gottes Hand am Werk. Diese Überzeugung hindert ihn freilich nicht, mit der alten Novelle die Rolle, die dabei die Menschen – gerade auch die führenden Kreise bei Hofe – spielten, äußerst kritisch zu beleuchten.

Schließlich ist noch der Erzählkranz über *Die Geschicke der heiligen Lade* zu erwähnen, den der Höfische Erzähler ebenfalls aufgeteilt und an den jeweils passenden Stellen in sein Werk eingestellt hat. Zu dieser Quelle gehörten ursprünglich wohl die Erzählungen über den Verlust der Lade an die Philister und ihre Rückkehr auf israelitischen bzw. judäischen Boden (1Sam 4–6), über ihre feierliche Überführung aus dem Grenzland in Davids Residenz Jerusalem (2Sam 6,1–15.17–19) und schließlich über ihre Deponierung im Allerheiligsten des Salomonischen Tempels (1Kön 8,1–11). In die Davidgeschichte hat der Höfische Erzähler – sinnvoller Weise nach dem Bericht von Davids Übersiedlung nach Jerusalem und der Demütigung der Philister (2Sam 5) – denjenigen Abschnitt eingefügt, der von der Verbringung der Lade in die neue Hauptstadt handelte (2Sam 6). Dabei bot sich ihm die Gelegenheit, von einem Zerwürfnis zwischen David und Michal zu berichten (6,16.20–23), das einmal mehr Davids ambivalente Beziehungen zu den Sauliden ins Licht rückte und zugleich Auswirkungen auf die Thronfolgefrage hatte. Insgesamt bieten die ursprünglich wohl einzeln umlaufenden und erst zur mittleren Königszeit zusammengestellten Erzählungen über die Lade eine Ätiologie dieses im Allerheiligsten des Jerusalemer Tempel aufgestellten, wichtigen Kultgegenstandes.

2.3 Die späteren Weiterungen

Die David-Geschichte des Höfischen Erzählwerks war derart kunstvoll und dicht gestaltet, dass spätere Redaktoren und Bearbeiter in sie nicht mehr allzu viel einzugreifen wagten (und dies wohl auch nicht nötig fanden). Es sind jedoch – abgesehen von kleineren Bemerkungen und Glossen – vier größere Ausnahmen zu vermerken.

a) *Die Natanweissagung (2Sam 7)*
Das berühmte Kapitel 2Sam 7 ist offenbar über mehrere Traditions- und Redaktionsstufen hinweg angewachsen. Es gliedert sich grob in drei Abschnitte: einen über den von David geplanten Tempelbau (7,1–11a), einen über den dauerhaften Bestand seiner Dynastie (7,11b–17) und einen mit einem langen, von ihm gesprochenen Gebet (7,18–29).

Relativ deutlich ist die Sachlage beim dritten Abschnitt. Das gesamte, ausführliche Gebet verdankt sich deuteronomistischen Bearbeitern.[37] Der erste von ihnen – wohl der Grundverfasser des deuteronomistischen Geschichtswerks – legte David Worte einerseits des demütigen Danks für die durch Natan an ihn ergangene Dynastieverheißung (7,18–21), andererseits der flehentlichen Bitte um die tatsächliche Erfüllung dieser Zusage (7,25–29) in den Mund. Man meint den Worten einerseits das Staunen anzuhören über das in der Tat ungewöhnliche Faktum einer fast vierhundertjährigen, ununterbrochenen Herrschaft ein und derselben Dynastie, andererseits die tiefe Besorgnis, diese große Geschichte könne doch einmal an ihr Ende kommen (oder sei schon an ihr Ende gekommen), und dazu die bange Frage, ob sie sich auch in Zukunft

---

37   Vgl. zum Folgenden Veijola 1975, 74–79.

noch fortsetzen könne. Anders gesagt: Der Grundbestand des Gebets atmet den Geist der Exilszeit.[38] Sein Stil insgesamt und viele einzelne Wendungen weisen unverkennbar deuteronomistisches Gepräge auf. In dem Passus 7,22–24 tritt noch ein besonderes Element hervor. Hier spricht David nicht mehr von sich und seiner Dynastie, sondern von der Unvergleichlichkeit des Gottes Israels und des von ihm erwählten Volkes. Der Akzent hat sich vom Königtum zum Gottesvolk verschoben. Das ist insofern bedeutsam, als die Davidverheißung gesamt-alttestamentlich in einer gewissen Spannung zur Abrahamverheißung steht: Gilt Gottes Augenmerk in erster Linie den Nachkommen Davids oder allen Abraham-Nachkommen? Diese Frage wurde in nachexilischer Zeit virulent, als deutlich wurde, dass es ein regierendes Davidhaus auf absehbare Zeit nicht mehr geben werde, wohl aber noch Israel bzw. Juda als das schon längst vor und unabhängig von der Staatlichkeit erwählte Gottesvolk. Wir haben hier somit einen spät-deuteronomistischen Einschub in das David-Gebet vor uns, in dem die Verheißung gleichsam »entmonarchisiert« und »demokratisiert« wird.

Der erste und der zweite Abschnitt von 2Sam 7 – über Tempelfrage und Dynastiezusage – müssen zusammen in den Blick genommen werden.[39] Historisch hat zweifellos erst Salomo in Jerusalem einen Jhwh-Tempel errichtet. Dementsprechend spielte das Thema

---

38 Anders Pietsch (2003, 28–30), der hier einen vordeuteronomistischen Verfasser am Werk sehen möchte.

39 Vgl. zum Folgenden Dietrich 1992, 114–136.158 f., sowie 1999 = 2002. Auch hier wieder hat Pietsch (2003, 15–28) ein leicht anderes Bild von der Sachlage, indem er nicht mit der Textebene des »Höfischen Erzählwerks«, dafür aber mit einer breiten Textschicht aus der Joschijazeit rechnet.

Tempelbau innerhalb der David-Darstellung des Höfischen Erzählwerks noch keine Rolle. Wohl aber wurde hier die Überführung der Lade nach Jerusalem geschildert (womit David indirekt doch einen Beitrag zum Tempelbauwerk seines Sohnes leistete: 2Sam 6, vgl. 1Kön 8,1–11). Wie in orientalischen Herrscherdarstellungen üblich, so gab es auch im Erzählwerk eine Reziprozität zwischen der frommen Tat des Königs und der Unterstützung durch seinen Gott: Nicht nur hatte dieser zuvor den König bei seinem Aufstieg geleitet, er gab ihm auch hernach eine besondere Zusage: Auf seinem Thron werde ihm ein Sohn nachfolgen, der »aus seinen Lenden hervorgehen« werde (2Sam 7,12) – was unschwer als Vorankündigung der Geburt und der Thronbesteigung Salomos (2Sam 12; 1Kön 1 f.) zu erkennen ist. Und diesen Nachfolger, so die Ankündigung weiter, werde Gott gleichsam als »Sohn« adoptieren und ihn zwar streng, aber liebevoll geleiten – und nie mehr verwerfen wie einst Saul (7,14 f.).

Diese Weissagung wurde von den Deuteronomisten mit Stirnrunzeln gelesen. War da nicht die Lade-Überführung zur Nachfolge-Verheißung in ein Verhältnis des *do ut des* gebracht: »Ich gebe dir, Gott, damit du gibst«? Gab Gott, weil vorher David ihm etwas gegeben hatte? Nein, wenn, dann gab Gott aus freien Stücken! Um dies klarzustellen, brachte ein erster deuteronomistischer Ergänzer zwischen die Lade-Geschichte und die Natan-Rede einen neuen Gedanken ein: Sollte nicht schon David, nachdem er immerhin die Lade nach Jerusalem gebracht hatte, über die Frage nachgedacht haben, wie diese angemessen und ehrenvoll untergebracht werden könne? So wendet sich zuerst David an Natan und fragt, ob er nicht für Gott bzw. für seine Lade ein Haus bauen solle; Natan pflichtet zunächst bei (7,1–3), wird dann aber von Gott eines Besseren belehrt und richtet David aus: »So spricht Jhwh: Du willst *mir* ein Haus bauen? ... Jhwh verkündet dir, dass Jhwh *dir* ein Haus bauen wird« (7,4f.11b). Damit ist zwischen das *do* und das *des* ein kräftiger Riegel geschoben. David muss Gott kein Haus bauen (dies tut ja auch erst Salomo, wie in 7,13 zutreffend vermerkt wird), damit Gott ihm ein Haus baut. Und damit ist ein geniales Wortspiel geschaffen zwischen dem (Gottes-) »Haus« und dem (Königs-) »Haus«; auf dem Umweg des Tempelbau-Gedankens ist die ältere Verheißung von dem *einen* Thronfolger unversehens umgewandelt in die Verheißung einer ganzen Dynastie. So, wie Gott bisher mit David gewesen ist (7,8b.9), so wird er mit allen seinen Nachfahren sein: »Dein Haus wird Bestand haben und dein Königtum für immer vor dir« (7,16f.). Hier steht die 400-jährige Geschichte der Daviddynastie vor Augen.

Ein späterer Deuteronomist fand die Anknüpfung der Dynastie- an die Tempelbaufrage sehr problematisch. War nicht der Tempel 586 v.Chr. in Flammen aufgegangen? Sollten die Jüdinnen und Juden, die das Schicksal in alle Welt verschlagen hatte, in ihrem Gottesdienst abhängig sein von einem weit entfernten und nicht einmal mehr existenten Gebäude? War nicht der Tempel, solange er stand, auch ein Symbol der Untreue gegen den Gott gewesen, dem er geweiht war? Hatten nicht Propheten deutlich genug bezweifelt, dass Gott dort tatsächlich wohnhaft war? Sollte das Gottesvolk seine Gottesbeziehung je wieder davon abhängig machen, ob in Jerusalem ein Tempel stand? War nicht für die Zukunft eine tempellose Gottesverehrung denkbar und sogar wünschbar (wie sie im späteren Judentum tatsächlich geübt wurde)?

Aus solchen Erwägungen heraus fügt der Ergänzer in das Gespräch zwischen Natan und David über einen möglichen Tempelbau einen Passus ein, der daran erinnert, dass die Generationen Israels, die zwischen Abraham und David bzw. Salomo gelebt haben, ohne einen Tempel in Jerusalem auskamen und dabei keineswegs gottlos waren (2Sam 7,5b–8a). Und auch in der Zukunft werde Gott seinem Volk (dem Volk, nicht dem Königtum! vgl. 7,22–24) eine gesicherte Existenz schaffen – ganz unabhängig vom Tempel (7,10.11a). Diese Passagen sind spürbar aus der Sicht der (oder doch im Blick auf die) Judenschaft in der Verbannung geschrieben. Deren Zukunft liegt bei Gott allein – und nicht bei Königtum oder Tempel.

b) *Die Gerichtsrede Natans (2Sam 12)*

In der Batscheba-Salomo-Novelle (oben 2c) war der Ausgang der skandalträchtigen Liaison zwischen David und Batscheba äußerst lakonisch so beschrieben: »Als die Trauerzeit (Batschebas um Urija) vorüber war, sandte David hin und ließ sie in sein Haus holen. Und sie wurde seine Frau und gebar ihm einen Sohn (2Sam 11, 27a) und gab[40] ihm den Namen Salomo (12,24bα)«. Dieser Name steht am Schluss wie ein Peitschenhieb: Die Frucht aus der verbotenen Liaison Davids mit einer Offiziersgattin war kein anderer als der Thronfolger Davids, Salomo![41]

Dem Höfischen Erzähler erschien die kritische Schärfe dieses Textes denn doch zu groß. Er fügte am Schluss zwei Sätzchen an, welche die Angelegenheit

---

40 In einigen hebräischen Handschriften und Versionen ist hier eine feminine Verbform erhalten, nicht die maskuline der textlichen Haupttradition; in altisraelitischer Zeit gab die Mutter dem Kind den Namen (z. B. Gen 29 f.; 1Sam 1,20; 4,21), später ging dieses Recht an den Vater (z. B. 1Chr 7,23; Lk 1,63).

41 Dies die überzeugend begründete These von Veijola 1979 = 1990.

in ein ganz anderes Licht rücken: »Und Jhwh liebte ihn. Und er [David?] sandte Nachricht durch den Propheten Natan und gab ihm den Namen Jedidja[42] – um Jhwhs willen« (12,24bβ.25). Dieser Zusatz ist nun aber keineswegs der eines bedenkenlosen Hofpropagandisten, der noch die übelsten Nachrichten schönredet, sondern der Abschluss eines paradigmatischen, inhaltsschweren Ringens um Schuld und Strafe, um Macht und Recht, das der heute vorliegende biblische Text im Anschluss an Davids Fehltritt stattfinden lässt. Der Höfische Erzähler schiebt nämlich zwischen die Nachricht von Salomos Geburt und Namengebung eine umfangreiche Textpassage ein (die dann von deuteronomistischer Hand noch einmal erheblich erweitert werden sollte). Auf die Nachricht »und sie gebar einen Sohn« (11,27a) folgte noch nicht in der Batscheba-Salomo-Novelle, wohl aber im Höfischen Erzählwerk ein ungemein schwerwiegendes Sätzchen: »Und was David getan hatte, war böse in den Augen Jhwhs« (11,27b). Was sich da heimlich abgespielt hat, darf nicht unbemerkt und unbewertet und ungeahndet bleiben – nur weil ein Mächtiger es getan hat. In Israel untersteht auch der König und untersteht selbst ein David dem Wertesystem von »gut und böse«. In die erzählerische Tür, die in der Novelle nach Davids Untat dumpf ins Schloss fällt, lässt der Höfische Erzähler Gott seinen Fuß stellen.[43]

---

42 Wörtlich: »Liebling Jahs«; Jah ist Kurzform von Jhwh.

43 Früher habe ich diesen bedeutsamen Zusatz 11,27b für deuteronomistisch gehalten, weil die Formel vom »Tun des Bösen in den Augen Jhwhs« deuteronomistisch sehr häufig ist (1972, 132). Doch erstens ist hier die Formulierung etwas anders als gewöhnlich, und zweitens korrespondiert die Stelle deutlich mit einer anderen, klar nicht-deuteronomistischen: 11,25.

Was dann geschieht, ist bekannt: Natan hält dem König nicht etwa eine Strafrede, sondern trägt ihm einen – scheinbaren – Rechtsfall vor und verlockt ihn zu einem Urteil: Ein reicher Mann habe einem Armen dessen einziges, von ihm geliebtes Schäfchen weggenommen und geschlachtet. David fällt daraufhin ein hartes, ein Todesurteil, und in seinem Eifer (oder wegen seines schlechten Gewissens) bemerkt er gar nicht, dass es ihn selbst trifft (12,1–6). Plötzlich reißt Natan David (und sich) die Maske vom Gesicht: »Du bist der Mann!« (12,7a). Bevor sich der unvermittelt vom Richter zum Angeklagten Gewordene von seiner Überraschung erholt hat, sind die unangenehmen Wahrheiten gesagt, die nach Meinung des Täters geheim waren. »Warum hast du Jhwh verachtet, das Böse in seinen Augen zu tun? Urija den Hethiter hast du mit dem Schwert erschlagen und seine Frau hast du dir zur Frau genommen. Und jetzt: Nicht weicht das Schwert von deinem Haus für immer« (12,9a.10a). Abschließend kündigt Natan den in 2Sam 16,21f.; 20,3 berichteten Verlust der (Neben-) Frauen Davids an Abschalom an (12,11f.), ehe er ohne ein weiteres Wort »zu seinem Haus« geht (12,15a).

Die jetzt vorliegende Natan-Rede ist weitschweifiger als der eben wiedergegebene Text. Anscheinend wollten spätere Autoren den Propheten so reden lassen wie spätere Propheten, die nach der biblischen Darstellung immer wieder sündigen Königen entgegengetreten sind. Hier macht sich eine prophetisch gefärbte Überarbeitung des deuteronomistischen Geschichtswerks bemerkbar, in der die Propheten als die großen Gegenspieler und Mahner der Könige erscheinen.[44]

---

44 Die einschlägigen Texte zeigen die immer gleichen sprachlichen Formeln und variieren die immer gleichen gedanklichen

Auch die nachfolgende Bußszene dürfte auf der Ebene der deuteronomistischen Bearbeitung liegen: David bekennt seine Schuld, Natan spricht ihn daraufhin von dem selbst gefällten Todesurteil frei; freilich müsse, da er Gott vor »seinen Feinden« bloßgestellt habe, der eben geborene Sohn sterben (12,13f.).

Es schließt eine längere, aufwühlende Erzählung an, die wohl schon der Höfische Erzähler eingesetzt hat und die vom Sterben des Erstgeborenen Batschebas und von Davids Reaktion darauf berichtet (12,15b–24a). Der König kämpft bis zum Äußersten um das Überleben des Kindes, vermag aber bei Gott nichts auszurichten. Als es gestorben ist, fügt er sich darein, »tröstet« Batscheba, schläft mit ihr, und sie bekommt erneut einen Sohn – und *ihn* nennt sie Salomo. Dieser ist nun nicht mehr die unmittelbare Frucht des Ehebruchs, sondern Spross aus einer inzwischen legitimierten Ehe (vgl. 11,27a): nach glaubhafter These eine kleine Ehrenrettung des Nachfolgers David.[45]

c) *Der Anhang zu den Samuelbüchern (2Sam 21–24)*
Diese vier Kapitel weisen eine chiastische Komposition auf. Zwei Lieder werden gerahmt von zwei Aufzählungsreihen und diese wiederum von zwei ausgeführten Erzählungen:

21,1–14 Erzählung: David und der Tod von sieben Sauliden
21,15–22 Aufreihung: Krafttaten davidischer Krieger
22,1–51 Lied: Sieg des Königs und Gottes Hilfe

Muster, vgl. Dietrich 1972, zusammengefasst im abschließenden Faltblatt. In der Natan-Rede geht es um die folgenden Passagen: 2Sam 12,7b.9b.10b.

45 So Veijola 1979 = 1990.

Die Komposition ist so angelegt, dass die beiden poetischen Stücke wie Kleinode von einer doppelten narrativen Fassung umschlossen sind. Das Siegeslied 2Sam 22 ist fast vollständig identisch mit Ps 18. Dort war der Text ursprünglich zu Hause, von dort gelangte er in spätnachexilischer Zeit in die Samuelbücher, wurde mit einer »davidisierenden« Überschrift versehen und in einigen Punkten an das zuvor geschilderte Leben Davids angepasst.[46] Das zweite Lied trägt die bemerkenswerte Überschrift: »Ausspruch Davids, des Sohnes Isais …, des Gesalbten des Gottes Jakobs und des Lieblings der Lieder Israels« (23,1). Hier steht bereits die Ikone des Sängers und Beters David vor Augen. Entsprechend weist der nachfolgende Text – etwa im Gegenüber von Gerechten, die Gott belohnt, und von Ungerechten, die er bestraft – spätalttestamentliche Züge auf (vgl. z. B. Ps 1).

Wie verhalten sich zu den poetischen die umgebenden narrativen Texte? Die Aufzählungen in 2Sam 21 und 23 handeln von Mitstreitern Davids vornehmlich in seiner frühen Zeit. Hier werden uns Namen und Vorgänge mitgeteilt, die im Höfischen Erzählwerk nicht erwähnt sind. Besonders pikant ist die Nachricht, den riesenhaften Goliat aus Gat habe ein gewis-

---

46   Veijola 1975, 122 f., möchte dafür die auch sonst im Geschichtswerk greifbare Redaktionsschicht DtrN verantwortlich machen; Kleer 1996, 28–35, legt sich nicht so präzise fest.

ser Elhanan aus Betlehem erschlagen (2Sam 21,19). Offenbar hat diese Heldentat später der König David an sich gezogen (1Sam 17). Da diese Geschichte denen, die für die Komposition 2Sam 21–24 und deren Einfügung in die Samuelbücher verantwortlich sind, zweifellos bekannt war, ist hier eine leise Kritik zu vernehmen: Nicht alles Große hat der große König selbst getan! Im gleichen Sinn lassen sich andere, hier gemachte Mitteilungen verstehen: David drohte von einem anderen Philisterrecken erschlagen zu werden, doch Abischai – der aus den Daviderzählungen wohlbekannte Bruder Joabs (vgl. 1Sam 26; 2Sam 2f.; auch 2Sam 23,18f. u. ö.) – rettete ihm das Leben (2Sam 21,15–17). Drei wackeren Kriegern waren drei wichtige Siege über die Philister zu verdanken, bei denen Davids Dabeisein nicht einmal erwähnt wird (2Sam 23,8–12). Und dieselben Drei sollen es gewesen sein, die ihr Leben riskierten, um für David Wasser aus einem von Philistern bewachten Brunnen zu holen (23,13–17), woraus zweierlei deutlich wird: Für David gingen die Krieger durchs Feuer – und er besaß eine Neigung, mit dem Feuer zu spielen.

Eher noch fragwürdiger gerät das Bild Davids in den großen rahmenden Erzählungen. In 2Sam 21 wird berichtet, der König habe – angeblich nicht auf eigenes Betreiben, sondern infolge einer Hungersnot und eines göttlichen Orakels – sieben Saul-Nachkommen hinrichten lassen und danach ihre reguläre Bestattung verhindert. Der Heldenmut einer Frau bringt David in diesem letzten Punkt zum Einlenken, und erst danach fällt wieder Regen im Land. Die Antigone-Motivik rückt den König in Widerspruch zur tief verwurzelten religiösen Sitte und offenbar auch zum göttlichen Willen. Offen als Verfehlung gegen Gott wird deklariert, dass David – vermutlich zwecks Rekrutierung von

Soldaten und Erhebung von Steuern – eine Volkszählung anordnet (2Sam 24,1–10). Gott soll daraufhin David die Wahl zwischen drei Strafen angeboten haben, von der er diejenige wählte, die am wenigsten ihm und am meisten dem Volk schadete; erst als er der fürchterlichen Folgen der Pest gewahr wurde und diese auch noch in Jerusalem Einzug halten sah, nahm der König die Schuld auf sich und erwirkte durch eine Kultstiftung die Versöhnung mit Gott (24,11–25).

Es ist kein vorbildlicher, sondern ein fragwürdiger David, den der Anhang 2Sam 21–24 schildert.[47] Doch nicht nur in der Tendenz, sondern auch in den Stoffen und in den Textgenres nehmen sich diese Kapitel im jetzigen Kontext fremd aus. Zudem unterbrechen sie unverkennbar den Erzählzusammenhang, der von der David-Batscheba- über die Amnon-Abschalom- (und Scheba-) zur Adonija-Salomo-Geschichte, also von 2Sam 10–20 nach 1Kön 1–2, führt. Vom Zusammenhang zwischen 2Sam 11 f. und 1Kön 1 f. war schon die Rede, und Adonija ist in manchem ein genaues Abbild von Abschalom (vgl. 1Kön 1,5 mit 2Sam 15,1). In diesem Flechtwerk wirken die Kapitel 2Sam 21–24, als kämen sie aus einer anderen Welt.

Die Kompositoren hatten nicht nur relativ junge Psalmlieder zur Hand, sondern auch offenbar alte Listen und Anekdotenreihen und daneben legendenhaft ausgemalte Einzelerzählungen. Zumindest die beiden letzteren Kategorien müssen einen Traditionsweg außerhalb des Höfischen Erzählwerks genommen haben. Ihre von Haus aus prodavidische Prägung und ihr Reichtum an präzisen Namensangaben und detaillierten Einzelinformationen führen in die Nähe

---

47 Vgl. dazu auch Brueggemann 1988 sowie Klement 1995, 213–225.

des Jerusalemer Königshofes bzw. -archivs als Überlieferungsort.

d) *Davids Abschied im Rahmen des deuteronomistischen Königsbuches (1 Kön 2,1–10)*
In 1 Kön 2,5–9 eröffnet David seinem Sohn Salomo seinen »letzten Willen«: Er solle mit seinen Feinden Joab und Schimi hart abrechnen, seinen Freund Barsillai aber bevorzugt behandeln. Die Begründungen für diesen Auftrag greifen weit über den näheren Kontext z. T. bis auf den Anfang des 2. Samuelbuchs zurück. Hier ist klar eine Redaktion am Werk, welche die Säuberungsmaßnahmen beim Machtantritt Salomos als gerechtfertigt hinstellen will: Salomos Gegner hatten sich schon zu Davids Zeit in Misskredit gebracht; eigentlich hätte schon er sie zur Rechenschaft ziehen sollen, dies aber aus bestimmten Gründen nicht gewollt oder gekonnt. Vermutlich gehen diese Erklärungen (mitsamt der Einleitung in 2,1: »Und es nahte die Zeit, da David sterben sollte, und er befahl seinem Sohn Folgendes …«) auf den Höfischen Erzähler zurück.

Doch in Davids Rede klingen auch ganz andere Töne mit typisch deuteronomistischen Klangfarben auf. Innerhalb dieser Passagen lassen sich zwei Stufen unterscheiden.[48] Ein erster Deuteronomist lässt David zu Salomo sagen (2,2b.4a?): »Ich gehe jetzt den Weg aller Welt (vgl. Jos 23,14). Sei stark und sei ein Mann (vgl. Jos 1,7, auch 1 Sam 4,9) …, damit Jhwh sein Wort aufrichte, das er über mich gesprochen hat (vgl. 2 Sam 7,25; 1 Kön 8,15.24)!« Der Stabwechsel von David auf Salomo wird hier in den großen Kontext des deuteronomistischen Geschichtswerks eingeordnet und

---

48 Die folgende Aufteilung entspricht nicht völlig, aber weitgehend derjenigen von Veijola 1975, 26 f.

speziell mit der Natanweissagung 2Sam 7 verknüpft: Die Dynastieverheißung beginnt sich zu erfüllen – vorausgesetzt, Salomo erweist sich als »Mann«. Ein späterer Deuteronomist lässt den abtretenden König seinem Nachfolger noch etwas anderes ans Herz legen (2,3.4aβb): »… und beachte, was dir von Jhwh, deinem Gott, zur Beachtung aufgetragen ist: zu gehen auf seinen Wegen, zu beachten seine Satzungen und seine Befehle und seine Gebote und seine Verordnungen, wie es in der Tora Moses niedergeschrieben ist, damit du Erfolg hast bei allem, was du tust, und bei allem, dem du dich zuwendest … Wenn deine Söhne auf ihren Weg achten, um vor mir in Verlässlichkeit zu wandeln von ihrem ganzen Herzen und ihrer ganzen Seele, dann wird es dir nie an einem Mann fehlen auf dem Thron Israels.« Hier werden die erfolgreiche Regentschaft Salomos und die Erfüllung der Dynastiezusage an die Bedingung absoluter Tora-Treue der Könige gebunden (an der es bekanntlich schon bei Salomo haperte). Diese »nomistische« Denk- und Redeweise ist charakteristisch für die spätdeuteronomistische Geschichtstheologie.[49]

Zu fragen bleibt noch, wie die Schlussnotiz über den König David einzuordnen ist: »David legte sich zu seinen Vätern und wurde begraben in der Davidstadt. Und die Zeit, die David König war über Israel, betrug vierzig Jahre; in Hebron war er sieben Jahre König[50] und in Jerusalem war er 33 Jahre König« (1Kön 2,10f.). Ähnliche – aber nicht genau gleich ge-

---

49 Vgl. Dietrich 1999 = 2002. Die Formel vom »Nicht-Fehlen eines Mannes auf dem Thron« begegnet noch in 1Kön 8,25; 9,5. Zu ähnlichen Gedankengängen siehe auch 1Kön 11,36; 15,4; 2Kön 8,19 (alles spät-dtr).

50 Nach 2Sam 2,11 waren es siebeneinhalb Jahre.

staltete – Formeln finden sich bei allen davidischen Königen der Folgezeit (z. B. 1Kön 14,21.31). Dort sind sie eindeutig dem Grundgerüst des deuteronomistischen Königsbuches zuzurechnen. Das ist auch bei unserer Stelle möglich, doch mindestens ebenso nahe liegt es, an den Höfischen Erzähler zu denken, der seine Lebensbeschreibung Davids ja irgendwie abgeschlossen haben muss. Seine Formulierung könnte recht unmittelbar königlichen Annalentexten entnommen sein. – So wäre als deuteronomistische Zugabe zur älteren Davidgeschichte mit Sicherheit nur der Passus 1Kön 2,2–4 zu benennen.

3. DAVID IN DER ÜBRIGEN HEBRÄISCHEN BIBEL

3.1 Die Propheten

Im Propheten-Kanon der Hebräischen Bibel – den Büchern Jesaja, Jeremia, Ezechiel und dem Zwölfprophetenbuch – ist König David auf mannigfaltige Weise präsent.

Zunächst, unter den Bedingungen der Königszeit bzw. in der Erinnerung an sie, erscheint er häufig als der Dynastiegründer, dessen Nachfahren den Königsthron in Jerusalem über die Jahrhunderte innehaben. Eine stereotype Wendung im Jeremiabuch redet von dem König, der »auf Davids Thron sitzt« (Jer 13,3; 17,25; 22,2.30; 29,16; 33,17.21). Umso schärfer ist das Verdikt gegen einen von ihnen, Jojakim (609–598 v. Chr.): Von seinen Nachkommen solle »keiner auf dem Thron Davids sitzen«, und er selbst solle nicht in der Königsgruft der Davididen beigesetzt werden (Jer 36,30). Prophetische Erwartung ist es, dass vom »Haus Davids« gerechtes Gericht ausgeht (Jer 21,12).

Im Jesajabuch wird geschildert, wie das »Haus Davids« in zwei außenpolitisch kritischen Lagen – während des syrisch-efraimitischen Krieges 734/33 und beim Assyrer-Ansturm 701 v. Chr. – in Bedrängnis geriet (Jes 7,2.13; 22,22); immer wieder soll Jesaja versucht haben, auf die Entscheidungen der damals herrschenden Davididen, Ahas (742–725) und Hiskija (725–696), Einfluss zu nehmen[51] und dabei gelegentlich auf den in Juda tief verwurzelten Glauben an die göttliche Erwählung und Bewahrung des Davidhauses zurückgegriffen haben: Das berühmte Diktum »Glaubt ihr nicht, dann bleibt ihr nicht« (Jes 7,9) korrespondiert in seiner zweiten Hälfte mit Natans Verheißung eines »bleibenden« Davidhauses (2Sam 7,16). Von der »bleibenden« Stadt Jerusalem ist in Jes 1,21.26 die Rede, womit neben die Erwählung des Königshauses die der Königsstadt tritt. Freilich war damals, so die kunstvoll geformte Sprucheinheit Jes 1,21–26, der Sonderstatus Jerusalems so gut wie verspielt, war aus der einst »festen Stadt« (in einem hebräischen Reim) eine »Hure« geworden, waren ihre »Oberen Aufrührer und Diebesgesellen«. Der Härte des Vorwurfs entspricht die Härte des angekündigten Gerichts, nach dessen Abschluss jedoch »Richter wie zu Beginn« und »Ratgeber wie am Anfang« in Jerusalem wieder den Ton angeben werden (Jes 1,23.26); in dieser Hoffnung klingt vermutlich die Vorstellung von der Davidszeit als einer goldenen Epoche der Stadt an.

Jerusalem und sein Königshaus überstanden den Ansturm der Assyrer nur knapp, gerieten aber völlig unter deren Kontrolle. Der Davidide Manasse (696–641) war ein getreuer Statthalter der Herren aus Ninive. Während seiner Regierungszeit aber begann

---

51   Vgl. Dietrich 1976.

die Macht des Riesenreiches zu bröckeln, und in Juda verband sich mit der Thronerhebung des damals noch kindlichen Joschija (639–609) die glühende Erwartung auf ein Ende der Fremdherrschaft. Wahrscheinlich ist ein berühmtes Gedicht im Jesajabuch auf ihn gemünzt:

Das Volk, das in der Finsternis wandelt, sieht ein großes Licht;
die im Land des Dunkels wohnen, über ihnen strahlt ein Licht auf.
Du machst des Jubels viel, machst groß die Freude;
sie freuen sich vor dir, wie man sich freut in der Ernte,
wie man jubelt, wenn man die Beute teilt.
Denn das Joch, das auf ihm lastet,
den Stab auf seiner Schulter und den Stock seines Treibers
zerbrichst du wie am Tag Midians.
Denn jeder Schuh, der mit Gedröhn einherschreitet,
und der Mantel, der im Blut geschleift ist,
der wird verbrannt, ein Fraß des Feuers.
Denn ein Kind ist uns geboren, ein Sohn ist uns gegeben,
und die Herrschaft kommt auf seine Schulter,
und er wird genannt: Wunderrat, starker Gott,
Ewigvater, Friedefürst.
Groß wird die Herrschaft sein
und des Friedens kein Ende auf dem Thron Davids.
    (Jes 9,1–6a)

Wie einst, als Gideon über die Midianiter siegte (vgl. Ri 7), wird jetzt wieder ein gefährlicher Feind besiegt: Assur, das mit »Joch« und »Stock« und »Stab« die unterworfenen Völker quält, dessen Soldatenstiefel und -mäntel die Menschen in Furcht versetzen. Damit wird das »Kind«, der »Sohn« auf dem »Thron

Davids«, ein Ende machen, und Jubel wird herrschen und Freude und nicht mehr endender Friede.

In der Tat, das Assyrerreich brach in sich zusammen – doch aus dem Staub erhob sich das neubabylonische Reich. Diesmal gab es kein Entrinnen. Im Jahr 586, kein Menschenalter nach Joschija, unter dem noch einmal die Hoffnung auf alte Größe aufgekeimt sein mochte, sank Jerusalem in Trümmer und waren die Mitglieder des Davidhauses tot oder gefangen. Doch der Glaube an Gottes Verheißung starb nicht. War der Stamm Davids abgeschlagen wie ein ehrwürdiger, jahrhundertealter Baum, so konnte aus dem »Stumpf Isais« (des Vaters Davids)[52] ein neuer »Spross« ausschlagen, ein neuer David also auftreten.

> Auf ihm wird ruhen Jhwhs Geist,
> der Geist von Weisheit und Einsicht,
> der Geist des Rates und der Kraft,
> der Geist der Kenntnis und der Furcht Jhwhs. …
> Er wird die Armen richten mit Gerechtigkeit
> und den Elenden im Land Recht sprechen mit Billigkeit.
> Er wird den Tyrannen schlagen mit dem Stab seines
> Mundes
> und den Übeltäter töten mit dem Hauch seiner Lippen.[53]
> Gerechtigkeit wird der Gürtel seiner Lenden
> und Treue der Gurt seiner Hüften sein. (Jes *11,1–5)

Und wenn von Jerusalem nichts mehr zu erwarten ist, dann wird aus »Betlehem, der kleinsten unter den

---

52 Die Vorstellung von Isai als »Wurzel« des alten und des neuen David hat eine breite Wirkung entfaltet: vgl. Rut 4,22; Mt 1,5f.; Röm 15,12 und unter C.

53 Wohl ist hier von »schlagen« und »töten« die Rede – aber nicht mit der »Schärfe [wörtlich: dem Mund] des Schwertes«, sondern durch den »Mund« und die »Lippen« des Messias!

Tausendschaften Judas«, wie damals David, jetzt wieder einer »heraustreten, um Herrscher zu sein in Israel«. »Und er wird dastehen und sie in der Kraft Jhwhs weiden«, »und dann wird Friede sein«. Sollte je wieder »Assur in unser Land kommen«, dann sind (unter seiner Leitung?) sieben, acht »Hirten« bereit, »das Land Assur mit dem Schwert zu weiden«. Die Weissagung im Michabuch (Mi 5,1–7) ringt spürbar mit dem Trauma der Assyrer-Katastrophe und erhofft sich von einem neuen David das Ende aller solcher Traumata. Ins Auge fällt die Hirtenmetaphorik. Orientalische Herrscher benutzten sie gern,[54] um ihrer »Herde« absolute Verlässlichkeit zu signalisieren.[55] Die biblischen Autoren waren dagegen misstrauisch – vermutlich belehrt durch vielerlei schlechte Erfahrungen und letztlich durch den Verlust von Königtum und Staat. In Ez 34 geht der Exilsprophet Ezechiel mit den »Hirten« ins Gericht, die, statt auf ihre Herde zu achten, ihre eigenen Schäfchen ins Trockene brachten. Ihr Versagen bzw. Verschwinden ermöglicht es Gott, seinerseits einen »Hirten aufzurichten, meinen Knecht David« (Ez 34,23, vgl. 34,24; 37,24 f.). Die Geschichte der Könige aus dem Davidhaus ist vorerst an ein Ende gekommen, Gott muss mit einem neuen David einen neuen Anfang machen.

Immer wieder wird in den Prophetenbüchern die Erwartung laut, es würden mit dem Auftreten des neuen David für das geplagte Israel bessere Zeiten anbrechen. (Man hat sich daran gewöhnt, Zeugnisse

---

54 Vgl. hierzu und zum Folgenden Hunziker-Rodewald 2001.
55 Vielleicht war es sogar dieser Zug der damaligen Herrscherideologie, der die biblischen Tradenten dazu brachte, den jungen David als Hirten die Schafe seines Vaters weiden zu lassen (1Sam 16,11.19; 17,15).

solcher Hoffnung »messianisch« zu nennen, obwohl hier nirgendwo der Begriff »Messias« gebraucht wird.) Sei erst einmal der Unterdrücker vertrieben, liest man in Jes 16,4f. und denkt dabei sogleich an Babylon, dann wird Davids Thron befestigt werden und auf ihm einer sitzen, der Gerechtigkeit übt. Gott, so heißt es in Jer 30,8f., werde das Joch (vermutlich das babylonische) zerbrechen und die Fesseln zerreißen, und dann werde sein Volk ihm dienen – und »ihrem König David, den ich aufrichten will«. In Am 9,11f. werden die Wiederaufrichtung der zerfallenen »Hütte Davids« und sogleich Erfolge gegen den südöstlichen Nachbarn Edom in Aussicht gestellt.[56]

Der neue David wird gerechte Verhältnisse heraufführen – woraus zu spüren ist, wie sehr sich die Juden der spät- und frühnachexilischen Zeit ungerechten Zuständen ausgeliefert sahen: Gott will dem David einen »Spross« erwecken (die Metapher erinnert an Jes 11,1), der in Gerechtigkeit herrschen wird (Jer 23,5; 33,15). Wenn erst der gerechte König da sei (so ohne ausdrückliche Nennung des David-Namens), werde der vom alten Propheten Jesaja ausgerufene Zustand der Verstockung Israels bzw. Judas[57] beendet sein. Gott wird sein Volk nicht untergehen lassen und ihm immer wieder Herrscher aus dem Geschlecht Davids erwecken (Jer 33,26). Das Volk, das sich vom wiederkehrenden David Heil erwarten darf, ist nicht nur das von Juda, sondern auch das des nördlichen Israel: Dessen Bewohner werden »umkehren« und Jhwh und

---

56 Edom war seit dem Exil der Erzfeind Judas, weil es aus der Schwäche des Nachbarn Profit zu ziehen versuchte (so wie das in früheren Epochen Juda gegenüber Edom getan hatte, vgl. nur 2Sam 8,13f.).

57 Vgl. Jes 6,9f.

»ihren König David suchen« (Hos 3,5). Klingen in dieser ungewöhnlichen Formulierung Hoffnungen auf eine Wiederbelebung der Doppelmonarchie nach dem Untergang des Nordreichs 722 v. Chr. auf, oder sind hier bereits antisamaritanische Untertöne zu vernehmen?[58] Nord und Süd spielen auch in der berühmten Verheißung Sach 9,9f. eine Rolle:

> Frohlocke laut, Tochter Zion, jauchze, Tochter Jerusalem.
> Siehe, dein König kommt zu dir, ein Gerechter und ein
> Helfer.
> Demütig ist er und reitet auf einem Esel und auf dem
> Füllen einer Eselin.
> Ausrotten wird er die Streitwagen aus Efraim und die
> Rosse aus Jerusalem,
> zerbrochen werden die Kriegsbogen, und Frieden spricht
> er den Völkern zu.

Möglicherweise steht bei diesem Bild eines sanftfriedfertigen Messias[59] gar nicht mehr ein künftiger Davididenherrscher vor Augen, sondern das Volk Israel, das in die Königsrolle eingetreten ist und in seiner Machtlosigkeit der Welt Frieden bringen soll.[60]

Überhaupt scheint es, als weise in den alttestamentlichen Prophetenschriften der erwartete Heilskönig je

---

58 Jeremias 1983, 57, hält das Wort für mehrstufig: Der Grundbestand sei »Hosea zeitlich nicht fern«; der Hinweis auf den König David hingegen klappe deutlich nach, sei also später zugefügt.

59 Vgl. dazu W. H. Schmidt 1969 = 1989. Er übersetzt statt »Helfer« (so die Versionen) »hilfsbedürftig« (so der hebr. Text).

60 So Leske 2000. Eine Analogie bilden die (nach-)exilischen Schichten der Abraham-Überlieferung in der Genesis: Sie zeichnen den Urahn Judas als das Ur- und Vorbild des späteren Königs, womit leise und unspektakulär die Nachkommen Abrahams den Nachkommen Davids den Rang ablaufen; vgl. Dietrich, David-Abraham-Typologie, 2000 = 2002.

länger je weniger konkret-politische Konturen auf und werde diese Gestalt zunehmend »demokratisiert« und spiritualisiert. Nach Jes 55,3–5 sollen die »Segnungen Davids« übergehen auf das Volk; so wie einst David »Gebieter von Nationen« war, soll jetzt Israel die Völker zum einen Gott rufen.[61] In einem späten Passus des Sacharjabuchs[62] wird das im Alten Testament öfter begegnende Motiv vom Ansturm der Völker gegen den Zion aufgenommen. Der Angriff scheitert: nicht wie sonst, weil Jerusalem und »David« unter Gottes Schutz stehen, sondern weil »Juda«, d. h. die jüdische Gemeinde, von Gott die Kraft zur Gegenwehr erhält (Sach 12,7–9). »David« und Jerusalem dagegen müssen in einem schweren Gericht noch gereinigt werden (12,10–13,9). Obwohl der dunkle Text kaum völlig zu erhellen ist, lässt er doch erkennen, dass hier vom Davidhaus nichts mehr erwartet wird.[63]

---

61 Laut Jer 33,19–22 hat Gott einen »Bund« mit seinem »Knecht David« und mit seinen »Knechten, den Leviten« geschlossen, und beider Nachkommen sollen zahlreich werden wie der Sand am Meer. Hier meldet die nachexilische Geistlichkeit ihr Mitspracherecht in der jüdischen Gemeinschaft an.

62 Steck 1991 datiert den seiner Meinung nach zusammenhängenden Abschnitt Sach 11,4–13,9 in die Ptolemäerzeit, also ins 3. Jh. v. Chr. Der Verfasser erwarte ein eschatologisches Völkergericht, in dem auch (Nord-)Israel untergehen, Juda aber mit Jerusalem gerettet, freilich geläutert werde. Kurz: Nur mehr Teile des alten Gottesvolkes werden Heil erlangen.

63 Völlig einzigartig in der prophetischen Literatur schimmert in Am 6,5 die Facette von David dem Musiker auf, wie sie in den Samuelbüchern nur selten, umso mehr dann aber in den Psalmen und in der späteren Wirkungsgeschichte aufscheint. Da werden in einem sozialkritischen Kontext Leute beschuldigt, sie erfänden sich »wie David Instrumente zur Gesangsbegleitung« (»Geräte des Liedes«). Es ist möglich, dass der Ausdruck »wie David« zugesetzt und dass in ihm bereits die

3.2 Die Chronik

Die Chronikbücher sind wohl in spätpersischer, vielleicht auch in frühhellenistischer Zeit, d. h. im 4. Jahrhundert v. Chr., entstanden. Sie bieten eine Gesamtdarstellung der Geschichte Israels im Grunde von der Weltschöpfung an bis zum Ende des Exils. Für die unermesslichen Zeitstrecken von der Schöpfung bis zur Königszeit benötigen sie – da in rein genealogischem Stil verfasst – ganze neun Kapitel. Auf König Saul verwenden sie eines (1Chr 10), auf König David dann aber neunzehn Kapitel (1Chr 11–29). Gemessen an den Samuelbüchern scheint das zwar nicht übertrieben (in ihnen handeln gegen vierzig Kapitel von David), doch im Gesamt der Chronikbücher ist der David-Abschnitt doch außerordentlich umfangreich.

Die Verfasser der Chronik haben sich weitestgehend auf die älteren Darstellungen im Pentateuch und im deuteronomistischen Geschichtswerk gestützt. So folgt der David-Abschnitt im Aufriss der Darstellung der Samuelbücher – freilich mit bezeichnenden Auslassungen auf der einen und Zufügungen auf der anderen Seite.

Hier eine Aufstellung der Parallelen[64]:

Inhalt	1Sam	1Chr
Sauls Familie	14,49–51	8,1–40
Sauls Tod	31,1–13	10,1–12

Davidisierung des Psalters vorausgesetzt ist; darauf deutet auch die Plene-Schreibung des Namens, wie sie sonst nur in späten Schriften des AT (z. B. in Chr) üblich ist.

64 Nach Kegler / Augustin 1984, 17; abweichende Textreihenfolge ist durch Kursivsatz gekennzeichnet.

	2Sam	1Chr
Davids Söhne I	3,2–5	*3,1–4aα*
David wird König Israels	5,1–3	11,1–3
Einnahme Jerusalems	5,6–10	11,4–9
Ausbau Jerusalems	5,11 f.	14,1 f.
Davids Söhne II	5,13–16	14,3–7; 3,5–9
Kämpfe mit Philistern	5,17–21	14,8–12
Abholung der Lade	6,1–11	*13,1–14*
Überführung der Lade	6,12–19a	15,1–16,6
Auseinandersetzung mit Michal	6,19b–23	15,29
Natan über Tempelbau und Dynastie	7,1–17	17,1–15
Davids Dankgebet	7,18–29	17,16–27
Davids Kriege und Siege	8,1–15	18,1–14
Davids Minister	8,16–18	18,15–17
Ammoniterkrieg	10,1–11,1	19,1–20,1a
Eroberung von Rabba Ammon	12,26–31	20,1b–3
Philisterkämpfe	21,18–22	20,4–8
Davids Helden	23,8–39	*11,10–47*
Finden des Bauplatzes für den Tempel	24,1–25	21,1–22,1
	1Kön	
Davids Regierungszeit	2,11 f.	29,26 f.

Auf den ersten Blick ist sichtbar, dass die Chronisten
aus den Samuelbüchern nur eine Auswahl getroffen
haben. Ausgedehnte Passagen des dortigen David-
Berichts sind übergangen:
– 1Sam 16–30: David als Höfling und als Flüchtling,[65]
als Freibeuter und Philistersöldner;

---

65   Allerdings findet sich in 1Chr 12,1 eine ganz kurze Anspielung
     auf diesen Abschnitt der Biografie Davids. Der Chronist weiß
     also von ihm und setzt voraus, dass auch seine Leserschaft ihn
     kennt. Es geht also keineswegs um Unterschlagung oder Ver-
     drängung, sondern lediglich um Akzentuierung: Die zweite
     Hälfte des 1. Samuelbuches scheint dem Chronisten für seine
     Zwecke nicht allzu wichtig zu sein.

- 2Sam 1–4: Davids Niederlassung in Hebron[66] und sein Kampf um das Königtum in Nordisrael;
- 2Sam 9: Davids Fürsorge für den Jonatan-Sohn Meribaal;[67]
- 2Sam 11–20: der Batscheba-Urija-Skandal und die Amnon-Abschalom-Scheba-Novelle;
- 2Sam 21,1–14: die Geschichte von Rizpa und den hingerichteten Sauliden;
- 2Sam 22,1–51; 23,1–7: Davids Psalmlieder;
- 1Kön 1 f.: Davids Sterben und die Kämpfe um seine Nachfolge.

Der Überblick zeigt, dass es vornehmlich Davids Auseinandersetzungen mit Saul und den Sauliden um die Herrschaft in Nordisrael und die Auseinandersetzungen innerhalb seiner Familie um die Thronmachfolge sind, die der Chronist beiseite lässt.[68]

Überrascht stellt man fest, dass fast die gleichen Lücken auch künstlerische David-Porträts aufweisen, wie eines in der Einführung vorgestellt wurde (siehe oben A). Hat sich

66 Auch hier ist klar, dass der Chronist (mit seiner Leserschaft) die Vorgänge kennt, werden doch in 1Chr 3,1–4 die in Hebron geborenen Davidsöhne aufgezählt und in 1Chr 29,27 (mit 1Kön 2,11) seine sieben Regierungsjahre in Hebron genannt.

67 Auch die späteren Meribaal-Szenen in 2Sam 16,1–4 und 19,25–31 fehlen im Chronikbuch.

68 Interessanterweise fehlen auch die Psalmlieder 2Sam 22f. Von der Gesamtintention der Chronik her ist es wahrscheinlich, dass der Chronist sie nicht übergangen, sondern in »seinem« Samuelbuch noch nicht vorgefunden hat. Es gibt Forscher, die Gleiches auch für die große Lücke in 2Sam 11 – 1Kön 2 annehmen, doch ist das so unwahrscheinlich wie nur möglich, ist die sog. Thronfolgegeschichte doch integrierender Bestandteil des dtr Geschichtswerks und schon der vor-dtr Samuelbücher. Auch scheitern derartige Überlegungen am Vorhandensein der anderen großen Auslassung, 1Sam 16–30, die vom Chronisten ausdrücklich markiert wird (s. oben).

der Zeichner des Bamberger Bilderzyklus von der Chronik animieren lassen – oder ist hier mit über die Jahrtausende parallelen Interessenlagen zu rechnen, die zu vergleichbaren Fokussierungen geführt hätten?

Über die Gründe für die Auslassung jener Passagen in der Chronik lässt sich nur spekulieren. Vielleicht störte den Chronisten an ihnen, dass sie ein wenig glanzvolles David-Bild zeigen. Vielleicht auch geht es in ihnen zu sehr um das Thema Nordisrael, das der Chronist auch sonst, so weit nur irgend möglich, mit Schweigen übergeht.[69] Vielleicht auch ist ihm klar, dass seine Leserschaft die alten Davidgeschichten ohnehin kennt, und er möchte lediglich bestimmte Seiten der David-Figur vor Augen bzw. in ein neues Licht stellen.[70]

Es gibt Passagen aus den Samuelbüchern, die mehr oder weniger wortwörtlich in die Chronik übernommen worden sind: so etwa die Listen von Kriegen und von Kriegern sowie die Erzählungen über Natan oder über die Auffindung des Bauplatzes für den Tempel.[71] Man kann sicher sein, dass der Chronist diese Ausschnitte aus den traditionellen Inhalten der

---

69 Möglicherweise deutet das auf das beginnende oder schon vollzogene samaritanische Schisma hin. Der Chronist hat aber den Norden keineswegs endgültig abgeschrieben: In 1Chr 1–9 sind die Nordstämme präsent, gehören sie mit zum idealen Gesamtisrael. Doch in Gegenwart und Vergangenheit gelten sie offenbar als Störfaktor.

70 Er fordert denn auch ausdrücklich dazu auf, die vollständige Geschichte Davids »in den Büchern der Seher Samuel und Gad und des Propheten Natan« nachzulesen. Wahrscheinlich meint die seltsame Quellenangabe in 1Chr 29,29 nichts anderes als die Samuelbücher, nur dass diese damals noch nicht so hießen.

71 Allerdings lässt der Chronist das Drama nicht damit beginnen, dass Gott (so 2Sam 24,1), sondern dass der Satan David zur

Davidüberlieferung besonders hoch schätzte. Es gibt indes auch Stellen, an denen er die ältere Tradition stark umformte oder umfangreich ergänzte.

Als Beispiel für das Erste kann die Geschichte von der Überführung der Lade nach Jerusalem (2Sam 6) dienen. Der Chronist zerlegt sie in zwei Teile, deren ersten er relativ weit nach vorn zieht (1Chr 13,1–14), wohl, um den ersten, kläglich gescheiterten Versuch, die heilige Lade in die heilige Stadt zu holen, als verfrüht und verfehlt hinzustellen. Zwar hat David in vorbildlicher Weise die Zustimmung des Volkes bzw. der »Gemeinde« zu dem heiligen Werk eingeholt (13,1–4; unverkennbar zeichnet sich hier die nachexilische Gemeinde-Struktur ab, werden doch orientalische Monarchen derart prädemokratische Anwandlungen kaum gehabt haben – und ist davon in 2Sam 6 auch tatsächlich nicht die Rede). Alsbald zeigt sich indes, dass es noch umfangreicher Vorbereitungen bedurfte, um das fromme Werk zu einem guten Abschluss zu bringen: Zuerst musste sich der König in Jerusalem voll etablieren (1Chr 14,1–7) und die Philister aus dem Land treiben (1Chr 14,8–16). Der dadurch ausgelöste Gottesschrecken über allen Völkern (1Chr 14,17) gab ihm die Ruhe zum Ausbau seiner Stadt und zur Errichtung eines Zeltheiligtums für die Lade (1Chr 15,1; offensichtlich sind in den Augen des Chronisten äußerlich unsichere Verhältnisse dem frommen Werk einer Heiligtumsstiftung abträglich – unwillkürlich denkt man an die durch die Perser befriedete weltpolitische Lage, die zum Bau des Zweiten Tempels führte). Ein Weiteres muss unbedingt noch

---

Volkszählung verführte (1Chr 21,1). Schon diese eine Änderung verrät viel über das chronistische Gottes- bzw. Weltbild.

geklärt werden, das man beim ersten Anlauf nicht bedacht hatte: Wer darf den heiligen Gegenstand tragen und betreuen? David wird klar: Es dürfen nur die Leviten sein (1Chr 15,2; in der Chronik bzw. zur Zeit des Zweiten Tempels sind die Leviten eine prominente Gruppierung des jüdischen Klerus). Ehe das nach Jerusalem versammelte Volk den großen Akt in Angriff nehmen kann (1Chr 15,3), lässt David die Leviten antreten – folgt eine der in der Chronik überaus beliebten Listen, in deren Namen sich gewiss die Adressatenschaft zu Teilen wieder finden konnte (1Chr 15,4–10). In einer kleinen Ansprache erklärt David ausdrücklich, dass das Fehlen der Leviten für das Malheur beim ersten Mal verantwortlich gewesen sei, woraufhin die Zuständigen die Lade an ihren Tragstangen auf die Schultern heben (1Chr 15,11–15). Doch da muss noch nachgetragen werden, welche Musiker den Zug begleitet haben – folgt eine Liste von Gesangs- und Instrumentalspezialisten (1Chr 15,16–24, offenbar handelt es sich um Gruppen, die den Kult des Zweiten Tempels bereicherten). Dann endlich findet die Prozession statt (1Chr 15,25–28; die mit ihr verbundenen Opferzeremonien fallen viel bescheidener aus als in der Samuel-Vorlage: insgesamt je sieben Stiere und Widder statt einem Rind und einem Kalb nach jeweils sechs Schritten). Die Streitszene zwischen David und Michal um sein Benehmen gerinnt zu einem einzigen Satz (1Chr 15,29). Nach der Aufstellung der Lade im Zelt und der Beschenkung des Volkes bestellt David schon wieder levitische Sänger (1Chr 16,1–6) und lässt sogleich einen ersten, gewissermaßen paradigmatischen Hymnus anstimmen, dem jeweils die Gemeinde antwortet (1Chr 16,7–36; das Lied, das ohne Gegenstück in 2Sam 6 ist, setzt sich zusammen aus Stücken von

Ps 96; 105; 106; 107[72]). Anschließend beauftragt David Priester, Sänger und Wächter mit dem Kult vor der Lade (1Chr 16,37–43).

Es ist mit Händen zu greifen, wie sich in der Chronik gegenüber der Samuel-Vorlage die Gewichte hin zum Kultischen, genauer: zum Kult und Gottesdienst des Zweiten Tempels, verschieben. Einer der Größten in der biblischen Exegese, Julius Wellhausen, bemerkt nach einem ausführlichen Vergleich des David-Bildes in den Samuel- und den Chronikbüchern spöttisch:[73]

»Was hat die Chronik aus David gemacht! Der Gründer des Reichs ist zum Gründer des Tempels und des Gottesdienstes geworden, der König und Held an der Spitze seiner Waffengenossen zum Kantor und Liturgen an der Spitze eines Schwarmes von Priestern und Leviten, seine so scharf gezeichnete Figur zu einem matten Heiligenbilde, umnebelt von einer Wolke von Weihrauch.«

Vielleicht ist es nicht nur eine Wolke von Weihrauch, die den chronistischen David umgibt, sondern auch der Hauch einer Weltreichsidee, die im Judentum der persischen Zeit gedeihen konnte.[74] Hatten die assyrischen und die babylonischen Könige das Gottesvolk aus Israel und Juda[75] übel zerschlagen und in alle Welt verstreut, so hatten ihm die Perserkönige Würde und Freiheit zurückgegeben, ihnen in der Provinz Jehud eine weitgehende Autonomie zugestanden sowie den Aufbau der Stadt Jerusalem und namentlich des Tem-

---

72 Verblüffenderweise ist keiner dieser Psalmen im Psalter David zugewiesen. Vermutlich erfolgte die Davidisierung des Psalters (s. das nächste Kapitel) noch nach der Zeit des Chronisten.
73 Wellhausen 1905, 176 f.
74 Zum Folgenden vgl. die beiden Beiträge von T. Willi, 2005.
75 Eine ideale Gesamtdarstellung dieses gesamten Gottesvolkes bietet der Chronist in den Genealogien von 1Chr 1–9.

pels tatkräftig und großzügig gefördert. So erscheinen die neuen Weltherren dem Chronisten geradezu als Verwalter des göttlichen Königtums über die Welt: nicht etwa in dem Sinne, dass sie eine göttliche Aura umgäbe, sondern so, dass sie in Gottes Auftrag für Frieden unter den Völkern, speziell auch für das Gedeihen des Gottesvolkes, und für die Möglichkeit ungestörter Verehrung des einen wahren Gottes sorgen. Sie sind gleichsam reale Repräsentanten der idealen Gottesherrschaft – wie es seinerzeit König David gewesen ist. Sind diese für den Zweiten Tempel verantwortlich, so war es jener (und seine Nachfolger) für den Ersten. Gewähren diese sämtlichen Gliedern des 12-Stämme-Volkes in ihrem weltweiten Reich Heimatrecht, so tat es David als Herr über ganz Juda und Israel. Darum eignet ihm wie seinen persischen Pendants etwas wie ein messianisches Profil: Im idealen Königtum verwirklicht sich, zumindest ansatzweise, der Wille Gottes auf Erden.

Insofern ist es müßig, über die weitgehende Realitätsferne des chronistischen David-Bildes zu räsonieren. Der Chronist will keinen realen, sondern einen idealen David malen. Also zeichnet er ihn in der Rolle des Leiters der jüdischen Gesamtgemeinde – und zugleich als hochmögenden Herrscher, der über Macht und Mittel verfügt, den Kult des wahren Gottes in aller angemessenen Größe und Herrlichkeit einzurichten. Den Perserkönigen gegenüber hat er den Nachteil, nicht über die ganze Welt zu gebieten – doch muss er das auch noch nicht, weil ja ganz Juda und Israel zusammen im Heiligen Land wohnen; andererseits hat er den Vorzug, an den wahren Gott auch persönlich zu glauben, ihm selbst zu dienen, ihm seine eigenen Lieder zu singen – was die Perserkönige natürlich nicht taten. David ist unendlich glaubensvoll und gottgefällig: nicht nur anlässlich der Lade-Überführung (1Chr 15f.), sondern auch in der Bereitstellung der Materialien für den Tempelbau (1Chr 22), bei der personengenauen Einteilung der Leviten-, Priester-, Sänger- und Torhütergilden (1Chr 23–26), bei den detailgenauen Anweisungen an Salomo zur Durchführung des Tempelbaus (1Chr 28,11–21) und schließlich bei einem ausführlichen Dankgebet zum Abschluss seiner frommen Planungen (1Chr 29,10–19).

Dem umfangreichen chronistischen »Sondergut«[76], das David als den sorgsamen, nichts dem Zufall überlassenden Stifter des Jerusalemer Kultes zeigt, stehen andere Passagen gegenüber, die an ihm die herrscherliche Seite hervorheben. Er ist eben nicht nur ein frommer, sondern auch ein machtvoller Mann, ein wahrhaft großer König. Natürlich werden Erzählungen und Listen aus den Samuelbüchern, die das auszudrücken vermögen, voll übernommen: Kriegsberichte sowie Beamten- und Kriegerlisten[77] (s. die Tabelle S.73/74). Es kommt noch einiges hinzu, das David den Anstrich nicht nur eines umsichtigen und erfolgreichen, sondern eines betont national-israelitisch eingestellten Herrschers gibt. Schon als Stadtkönig von Ziklag hat er eine große Schar tüchtiger Mitstreiter aus den Stämmen Israels um sich, die der Chronist alle namentlich aufzuzählen weiß (1Chr 12,1–22). Als König in Hebron steht ihm ein großes Heer mit Kontingenten aus allen Stämmen Israels zur Verfü-

---

76 Vielleicht handelt es sich teilweise auch um sekundäre Nachträge in der Chronik, aber durchaus in chronistischem Geist.

77 In den Samuelbüchern gerät die Triumphgeschichte 1Sam 17 in ein etwas schiefes Licht, indem im Nachtrag 2Sam 21,19 anstelle Davids ein gewisser Elhanan als Goliat-Sieger vorgestellt wird. Die Chronik verwischt die Peinlichkeit, indem sie Elhanan flugs über den *Bruder* Goliats siegen lässt (1Chr 20,5).

gung (1Chr 12,23–38). Und in Jerusalem ist er nicht etwa von Söldnern aus aller Herren Länder (»Kreti und Pleti«) umgeben, sondern von Gardisten aus den zwölf Stämmen, die ihn in monatlichem Turnus beschützen (1Chr 27,1–15). Willig liefert ihm die Bevölkerung Abgaben zur Erfüllung seiner vielfältigen Aufgaben (1 Chr 12,39–41). Am Ende ist er der größte Grundherr im Lande und verfügt über einen unermesslichen Besitz an Ländereien und Herden, den er durch Fachleute – z. T. aus dem Ausland – verwalten lässt (1Chr 27,25–34).[78]

In drei Szenen gegen Ende des 1.Chronikbuches fließen die beiden Seiten des chronistischen David-Bildes, die fromme und die herrscherliche, zusammen, in denen der König alle Macht und allen Besitz in die Waagschale wirft für das große geistliche Werk, auf das er sein Leben ausgerichtet hat und das sein Sohn zu Ende führen soll. Das große Finale der chronistischen David-Darstellung beginnt mit einer Versammlung aller Würdenträger, Offiziere und Beamten aus Davids Reich. Der König wendet sich in einer Rede an sie: Eigentlich habe er selbst für die Lade einen Tempel bauen wollen. Gott habe ihm diesen Wunsch versagt, weil er zu viel Blut vergossen habe – eine bemerkenswerte Einsicht! –, doch nun sei sein Sohn Salomo auserwählt, das Werk zu vollenden. Alles komme jetzt darauf an, dass sie alle, die Führer des Volkes, und dass Salomo, sein Nachfolger, treulich die Tora hielten und gemeinsam den Tempelbau in

---

78   H.-P. Mathys (2000, 111–118) bestreitet mit guten Gründen die Authentizität und behauptet die »Künstlichkeit« dieser Liste (Anm. 273). Das in ihr gezeichnete »plastische und überzeugende Bild« Davids als eines »überaus reichen Großgrundbesitzers« verdanke sich einer guten Kenntnis des Landes – und älterer biblischer Schriften (116.118).

Angriff nähmen (1Chr 28,1–10). Später beruft David die »ganze Gemeinde« Israel ein und hält auch ihr eine feierliche Ansprache: Er habe nunmehr alle notwendigen Vorbereitungen für den Tempelbau getroffen. Jetzt sei er bereit, sein gesamtes Privatvermögen – 3000 Talente Gold und 7000 Talente Silber[79] – für die Innenausstattung des Gotteshauses zu stiften. Das Volk und die Notabeln lassen sich von seinem Vorbild anstecken und spenden ihrerseits 5000 Talente Gold, 10000 Dareiken (die berühmte erste große Münze der Perserzeit!), 10000 Talente Silber, 18000 Talente Kupfer und 100000 Talente Eisen. »Und das Volk freute sich über seine Freigebigkeit ... Und auch der König David freute sich sehr« (1Chr 29,1–9). Zum Schluss dann wird Salomo feierlich zum Nachfolger Davids eingesetzt: nicht in einer intrigendurchtränkten Atmosphäre und in einer staatsstreichartigen Aktion (so 1Kön 1), sondern im Rahmen eines öffentlichen Festakts. Die »ganze Volksgemeinde« ist präsent, Hekatomben von Opfern werden dargebracht (auf Kosten des Königs sicherlich, dessen immensen Viehbesitz man zuvor kennen gelernt hat), das Volk speist in großer Freude und salbt dann Salomo zum König und Zadok zum (Hohen-)Priester (statt dass Zadok Salomo salbt, wie in 1Kön 1,39). Danach huldigen Volk und Mächtige dem neuen König (1Chr 29,20–25).

Es ist deutlich: Für den Chronisten hat die Herrschaft Davids ihren hauptsächlichen Inhalt und ihre eigentliche Bestimmung in etwas, das außerhalb ihrer selbst stattfindet: im Bau und im Kult des Jhwh-Tempels von Jerusalem. Dieses David-Bild weist auf eine Zeit und auf Zustände, die weit entfernt sind vom 10. Jahrhun-

---

79 Wobei ein »Talent« (hebr. *kikkar*) je nach Annahme zwischen 30 und 50 kg wiegt.

dert. Es ist die nachexilische Gemeinde des Zweiten Tempels, die sich hier in die Zeit vor der Errichtung des Ersten Tempels zurückversetzt und die große Helden- und Führergestalt jener Epoche ganz und gar ausgerichtet sein lässt auf das, was die Mitte ihres eigenen Lebens und Glaubens ist. Die sog. Bürger-Tempel-Gemeinde des spätpersischen Zeitalters hat sich im chronistischen David ein Denkmal gesetzt, ihm aber geschickt so viele Züge des alten, des David der Samuelbücher belassen, dass der Wiedererkennungseffekt gewährleistet war. So wurde der längst verstorbene, alte David neu und lebendig.

3.3 Die Psalmen

In der Hebräischen Bibel tragen 73 Psalmen in ihrer Überschrift den Namen »David«. Diese »David-Psalmen« sind in mehreren »David-Psaltern« zusammengefasst, bei denen es sich ursprünglich um selbstständige Liedersammlungen gehandelt haben dürfte:[80]

– Ps   3–41
– Ps   51–72
– Ps 101–103
– Ps 108–110
– Ps 138–145

Von den David-Liedern werden dreizehn ausdrücklich mit der »Biografie« Davids, d. h. mit Szenen aus den Samuelbüchern, verbunden:

---

80   Allerdings sind im zweiten David-Psalter die Psalmen 66, 67 und 71 nicht David zugewiesen und ist Ps 86 gewissermaßen ein versprengter David-Psalm. Neben David- gibt es auch andere Sammlungen, etwa den Korach-Psalter (Ps 42–49 + 84–88) und den Asaf-Psalter (Ps 50 + 73–83).

Ps	Sam	Ps	Sam	Ps	Sam
3	2Sam 15	52	1Sam 21,8; 22,9 f.	59	1Sam 19,11
7	2Sam 16,5 ff.? 18,31 ff.?[81]	54	1Sam 23,19 f.	60	2Sam 8,3 ff.
18	2Sam 7,1	56	1Sam 21,11 ff.[82]	63	1Sam 22,5; 23,14
34	1Sam 21,11 ff.[83]	57	1Sam 22,1	142	1Sam 22,1
51	2Sam 12				

Sichtlich häufen sich die »biografischen« Angaben im zweiten David-Psalter. Die betreffenden Psalmen sind, wie die Liste zeigt, nicht in der Reihenfolge der aufgerufenen Samuel-Stellen angeordnet. Offensichtlich hatten die Psalmensammlungen ihre Ordnung bereits angenommen, als einige ihrer Lieder gezielt auf die Samuelbücher bezogen wurden. Die von dort beigezogenen Situationen sind überwiegend solche der Verfolgung; das entspricht dem Charakter der Lieder, die

---

81   Ps 7,1 bietet die merkwürdige Formulierung: »Lied Davids, das er Jhwh sang wegen des Benjaminiten Kusch«. Einen solchen Mann gibt es in den Samuelbüchern nicht. Ist damit Saul gemeint, der ein Benjaminit war und der Sohn eines gewissen *Kisch*; oder soll man an Schimi denken, mit dem es David in 2Sam 16 zu tun bekam und der ein Benjaminit und Saulide, also ebenfalls ein *ben Kisch* war? Oder muss man »Kusch« ernst nehmen und in »Kuschî« verbessern, was dann »Kuschiter« bedeuten würde: Nubier, Schwarzer – womit auf die Szene 2Sam 18 angespielt sein könnte, in der ein Kuschiter als Bote König David die Nachricht vom Tod seines Sohnes Abschalom überbringt?

82   Freilich ist in 1Sam 21,11 ff. nicht davon die Rede, dass die Philister David »ergriffen« hätten.

83   Auch hier findet sich eine seltsame Angabe: David habe sich wahnsinnig gestellt vor »Abimelech« – so der hebräische Text; der griechische Text bietet »Ahimelech«. Zu Abimelech vgl. Ri 9, zu Ahimelech 1Sam 21,1 ff.; 22,9 ff. Vor beiden stellt sich David nicht wahnsinnig. Mit diesem Hinweis ist vielmehr auf 1Sam 21,11 ff. angespielt, wo das Gegenüber Davids aber König Achisch von Gat ist.

überwiegend Klagelieder sind. Indem sie mit bestimmten Notlagen im Leben Davids verbunden werden, wird Menschen, die sich ebenfalls in Notsituationen befinden, ein Identifikationsangebot gemacht: Sie sollen David, den König, im Gebet neben sich wissen. Es wird ihnen indes auch Trost zugesprochen, indem die Überschrift des Siegeslieds Ps 18 auf 2Sam 7,1 anspielt: den Anfang des Kapitels mit der Natanweissagung. Also dürfen sich die Betenden auch mit dem großen, siegreichen David identifizieren, dem sogar eine »ewige« Dynastie geschenkt wurde.

Wie selbstverständlich wird bei diesen »Datierungen« vorausgesetzt, dass David ein bzw. der Psalmdichter war. Davon geht offensichtlich auch der Verfasser der redaktionellen Schlussnotiz Ps 72,20 aus: »Zu Ende sind (hier) die Gebete Davids, des Sohnes Isais«. Die Bemerkung bezieht sich offensichtlich auf den zweiten David-Psalter, Ps 51–72. Die Annahme davidischer Verfasserschaft gehört traditionsgeschichtlich einer relativ späten Stufe der Entwicklung an. Ursprünglich werden die allermeisten oder wohl alle Psalmen ohne Verweis auf König David ausgekommen sein. Später dann wurden in bestimmten Sammlungen – und vermutlich nach und nach – die Lieder mit der knappen Überschrift versehen: »David-Lied«. Der im Hebräischen verwendete Präpositionalausdruck *l^edawid* wird in deutschen Übersetzungen fast regelmäßig wiedergegeben mit: »*von* David« (im Sinne von: »verfasst von David«).[84] Grammatisch wird dabei die Präposition *l^e* als ein »*l^e* auctoris« erklärt. Unmöglich ist das nicht; *l^e* kann in der Tat zuweilen einen Genitiv und somit ein Besitz- (und notfalls vielleicht

---

84 Zum Folgenden vgl. Kleer 1996, 78–86.

ein Autorschafts-) Verhältnis ausdrücken. Doch das ist selten, und die Fälle liegen anders beim *l^edawid* der Psalmüberschriften.[85] Zumeist bedeutet die Präposition *l^e* nicht »von«, sondern dient als sog. Dativ-Partikel. Demnach hätte man *l^edawid* wiederzugeben mit: »dem David« bzw. »für David« und könnte dies verstehen als eine Art Widmung (gedichtet im Andenken an David) oder auch als liturgische Anweisung (dieses Lied ist – im Gottesdienst – vom davidischen König zu rezitieren). Noch grundsätzlicher gesehen, signalisiert die Präposition *l^e* die Beziehung eines Gegenstandes oder einer Person zu einem oder einer anderen. Von da her wäre sie zunächst einmal, etwas steif, wiederzugeben mit »in Bezug auf«, so dass *l^edawid* zunächst hieße: »in Bezug auf David«. *Mit Blick auf* den König soll man die Psalmen lesen, meditieren, beten. Im Gedenken an den leidenden und doch siegreichen David gewinnen die Texte an Anschaulichkeit und Plausibilität. In David finden die Betenden einen starken und Mut machenden Mit- und Vorbeter.[86]

Die noch sehr schlichte und viel Freiraum lassende Anweisung »Lies den folgenden Psalm mit Blick auf David« war indes nur der erste Schritt in der Davidisierung des Psalters. Schon er fand frühestens in exilischer, vielleicht erst in nachexilischer Zeit statt. In einem zweiten, späteren Schritt wurden dann die ge-

---

85 Vgl. z. B. 1Sam 16,18: »ein Sohn für Isai« = »ein Sohn Isais«; oder 1Kön 2,39: »zwei Diener für Schimi« = »die beiden Diener Schimis«. Die Entsprechung würde lauten: »ein Psalm für David« = »ein Psalm Davids«.

86 Ein Vorzug des nicht-auktorialen Verständnisses von *l^edawid* ist es auch, dass damit die historisch schwer einlösbare Hypothek schwindet, der König David habe eine große Zahl höchst unterschiedlicher und überdies z. T. klar spät zu datierender Psalmlieder gedichtet.

naueren biografischen Zuweisungen – und damit die
Vorstellung einer Autorschaft Davids – eingetra-
gen. Noch einmal später übertrug man einen Psalm
(den 18.) in die Samuelbücher (2Sam 22). Jetzt sollte
die Vorstellung vom Psalmbeter David zu einer geist-
lichen Lektüre der Samuelbücher inspirieren – so wie
sich die Psalmbeter zuvor von der Davidbiografie der
Samuelbücher hatten inspirieren lassen. Man sollte
nicht mehr nur die Davidpsalmen mit Blick auf die
Davidgeschichten lesen, sondern diese mit Blick auf
die Psalmen. So wird aus dem auf verschlungenen
Wegen zur Macht aufgestiegenen König ein spirituel-
ler Führer, der die Gläubigen auf ihrem über Höhen
und durch Tiefen führenden Lebensweg begleitet.

4. David in spätbiblischen Zeugnissen

4.1 Das »Lob der Väter« des Jesus Sirach

Das Buch des Jesus Sirach, eines bedeutenden jüdischen Weisheitslehrers im 2. Jahrhundert v. Chr., wird
durch einen großen heilsgeschichtlichen Rückblick
abgeschlossen, das sog. »Lob der Väter« (Sir 44–50).[87]
Inmitten einer Reihe bedeutender Gestalten des Alten
Testaments[88] wird hier auch König David gefeiert

---

87 Eine neuere Übersetzung und Auslegung bei Sauer, 2000,
    300–342. Speziell den Davidabschnitt untersucht sehr gründ-
    lich Kleer, 1996, 131–177. Er findet eine kunstvolle Struktur von
    sieben Strophen heraus, deren erste und letzte von Natan, de-
    ren zweite, vierte und sechste vom Leben Davids und deren
    dritte und fünfte von der Frömmigkeit Davids handeln
    (139–143).
88 Es figurieren da: Henoch, Noah, Abraham, Mose, Aaron,
    Pinchas, Josua, Kaleb, Samuel, Natan, *David*, Salomo, Reha-

(47,2–11). Nachdem Jesus Sirach ihn als das Edelste in Israel vorgestellt hat (»wie das Fett am Opfer«, 47,2), schildert er relativ ausführlich seinen Aufstieg. Dabei folgt er im Wesentlichen der Darstellung des 1. Samuelbuchs, nur dass er diese zuweilen noch ein wenig überhöht. So schreibt er, David habe mit jungen Löwen und Bären »gespielt« (47,3; in 1Sam 17,34 f. sagt David von sich, er habe als Hirte mit Löwen und Bären *gekämpft*). Mit Gottes Hilfe besiegte er Goliat (vgl. 47,4 f. mit 1Sam 17). Von den Töchtern (Israels) wurde er bejubelt als Bezwinger von »Zehntausend« (47,6, vgl. 1Sam 18,7; 21,12). Alle Feinde ringsum besiegte er (47,6 f., vgl. 1Sam 18,5.11–14; 2Sam 8). Er zerbrach die Macht der Philister »bis heute« (47,7, vgl. 1Sam 17 f.; 2Sam 5,17–25; 8,1) und baute unter ihnen Städte (47,7). Diese letzte Mitteilung ist überraschend; für sie gibt es in den Samuelbüchern keinen Anhalt. Wahrscheinlich hat Jesus Sirach hier nicht auf zusätzliche Quellen zurückgegriffen, sondern bestimmte Samuel-Stellen extensiv ausgelegt.[89] Umgekehrt lässt

---

beam, Jerobeam, Elija, Elischa, Hiskija, Joschija, Serubbabel, schließlich die Hohenpriester Josua und Schimon. Vorwiegend sind diese in den Augen Sirachs besonders illustren Ahnen Israels Priester, Propheten und Könige. Von den Letzteren stammt nur einer nicht aus dem Haus Davids.

89 Man kann an 1Sam 23,1–5 denken, wonach David den Philistern das Städtchen Keïla zeitweilig abgejagt hat; oder an 1Sam 27,6, wo sie ihn zum Stadtkönig von Ziklag machen. In 2Sam 8,1 findet sich die rätselhafte Formulierung, er habe den Philistern den *mætæg ha-'ammah* weggenommen. Die Zürcher Bibel gibt den rätselhaften Ausdruck mit »Schlüssel der Hauptstadt« wieder, doch ist das nicht mehr als geraten (zumal die Philister nicht *eine* Hauptstadt hatten). Die Septuaginta rät ebenfalls: »das (von ihnen) Eroberte«. Halpern meint, es handle sich möglicherweise um die hebräische Transkription eines (unbekannten) philistäischen Wortes, und dieses bezeichne ein Beutestück (2001, 145); wenig später hält er unmissverständlich

er vieles weg: die Auseinandersetzung mit Saul, sein Freibeutertum im südlichen Juda, seinen Übertritt zu den Philistern, seine Kämpfe mit dem Saulnachfolger Eschbaal, die Eroberung Jerusalems, die Überführung der Lade nach dort. Die Natanweissagung freilich (2Sam 7) scheint er zur Sprache zu bringen;[90] zwar sehr knapp, dafür aber vorneweg: »Natan trat auf, um vor David hinzutreten« (Sir 47,1). Oder ist dies ein Hinweis auf Natans Strafrede in 2Sam 12, nach dem Ehebruch mit Batscheba und dem Mord an Urija? Auf diesen Fehltritt spielt Jesus Sirach deutlich im Schlussvers an: »Der Herr verzieh ihm seine Freveltat« (47,11). Kurz und dunkel blitzt die Sünde auf, jedoch sogleich schon im Status göttlicher Vergebung. Es folgen weitere Wohltaten Gottes an David: »Macht« verlieh er ihm »für alle Zeiten« (vgl. 2Sam 7,11–16), das »Recht des Königtums« gab er ihm (vgl. 2Sam 5,3) und seinen »Königsthron befestigte er über Jerusalem« (vgl. 2Sam 7,16.29).

Diesem Porträt Davids als Krieger und König steht das Bild von David als Beter und Sänger gegenüber:

Bei all seinen Taten gab er Lobpreis
Gott dem Höchsten im Wort der Ehre.
Mit seinem ganzen Herzen liebte er seinen Schöpfer.
Und an jedem Tag lobte er ihn im Lied.
Saiteninstrumente zur Liedbegleitung für den Altar

---

fest: »there is no evidence David fought Philistines outside of the hill country«, d. h die Philister blieben in ihren Städten durch David unangefochten (2001, 151). So hat Jesus Sirach mit seiner Aussage historisch wohl nicht Recht (gegen Sauer 2000, 321), vielmehr scheint es, dass bei ihm (ähnlich wie beim Verfasser von Zef 2,5–7) der Wunsch die Feder führte.

90   Pietsch (2003, 172 f.) sieht Anspielungen darauf vor allem in Sir 47,11 und 47,22 (im Salomo-Abschnitt).

und die Psalmenmelodie zu Standleiern formte er.
Er gab den Festen Schönheit
und schmückte die Festzeiten des Jahres.
Während er seinen [Jhwhs] heiligen Namen lobte,
jubelte er preisend vor dem Morgen das gebührende Lob.
    (Sir 47,8–10[91])

Mit diesen Aussagen weicht Jesus Sirach weit von den Samuelbüchern ab. Keine Rolle spielen die vermutlich ältesten Zeugnisse von Davids künstlerischer und dichterischer Begabung: die Erzählung vom Musiktherapeuten (1Sam 16,14–23) und die Elegie auf Saul und Jonatan (2Sam 1,17–27). David singt bei Sirach nur noch eines: Psalmen; und seine musikalischen Fähigkeiten dienen in erster Linie der Bereicherung des Kultus. Gewiss gibt es erste Ansätze in dieser Richtung auch schon in den Samuelbüchern: etwa in der Erzählung von der Überführung der Lade nach Jerusalem (2Sam 6) oder in Davids ausführlichem Gebet nach dem Empfang der Natan-Verheißung (2Sam 7,17–29). Doch stärker als diesen Texten ist der zitierte Abschnitt bei Sirach den David-Bildern der Chronik und des Psalters verpflichtet. (Ob man die Erwähnung Natans als leise Reverenz an die prophetischen David-Texte verstehen darf, bleibe dahingestellt.)

So lässt sich sagen, dass sich das David-Bild Jesus Sirachs aus allen älteren Quellen des Alten Testaments speist. Freilich geht er mit diesen Quellen sehr frei um, wählt entschlossen aus, wagt einseitig zu sein, will wohl in mancher Hinsicht ein neues, sein eigenes Bild Davids erschaffen. Darin überwiegen zwei Momente: einerseits David, der starke Krieger – symbolisiert im

---

91   Übersetzung: Kleer, 1996 133.

Sieg über Goliat –, andererseits David der fromme Sänger – konkrete Gestalt gewinnend in den Instrumenten für den Tempelgesang.

Es sind eben diese beiden Seiten des David-Bildes, die auf unnachahmliche Weise Gestalt gewonnen haben im spätmittelalterlichen Dom zu Siena. Der gesamte Fußboden des gewaltigen Kirchenraums ist ausgelegt mit Marmorplatten, wobei verschiedene Künstler aus unterschiedlich getönten und geformten Steinelementen Mosaikbilder zur biblischen, hauptsächlich zur alttestamentlichen Geschichte gestalteten. Eine zentrale Position nimmt dabei die Figur Davids ein. Das größere Mittelbild, das ihn als Psalmisten zeigt, ist gerahmt von zwei kleineren Seitenbildern, die zusammen seinen Sieg über Goliat darstellen. Wie könnte man Sir 47,2–10 besser wiedergeben?

Abb. 9: Ausschnitt aus dem Fußbodenmosaik im Dom zu Siena (15. Jh.): David als Psalmendichter im Kreis seiner Mitsänger (Mitte), David mit der Schleuder (links) und der getroffene Goliat (rechts)

4.2 Das Neue Testament

David gehört zu den am häufigsten im Neuen Testament aufgerufenen Namen aus dem Alten Testament.[92] Es ist bezeichnend, wie das neutestamentliche Davidbild bereits in verschiedenen Farben schillert.

Bisweilen erscheint David »als vorbildlicher Frommer, dem es nachzueifern gilt«[93] (Lk 1,69; Apg 4,25; 7,45 f.; 13,22; Hebr 11,32). Diese Sicht beruht auf der wie selbstverständlich gemachten Voraussetzung, dass David Verfasser der Psalmen war. Da das frühe Christentum das Alte Testament generell und also auch den Psalter als Weissagung auf Christus las, wird so auch David zum Zeugen des kommenden Christus. So sah es Paulus (Röm 4,6; 11,9), so sah es auch Lukas (Apg 1,16; 4,25; 13,34). Besonders apart ist die Aussage, David habe Jesu Auferstehung vorhergesagt – und damit über sich als einen normalen Sterblichen hinausgewiesen auf einen Größeren, Unsterblichen (Apg 2,24–28.34 f.; 13,35–37, unter Bezug auf Ps 16,10; 110,1).[94]

Schon Jesus scheint sich auf David berufen zu haben – freilich nicht als Christuszeugen, sondern als einen Menschen, der sich über religiöse Konventionen hinwegsetzte. Als die Jesusjünger einmal dafür angegriffen werden, dass sie das Gebot der Arbeitsruhe am Sabbat nicht streng einhielten, schützt sie ihr Meister mit dem Hinweis auf David, der sich in einer Notsituation in einem Heiligtum mit geweihtem Brot verpro-

---

92 59-mal wird David erwähnt. Zum Vergleich: Mose begegnet 80-, Abraham 78-, Jakob 69-, Salomo dagegen nur zwölf- und Saul gerade einmal.

93 Sinclair 1981, 388.

94 Vgl. hierzu die gründlichen Ausführungen von Pietsch 2003, 279–316.

viantiert habe, obwohl dieses nicht für den profanen Gebrauch bestimmt war (Mt 12,3; Mk 2,25; Lk 6,3; vgl. 1Sam 21,1–7). David als unkonventioneller Mann, der seine Umgebung immer wieder durch unerwartete Handlungen und Haltungen verblüfft: dieser Farbton ist im David-Bild der Samuelbücher tatsächlich kräftig vertreten (vgl. außer 1Sam 21,1–7 z. B. noch 1Sam 21,11–16; 24,5–8; 26,8–12; 2Sam 6,20–23; 12,15b–23).

Eine andere, hoch bedeutsame Facette im neutestamentlichen Davidbild ist die im frühen Christentum offenbar weit verbreitete Überzeugung, Jesus sei ein leiblicher Nachkomme des alttestamentlichen Königs gewesen. Gleich der erste Satz des Neuen Testaments stellt ihn als »Sohn Davids des Sohnes Abrahams« vor (Mt 1,1). In der Architektur der darauf folgenden Genealogie figuriert dementsprechend König David an zentraler Stelle: Vierzehn Generationen sind es von Abraham bis zu ihm, vierzehn Könige folgen ihm auf dem Thron, und vierzehn Generationen führen vom Exil zu Jesus Christus.[95] Auf diese Weise wird David zu einer entscheidenden Säule im weit ausladenden Gebäude der göttlichen Heilsgeschichte.

Im Fortgang des Matthäus-Evangeliums wird Wert darauf gelegt, dass Jesus in Betlehem geboren wurde; denn nach der Weissagung Mi 5,1–4 sollte der Messias aus der »Stadt Davids« kommen. Laut dem Lukasevangelium sorgt eine vom römischen Prokurator angeordnete Volkszählung dafür, dass Josef und Maria eigens nach Betlehem gelangen, wo dann Jesus zur Welt kommt (Lk 2,4.11).

---

95 So noch einmal die ausdrückliche Zusammenfassung in Mt 1,17. Der kunstvolle Aufbau – bei dem zusätzlich zu bedenken ist, dass die Vierzehn teilbar ist durch die heilige Zahl Sieben – zwang namentlich bei der ersten, aber auch bei der zweiten Periode zu recht erheblichen Kürzungen (vgl. die Kommentare).

Dass Jesus ein Nachkomme Davids war, behauptet noch eine Reihe weiterer neutestamentlicher Zeugen (Joh 7,42; Apg 13,22 f.; Röm 1,3; 2Tim 2,8). Es ist nicht auszuschließen, dass sie im Recht sind. Möglicherweise aber war »Davidsohn« ein Ehrentitel, den die Christen ihrem Herrn beizulegen wünschten, weil seit Jahrhunderten im Judentum die Erwartung lebendig war, Gott werde eines Tages einen Spross Davids senden, um seinem geknechteten und ausgebeuteten Volk zu einem Leben in Freiheit und Gerechtigkeit zu verhelfen.[96] Diese Hoffnung, so die Urchristen, habe sich in Jesus erfüllt.

Ungezählte Male tritt im Neuen Testament zum Namen »Jesus« (oder gar an dessen Stelle) der Beiname »Christus«. Das griechische Wort bedeutet »Gesalbter« und ist eine Übersetzung des hebräischen »Messias«. Jesus, der Messias – dies ist die vielleicht bedeutsamste Facette des neutestamentlichen Davidbildes. Schon vor der Empfängnis kündigt der Engel Gabriel Maria an, Gott werde ihrem Sohn »den Thron seines Vaters David geben« (Lk 1,32). Wenn dann in den Evangelien immer wieder leidende Menschen Jesus als »Davidsohn« um Hilfe anflehen (Mt 9,27; 15,22; 20,30 f.; Mk 10,47 f.; Lk 18,38 f.; vgl. auch Mt 12,23), dann vielleicht in der Hoffnung, der Messias könne nicht nur politische Machttaten, sondern auch soziale Wohl- und medizinische Wundertaten vollbringen.[97]

---

96 S. oben B.I.3.1. und unten B.III.4.2. Zwischenglieder dieser jüdischen Davidsohn-Erwartung in nachalttestamentlicher Zeit sind etwa PsSal 17,21–25 oder in Qumran 4Qflor 1,10–12 (vgl. dazu Pietsch 2003, 225–250). Dass die jüdische Messias-Erwartung bis in die Neuzeit nicht erloschen ist, belegt eindrücklich die Studie von Voigt 2003.

97 Karrer (2003, 343) verweist darauf, dass in TestSal 1,7; 20,1 dem »Davidsohn« und Nachfolger Davids, König Salomo, neben

Beim legendären Einzug in Jerusalem ruft die Menge Jesus das »Hosianna dem Sohn Davids!« zu (Mt 21,9.15) bzw. bejubelt »das Kommen des Reiches unseres Vaters David« (Mk 11,10). Obwohl der Esel, auf dem Jesus dieser Erzählung zufolge reitet, an den in Sach 9,9 verheißenen *sanftmütigen* Messias erinnert, sehen seine Gegner den Vorfall als Fanal zum Aufruhr, es beginnt die Passionsgeschichte. Doch der Tod kann diesen Messias nicht aufhalten. In der Johannes-Apokalypse präsentiert er sich triumphierend als siegreich wiederkehrender Davidspross (Offb 3,7; 5,5; 22,16).

Dem eng an die jüdische Tradition gebundenen und leicht politisch zu (miss)deutenden Davidsohn-Titel sollte in der Christologie nur begrenzte Dauer beschieden sein. Schon Paulus stellt klar, dass Jesus nur »dem Fleisch nach« Davidsohn war, während der auferstandene Christus ihn, Paulus, mit der Heidenmission beauftragt habe (Röm 1,3f.[98]), d. h. nicht nur dem Volk Davids, den Juden, ist das Evangelium zu verkündigen, sondern allen Völkern der Welt – was hätte diesen ein »Sohn Davids« zu bedeuten? Einmal wird in den Evangelien sogar die Verbindung zwischen David und Jesus radikal bestritten. Wenn David (als Verfasser der Psalmen) in Ps 110,1 in einem Atemzug von *Gott* dem Herrn und seinem *eigenen* Herrn spreche, dann könne er mit diesen beiden nur Gott und Christus meinen – und unterscheide sich damit klar vom Letzteren (Mt 22,42.43.45; Mk 12,35.37; Lk 20,41). Hier wird mit einem exegetischen Kunstgriff

---

Weisheit auch wunderbare Heilkraft zugeschrieben werde. Wäre an den oben genannten Stellen Jesus also nicht als David, sondern als Salomo redivivus gesehen?

98   Vgl. zu dem Passus Röm 1,3f. die sorgfältige Untersuchung bei Pietsch 2003, 321–331.

getrennt, was in so vielen Texten des Neuen Testaments eng verbunden ist.

Es ist beides deutlich: wie vielfältig die Facetten des neutestamentlichen Davidbildes sind, und wie sehr sie sich der voranliegenden biblischen (und auch der jüdischen) Tradition verdanken.

In einem Schaubild sei noch einmal zusammengefasst, wie sich die David-Thematik durch die biblische Literaturgeschichte zieht:

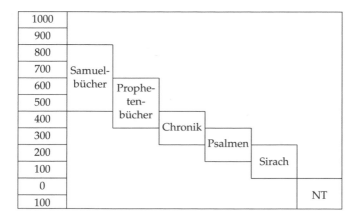

II. Die Geschichte Davids im 10. Jahrhundert v. Chr.

1. Davids Zeit im Fokus der Quellen

Wann lebte und regierte König David? In der Stele von Tel Dan (siehe B.I.1) wird um die Mitte des 9. Jahrhunderts v. Chr. ein judäischer König dem »Haus Davids« zugerechnet. Wenn ein Aramäer die Dynastie bzw. das von ihr beherrschte Land so benennt, setzt das bereits einen gewissen zeitlichen Abstand zum Dynastie- bzw. Staatsgründer voraus. Diese Überlegung weist für David selber etwa ins 10. Jahrhundert. Die Rechnung lässt sich mit Hilfe innerbiblischer Daten – die im Bereich der Königsbücher übrigens aus höfischen Annalen stammen dürften und sich insgesamt als recht zuverlässig erwiesen haben – noch verfeinern. Der in der Dan-Stele erwähnte Judäerkönig Ahasja regierte laut 2Kön 8,25 nur »ein Jahr«, also maximal 12 Monate, ehe er bei dem Putsch des Jehu ums Leben kam (2Kön 9,27). Das war in der Zeit zwischen 845 und 841 v. Chr. Von da aus lassen sich aufgrund des Systems der Synchronismen zwischen judäischen und israelitischen Königen[99] die Regierungszeiten sei-

---

99 Sie sind maßgebend für die israelitische und judäische Chronologie, wobei zu beachten ist, dass bei Königen grundsätzlich das Jahr des Thronantritts als erstes Regierungsjahr gerechnet wird, auch wenn es kalendarisch nur noch einen Monat anhielt. Von den Synchronismen aus haben die biblischen Geschichtsschreiber die Länge der jeweiligen Regierungsdauer errechnet – und sich dabei, wie es scheint, gelegentlich auch verrechnet (z. B. bei Joschafat, 1Kön 22,42; Näheres bei Begrich 1929, 133–140). Im Falle Asas wird eine offenbar schwere Erkrankung im Alter erwähnt (1Kön 15,23), die eine Koregentschaft Joschafats bedingt haben wird. Trotz solcher kleinerer

ner Vorgänger ermitteln. Die folgende Tabelle zeigt die Ansätze der wichtigsten einschlägigen Untersuchungen:

Davididen-Könige	Beleg-stelle	Begrich	Thiel / Matthiae	Hayes / Hooker	Finegan	Galil
Ahasja	2Kön 8,25	845	845	841	841	844
Joram	2Kön 8,16f.	852/51 –845	847–845	852–841	848–841	850 –844/43
Joschafat	1Kön 22,41f.	872 (866?) –852/51	868–847	877–853	870/69 –848	870/69 –850
Asa	1Kön 15,9f.	908–872 (–868?)	908–868	906–878 (–866)	911/10 –870/69	911–870
Abija	1Kön 15,1f.	910–908	910–908	909–907	913 –911/10	914/13 –911
Rehabeam	1Kön 14,21	926–910	926–910	926–910	931/30 –919	930 –914/13

Auch wenn die Berechnungen der Experten leicht differieren, ergibt sich doch ein relativ schlüssiges Bild. Das Ende der Regierung Salomos (und damit die Auflösung der Personalunion zwischen Juda und Israel) fällt in den Zeitraum 930/926 v. Chr. Für die Zeit davor haben wir keine synchronistischen Daten mehr.

Unsicherheiten konvergieren die Ergebnisse der Spezialisten doch weitgehend.

Die Bibel gibt die Regierungszeit Salomos mit 40 Jahren an (1Kön 11,42). Diese Zahl ist verdächtig rund; vielleicht hat der Autor – wohl der Erstverfasser des deuteronomistischen Geschichtswerks – sie frei gewählt, um eine lange, erfüllte Ära anzuzeigen. Auch David werden – wohl wiederum vom Deuteronomisten – 40 Regierungsjahre zugeschrieben, von denen er sieben in Hebron und den Rest in Jerusalem verbracht habe (1Kön 2,11); wird hier von der großen runden eine kleine runde Zahl abgezogen?[100] Es ist einzuräumen, dass bei kritischer Betrachtung die exakten Daten für David und Salomo kaum mehr zu ermitteln sind.[101] Freilich werden von beiden Königen so viele, längere Zeiträume in Anspruch nehmende Aktivitäten berichtet, dass man für Davids Regierungszeit fast zwangsläufig in die erste Hälfte des 10. Jahrhunderts gelangt.

Welche Quellen stehen uns zur Erhellung dieser Zeitperiode zur Verfügung? Bevor wir uns der Frage nach der historischen Auswertbarkeit der in Kap. I vorgestellten schriftlichen Quellen zuwenden, wollen wir die materielle Hinterlassenschaft des 10. Jahrhunderts ins Auge fassen.

Nun ist neuerdings eine Auseinandersetzung darüber im Gange, welcher archäologischen Epoche das 10. Jahrhundert gleichzusetzen ist. Herkömmlich galten das ausgehende 12. und das 11. Jahrhundert in der Levante als »Eisenzeit I«, das 10. als »Eisenzeit IIA« und die folgenden Jahrhunderte

---

100 In 2Sam 2,11 allerdings ist die kleinere Zahl weniger rund: »sieben Jahre und sechs Monate« soll hiernach David in Hebron regiert haben; das wirkt einigermaßen unerfindlich.

101 Die in der Literatur oft sehr genauen Angaben (1004–964 o. ä.) scheinen mir doch zu gewagt bzw. biblizistisch.

bis etwa 700 als »Eisenzeit IIB«; ab etwa 600 schließt die »Eisenzeit IIC« an. Diesen Perioden wurden bestimmte archäologische Befunde – insbesondere Keramik-Ensembles und von da aus auch Architekturen und verschiedene Arten von Kleinfunden – zugeordnet. Mit dem Namen des israelischen Archäologen Israel Finkelstein[102] verbindet sich demgegenüber eine sog. »low chronology«, die aufgrund bestimmter Beobachtungen zur Verbreitung der sog. Philister-Keramik die Eisenzeit I etwa ein Jahrhundert später ansetzen möchte, also ins 10. statt ins 11. Jahrhundert. Mittlerweile gibt es Kompromissmodelle, die den Zeitaufschub mit nur etwa 50 Jahren veranschlagen oder Eisenzeit I und IIA zu einer Epoche zusammenzufassen, welche in zwei Phasen von der Mitte des 10. bis zum Beginn des 8. Jahrhundert gelaufen wäre.[103] Die Diskussion ist in vollem Gang[104] und konnte bisher auch durch absolute Jahreszahlen – gewonnen etwa durch C14-Messungen organischer Stoffe (z. B. Olivenkerne, verbranntes Saatgut) – nicht abgeschlossen werden.[105]

Für unser Thema trägt diese Frage nicht allzu viel aus; denn weder nach der herkömmlichen noch nach der neuen Chronologie ist für die Davidszeit eine größere materielle Hinterlassenschaft zu verzeichnen – und auch die biblische Darstellung lässt eine solche nicht

---

102 Siehe seine Arbeiten von 1996 und 2003.
103 So Herzog 2004.
104 Siehe die Literaturliste bei Lehmann 2003, 120 Anm. 6.
105 Besondere Bedeutung erlangen dabei Messungen aus Tel Dor (in der Scharon-Ebene) und Tel Rehov (wenig südlich von Bet-Schean). Die gängigen Radiokarbonmessungen haben eine Unsicherheitsmarge von ± 50 Jahren, so dass sie für den geschilderten Streit, in dem es um maximal hundert Jahre geht, kaum aussagekräftig sind. Nach einer neuesten Vergleichsanalyse (Boaretto u. a. 2005) scheint sich jetzt die Waage ein wenig zugunsten der »low chronology« zu senken.

erwarten.[106] So können im Folgenden die herkömmlichen Ansätze zugrunde gelegt werden, wobei aber dort, wo es von Belang ist, auf die veränderten Perspektiven verwiesen wird, die sich aus einer Tieferdatierung archäologischer Befunde ergeben.

1.1 Der archäologische Befund

1.1.1 Siedlungsarchäologie

Bis in die neueste Zeit verstand man unter Archäologie – auch unter »Biblischer« bzw. »Palästina-Archäologie« – die Freilegung einzelner antiker Ortschaften. Die entsprechenden Siedlungshügel (arabisch *tell*, im Plural *tulūl*, neuhebräisch *Tel*), die sich, zumeist über natürlichen Erhebungen, aus dem Siedlungsschutt von Jahrhunderten mehr oder weniger hoch aufgetürmt haben, sind in der waldarmen Landschaft Israel-Palästinas meist schon von weitem durch ihre besondere, hellgrau-beige Färbung auszumachen. Nach und nach hat man gelernt, solche Ortslagen nicht einfach in Schatzgräbermanier anzugraben und gar abzuräumen, sondern ihre Oberfläche und die darunter liegenden Siedlungsreste schrittweise und jeweils nur arealweise mit einer immer mehr verfeinerten Methodik abzuheben. Ziel der Grabung ist es, eine Stratigraphie der betreffenden Ortschaft zu gewinnen. Denn die interessanten Ortslagen, die durch eine stra-

---

106 Das ist ganz anders bei Salomo, dem die Bibel im Unterschied zu David eine ausgedehnte Bautätigkeit namentlich in nordisraelitischen Städten nachsagt. Wäre die Monumentalarchitektur, die man in den betreffenden Städten (z.B. Hazor, Megiddo, Geser) gefunden hat, nicht, wie zunächst angenommen, dem (ausgehenden) 10., sondern dem 9. Jahrhundert zuzuweisen, dann wären die Urheber dieser Bauten die Omriden-Könige und nicht Salomo.

tegisch oder verkehrstechnisch günstige Lage sowie durch reichhaltige Wasservorkommen und ein fruchtbares Umland begünstigt waren, wurden in der Antike immer und immer wieder neu besiedelt. Jede Siedlungsphase hinterließ auf dem entstehenden *tell* eine weitere Siedlungsschicht.

Die einzelnen Siedlungsschichten gilt es sorgfältig voneinander zu unterscheiden und miteinander zu korrelieren. Schließlich versucht man Schicht um Schicht zu datieren. Dazu bedient man sich vornehmlich der stets reichlich vorhandenen Keramik. Ob diese nun gut erhalten oder stark fragmentiert ist: Der geschulte Blick vermag sie innerhalb einer Keramik-Typologie, die sich mittlerweile für die südliche Levante herausgebildet hat,[107] einzuordnen und so die betreffende Siedlungsschicht einer archäologischen Epoche zuzuweisen. Weitere Schritte sind dann die Einordnung in die absolute Chronologie und die betreffende Zeitgeschichte sowie nach Möglichkeit die Identifizierung mit einem biblisch-antiken Ortsnamen.

In unserem Zusammenhang hätte sich eine siedlungsarchäologische Nachfrage mit Städten des frühen 10. Jahrhunderts, und zwar vorrangig mit solchen zu befassen, welche die biblische Tradition mit König David in Zusammenhang bringt. Das ist zunächst sicher Jerusalem, das David als erster zum Sitz des judäischen Königtums gemacht und wo er 33 Jahre regiert haben soll (2Sam 5,6–12; 1Kön 2,11). Zuvor, so der biblische Bericht, habe er sieben Jahre in Hebron residiert (2Sam 2,1–4a; 1Kön 2,11). Und noch davor sei er vom König der Philisterstadt Gat zum Unterkönig

---

107 Das derzeit noch gültige Standardwerk: Amiran 1969. Recht umfassend auch Weippert 1988.

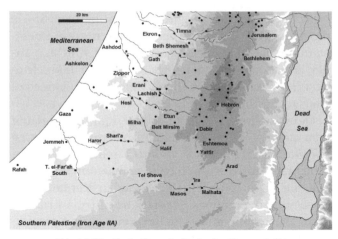

Abb. 10: Die Besiedlung Judas in der Eisenzeit IIA

und Stadtkönig von Ziklag gemacht worden, und er habe diesen Titel immer behalten (1Sam 27,7).

Um mit der ersten der »Residenzen« Davids zu beginnen: *Ziklag* ist bis heute nicht sicher lokalisiert. Ist der biblische Bericht einigermaßen zutreffend, so kann der Ort nicht allzu weit von Gat entfernt gelegen haben, weil sonst nicht der dortige König darüber hätte verfügen können. Da David offenbar die Aufgabe zugedacht war, von Ziklag aus das judäische Bergland zu kontrollieren bzw. zu malträtieren – während er angeblich eher den Negev und den Nordsinai (un)sicher machte (1Sam 27,8–12) –, muss die Stadt am Ostrand des Philistergebietes gesucht werden. Es kommen mehrere Lokalisierungen in Betracht, deren prominenteste diejenige auf dem *Tell es-Seba'* wäre, einem Siedlungshügel im Osten der modernen Stadt Beerscheba.[108] Die dortige antike Stadt war von der Mitte des 10. bis Ende des 8. Jahrhunderts v. Chr. ein

---

108   Dazu Fritz 1990, 90–95; Herzog 1993; Herzog 2004, 223f.

beachtliches administratives Zentrum (Straten III–V), das möglicherweise von Salomo begründet wurde. Darunter liegend wurden vier Siedlungsschichten aus der Eisenzeit I und der frühen Eisenzeit IIA gefunden (Straten VI–IX). Zu dieser Zeit war die Ortschaft noch recht unbedeutend, eine kleinere, schwach befestigte Siedlung.[109] Heute wird Ziklag zumeist mit dem *Tell eš-Šeri'a* identifiziert.[110] Bei Grabungen in den 1970-er Jahren kamen dort fünf eisenzeitliche Siedlungsschichten zutage, darunter Stratum VII genau aus der passenden Zeit (10./9. Jh.). Erkennbar ist in dieser Phase eine starke Bautätigkeit (sog. Vierraumhäuser) und ein kulturell glatter Anschluss an das darunterliegende, klar philistäische Stratum VIII.[111]

Hebron[112] ist bis heute der Zentralort des judäischen Berglandes. Die antike Ortslage, ein markanter Siedlungshügel am Rand der modernen Stadt, war schon in der Frühen und Mittleren Bronzezeit besiedelt und mit einer Mauer aus gewaltigen Steinen umgeben. In der Spätbronzezeit wurde sie aufgegeben, um in der Eisenzeit I neu begründet zu werden. Das Josuabuch bringt mit diesen Vorgängen die Sippe der Kalibbiter in Verbindung (Jos 14,13–15), mit der dann David mehr oder weniger enge Kontakte unterhielt (1Sam 25,3.42; 30,30), bis er sich, von Ziklag aus kommend, in ihrem Hauptort niederließ (2Sam 2,1–4a). Hebron

---

109 Der Ausgräber, Ze'ev Herzog (1993, etwas anders 2004, 231), bezeichnet Stratum VII als »enclosed settlement« (eine ringförmige Anlage von Bauernhäusern) und datiert die Siedlung ins 10. Jahrhundert.

110 Etwa Kotter/Oren (1992) und Vette (2010).

111 Die zuweilen auch vorgeschlagenen Ortslagen *Tell Masos* und *Tell Far'a Süd* kommen aus geografischen Gründen wohl kaum in Betracht.

112 Siehe Ofer 1993.

erlebte im 11. und bis ins ausgehende 10. Jahrhundert v. Chr. seine Blütezeit. Die schweren bronzezeitlichen Mauern dienten jetzt nur mehr als Befestigung einer Akropolis, während sich die Wohngebiete darüber hinaus ausdehnten. In der Folgezeit scheint die Stadt einen Abstieg erlebt zu haben, diente aber, ausweislich mehrerer mit königlichem Siegel geprägter Vorratskrüge, als ökonomisches Unterzentrum für die Königsstadt Jerusalem.

Schließlich *Jerusalem*.[113] Gelegen auf dem Kamm des judäischen Gebirges kurz vor dessen Absturz zum Jordantal und zum Toten Meer, war Jerusalem immer auch und zuerst eine Festung. Das Umland ist eher karg zu nennen, doch die strategische Lage ist günstig: Nordsüdlich verläuft ein Handelsweg wenig westlich des Gebirgskamms, ostwestlich ein weiterer aus dem Ostjordanland über Jericho zum Mittelmeerhafen Jaffa. Weiter entspringen in unmittelbarer Nähe der ältesten Stadtanlagen zwei starke Quellen. Der früheste Stadtkern liegt auf dem nordsüdlich verlaufenden Felssporn zwischen Kidrontal und Tyropoiontal. Dieser sog. Südosthügel der Altstadt trägt seit alters den Namen »Davidstadt«, doch war die Ortslage schon viel früher besiedelt. In der Mittelbronzezeit (etwa um 1800 v. Chr.) wurde dort eine Stadt gegründet, die ein erhebliches Stück unterhalb der Hügelkrone durch eine mächtige Mauer geschützt war. Nach einer längeren Phase, für die architektonische Reste nicht aufgedeckt werden konnten, spielt die Stadt in der Spätbronzezeit wieder eine wichtigere Rolle. In der Amarna-Korrespondenz findet sich u. a.

---

113 Aus den unzähligen Veröffentlichungen seien hier lediglich genannt: Fritz 1990, 102–106; Mazar/Shiloh/Geva 1993; Bieberstein/Bloedhorn 1994, zusammenfassend I 63 f.; Cahill 2003; Keel 2007, 147–233; Grabbe 2016, 94–97.

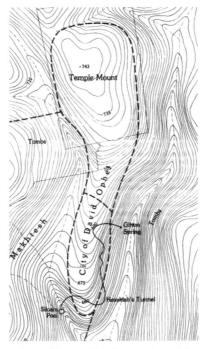

Abb. 11: Jerusalem zur Zeit der vereinten Monarchie

Abb. 12: Die »stepped stone structure« in der Davidsstadt

der Brief eines Stadtfürsten namens Abdi-Chepa an die ägyptische Verwaltung,[114] der etwa auf 1360 v. Chr. zu datieren ist und in dem sich der Schreiber über das Chaos im Land beklagt. Offenbar sorgten umherziehende Banden für Unruhe; zu ihrer Abwehr bedürfte es dringend ägyptischer Bogenschützen.[115] Aus dieser Zeit hat man zwar keine Befestigungsanlagen, aber immerhin Siedlungsreste in der Nähe der Gihon-Quelle gefunden. Ähnlich spärlich sind die Funde aus der Eisenzeit I, doch lässt sich immerhin eine Besiedlung innerhalb des alten, mittelbronzezeitlichen Mauerrings wahrscheinlich machen.

Die Befundlage über die Eisenzeit IIA (also vermutlich die Davidszeit) fiele ähnlich spärlich aus – wenn nicht ein mächtiges Hangpflaster zu Tage getreten wäre: aus schweren, grob behauenen Steinblöcken gefertigt, den Hang nahe dem Gihon auf einer Breite von 16 und in einer Höhe von 17 Metern auf 55 Stufen überdeckend. Der Boden unter diesem Steinpflaster wurde durch Siedlungs- und Geröllschutt geebnet, und das darin enthaltene Keramikmaterial macht deutlich, dass die gesamte Struktur nicht vor Beginn der Eisenzeit IIA errichtet worden sein kann. Welchen Zweck hatte sie? Vermutlich wurde durch sie der steile Hang massiv befestigt, so dass ein oberhalb von ihr an der Hügelkrone zu errichtendes, großes Gebäude nicht mehr vom Abrutschen bedroht war. Die Bibel berichtet, David habe, als er Jerusalem von den dort wohnenden Jebusitern übernommen hatte, den »Millo« und einen Palast gebaut (2Sam 5,9.11). In dem unübersetzbaren Wort »Millo« dürfte ein hebräisches Verb stecken, das »auffüllen« bedeutet; es ist gut vorstellbar,

---

114 Vgl. Galling 1968, 26.
115 Zur Auswertung vgl. Na'aman 1996.

dass jene Steinstruktur – architektonisch wie sprachlich einmalig – so genannt wurde. Später sollen Salomo (1Kön 9,24; 11,27) und Hiskija (2Chr 32,5) am »Millo« weitergebaut haben, was an eine Erweiterung der Kernstadt auch durch diese Könige denken lässt. Es spricht nichts dagegen, dass David die von ihm vorgefundene Jebusiterstadt, die ganze 100 × 400 Meter maß, nach Norden hin erweitern ließ, um dort seinen Palast unterzubringen.[115a] Die neue Akropolis hätte an dem nunmehr höchsten Punkt der Stadt gelegen und diese zugleich zu der gefährdetsten, der nördlichen Seite hin geschützt.

Im Überblick über die drei geschilderten Stadtanlagen zeigt sich, dass Davids »Residenzen« von eher bescheidenem Stil gewesen sein müssen. Die Städte selber und erst recht ihre (ja kaum mehr nachweisbaren) königlichen Bauten machen keineswegs den Eindruck stolzer Metropolen, sondern eher den ländlicher Siedlungen und Burgen.[116]

1.1.2 Flächenarchäologie
So wichtig und unentbehrlich die Siedlungsarchäologie ist: Gerade bei einer Epoche wie derjenigen Davids offenbart sie ihre Schwächen. Es entstanden damals

---

115a E. Mazar (2006) behauptet, recht genau oberhalb des Steinpflasters auf Fundamente monumentaler Gebäude gestoßen zu sein, die sie dem Palast Davids meint zurechnen zu können. Finkelstein (2007) bestreitet das.

116 Kennzeichnend ist etwa die Äußerung der Archäologin Steiner (2001, 283): »Based on the archaeological evidence Jerusalem of the tenth/ninth century BCE can be described as a small town ... Its size will not have exceeded 12 hectares and it may have housed up to 2000 inhabitants.« (Der von Steiner gezogene Schluss freilich, dass eine Stadt ohne größere Wohnquartiere keine Hauptstadt sein könne – nicht einmal die eines »small, newly established state«! –, ist vorschnell.)

kaum große Städte mit eindrücklichen Bauwerken, auch inschriftliche Zeugnisse aus der Zeit hat man noch nicht gefunden. Hinzu kommen methodisch bedingte Unsicherheiten in der Datierung und historischen Verortung einzelner Siedlungsschichten: War eine bestimmte Ortslage zur Davidszeit wirklich bewohnt? Wer wohnte dort? Wie hat man sich die politische, ethnische, ökonomische Vernetzung des Ortes vorzustellen? Wer auf solche Fragen tastende Antworten gefunden hat, muss sich hüten, sie nicht in unangemessener, vorschneller Weise mit biblischen Texten in Verbindung zu bringen, so dass die Wahrnehmung der archäologischen Befunde verzerrt wird.

Würde man nicht ohnehin gern wissen, was zur Zeit Davids außer dem König die einfachen Leute getan haben? Die meisten von ihnen werden auf dem Land gelebt haben, in z. T. kleinen Dörfern oder Weilern, die auszugraben sich kaum lohnt. Dem Desiderat sucht eine in neuerer Zeit und speziell in Israel entwickelte Methode gerecht zu werden: die Survey- oder Oberflächen-Forschung. In ihr geht es nicht um die Erforschung einzelner Ortslagen, sondern um die Erkundung ganzer Landstriche auf antike Siedlungsspuren. Dazu durchstreift geschultes Personal kartographisch präzis festgelegte Landschaftsabschnitte und achtet insbesondere auf Keramikscherben, die sich dort häufen, wo in früheren Zeiten gesiedelt wurde.[117] Die Auswaschung durch die jährlichen Winterregen sorgt dafür, dass immer wieder mindestens so viel Material zutage kommt, wie anderes überdeckt

---

117 Die Surveyberichte aus der Landschaft Juda – die wichtigsten verfasst von Yehudah Dagan und Avi Ofer und geschrieben auf Neuhebräisch – werden von Lehmann (2003, 118 f.) nachgewiesen und referiert.

oder weggespült worden ist. Dem kundigen Blick offenbart sich so sehr zuverlässig, wo innerhalb der durchstreiften Region zur Türken-, Mameluken-, byzantinischen, römischen, hellenistischen Zeit, wo schließlich auch während der verschiedenen Epochen der Eisenzeit (und darüber hinaus der Bronzezeit) sich Gehöfte, Weiler, Dörfer, Flecken, Städte befanden.[118]

Die dabei erhobenen Datenmengen sind im Grunde nur mit moderner Computertechnologie zu erfassen und zu verwalten. Fachleute werten sie dann in wissenschaftlichen Arbeiten aus, von denen wir hier Gebrauch zu machen versuchen. Uns interessiert dabei zeitlich das 10. Jahrhundert v. Chr. und räumlich der Bereich, in dem laut der biblischen Überlieferung das Kernland des Reiches Davids und Salomos zu suchen ist: die südliche Levante, d. h. der relativ schmale Streifen Land zwischen Mittelmeer und Jordan, im Norden begrenzt durch das Libanongebirge, im Süden durch die Sinaiwüste. Dies bedeutet eine Erstreckung in der West-Ost-Richtung von durchschnittlich 70, in der Nord-Südrichtung von vielleicht 250 km.[119] Das ist kein sehr ausgedehntes Land, und schon darin liegt eine Warnung vor übertriebenen Erwartungen an ein »davidisch-salomonisches Großreich«. Hinzu kommt, dass im Südwesten und im Nordwesten zwei politische Einheiten lagen, von denen die Bibel klar zu erkennen gibt, dass sie auch zur Zeit Davids und Salomos selbstständig waren: das Philisterland und die Städte Phöniziens. Diese Gegenden gehörten zu den ökologisch und ökonomisch bevorzugtesten der Le-

---

118 Gestört wird das dabei entstehende Bild durch moderne Siedlungen und Straßen, doch nehmen diese immer noch eine nur begrenzte Fläche des uns interessierenden Landes ein.
119 Hierbei ist der Sinai nicht mitgerechnet.

vante: mit Zugang zum Meer, relativ wasserreich, ausgestattet mit ebenen und fruchtbaren Böden, angeschlossen an wichtige Nord-Süd- wie auch Ost-West-Handelsrouten. Relativ ressourcenreich waren auch die übrigen kleineren Ebenen: im Westen die Scharon-Ebene und die Bucht von Akko, von dort ausgehend die Jesreel-Ebene, die zum See Gennesaret und zum oberen Jordantal führte. An diesen Regionen haftete seit alters der Name »Kanaan«; ob und wieweit sie zum Herrschaftsgebiet Davids und Salomos gehörten, wird noch zu fragen sein. Analoges gilt für das Hügelland im Südwesten Judas, die sog. Schefela.

Die – schon immer recht dichte – Bevölkerung der Ebenen war in der Mittleren und Späten Bronzezeit (zwischen ca. 1500 und etwa 1150) in Stadtstaaten organisiert: Ein städtisches Zentrum beherrschte ein ländliches Umfeld, das die Versorgung der Stadt mit Lebensmitteln sicherstellte. In der Stadt wohnten neben Bauern auch Handwerker, Händler, Priester, eine kleine Verwaltungsschicht und über allen ein »König« mit seiner Familie und seinem meist bescheidenen Gefolge. Dieses Netz kanaanitischer Stadtstaaten stand unter der Kontrolle Ägyptens, doch ließ diese im Lauf der Spätbronzezeit nach, so dass Kanaan weitgehend sich selbst überlassen blieb. Unruhige Elemente und einwandernde Gruppen konnten zunehmend Wirkung entfalten. Die im ägyptischen Amarna gefundene Korrespondenz kanaanitischer Stadtfürsten mit den ägyptischen Oberherrn etwa aus dem 14. Jahrhundert gewährt aufschlussreiche Einblicke in eine zerfallende Kleinstaatenwelt. So genannte Hapiru, Gruppen sozial marginalisierter Menschen, suchen ihren Lebensunterhalt durch niedere Arbeiten, Söldnerdienste oder auch durch Räuberei zu sichern; verzweifelt hört man Stadtkönige kleine Detachements von Soldaten aus Ägypten anfordern, die offenbar genügen würden, um die Ordnung wieder herzustellen, die aber oft ausbleiben.

So erlebten die Stadtstaaten einen – vielerorts archäologisch nachweisbaren – Niedergang. Orte wurden zerstört oder aufgegeben. Die Bewohner werden sich den Hapiru angeschlossen und/oder sich ins Bergland zurückgezogen haben, um sich dort nach und nach niederzulassen. Zu ihnen mögen von außen kommende Elemente gestoßen sein, die vom Hirten- zum Bauerntum übergingen. So entstand im ausgehenden 12. und im 11. Jahrhundert eine Art Siedlungsbewegung zunächst ins israelitische, dann auch ins judäische Bergland hinein. Dort, in der vergleichsweise ärmlichsten Region des Landes, konnte man zwar schon immer Viehzucht betreiben, freilich kaum mit Groß-, sondern nur mit Kleinvieh; namentlich in Juda gehörten (und gehören bis heute) Schaf- und Ziegenherden zum Landschaftsbild. Doch der damalige Hauptzweig der Ökonomie, die Ackerwirtschaft, hatte im Bergland wenig Entfaltungsmöglichkeiten. Gerade im Süden boten nur wenige Talböden genügend Ackerkrume für den Getreideanbau.

Die ökologischen Gegebenheiten ließen nicht mehr zu als eine kleinbäuerliche Subsistenzwirtschaft. An eine Überschussproduktion von Getreide, gar von Oliven und Wein, war kaum zu denken. Dafür war nicht nur die benötigte Bodenkrume zu spärlich, auch das Wasser war zu knapp oder floss zu schnell ab. Quellen waren selten, Brunnen mussten tief gegraben werden; der Aufwand lohnte allenfalls bei größeren Städten. Zisternen dienten in erster Linie der Versorgung mit Trinkwasser, vielleicht noch der Wässerung von Gärten, taugten aber nicht für die Kultivierung größerer Anbauflächen.

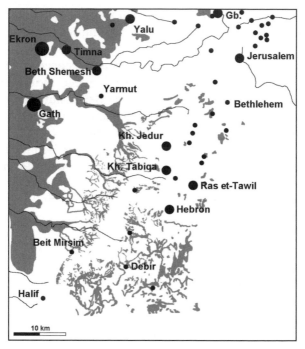

Abb. 13: Die Kartenskizze hebt die fruchtbaren Böden farblich hervor; zu beachten sind die viel höhere Fruchtbarkeit in der Schefela und die entsprechend relativ schüttere Besiedlung im Bergland.

Über größere Vorkommen von Bodenschätzen auf dem Gebiet Israels und Judas ist nichts bekannt. Kleinere Mengen von Erz waren zu finden; tief im Süden, im Wadi Araba, wurde zeitweise in kleinem Umfang Kupfer verhüttet. Dessen Hauptabbaugebiet lag in Zypern, von dort führten es vor allem die Phönizier auf Schiffen herbei. Doch solcher Seehandel und auch der Fernhandel zu Lande waren Sache der Israeliten und Judäer nicht. Die wichtigste Nord-Süd-Verkehrsader, die Via Maris, verlief in der Küstenebene, außerhalb ihrer Reichweite. Ost-West-Verkehrswege, an sich schon

114

weniger stark genutzt, hatten das Tote Meer und damit faktisch jedenfalls Juda zu umgehen. Karawanenwege nach Arabien nahmen ihren Ausgang in den philistäischen Küstenstädten und berührten das palästinische Bergland nicht. Einzig eine Nord-Süd-Strecke führte westlich der Wasserscheide durch Israel und durch Juda, doch war sie beschwerlich und wurde in der Hauptsache wohl nur regional genutzt.

Infolge dieser Prämissen war das israelitisch-judäische Bergland in der früheren Eisenzeit relativ dünn besiedelt, und zwar in nord-südlicher Richtung mit abnehmender Tendenz.

In den Bergdörfern bildete sich eine von der kanaanitischen grundverschiedene Gesellschaftsstruktur heraus. Die Siedler erarbeiteten ihren Lebensunterhalt zumeist als kleine Bergbauern, die sich allenfalls genossenschaftlich und tribal, nicht aber staatlich organisierten. Sie hatten zwar mit kargen Lebensumständen zu kämpfen, doch boten ihre Siedlungen Zusammenhalt und Schutz – mehr als zu jener Zeit in den Ebenen. Die allermeist kleinen, kaum einmal zwanzig Häuser umfassenden Dörfer lagen zuoberst auf Berg- oder Hügelkuppen, von wo aus ein guter Überblick über die umgebende Landschaft gegeben war und wo man sich gut verteidigen konnte. Bezeichnenderweise standen die Anwesen in Form einer Wagenburg ringförmig zusammen: die (wohl fensterlosen) Hausrückwände talwärts, die Hoftore nach innen, zum Dorfplatz, gewandt.[120]

Das einzelne Bergdorf blieb auf die Dauer nicht für sich: nicht nur deswegen, weil die Gemarkungen verschiedener Dörfer einander berührten, sondern

---

120   Vgl. auf S. 117 die Skizze zu Tell es-Seba', Stratum VII.

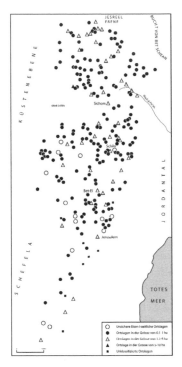

Abb. 14: Die Besiedlung des mittel- und
südpalästinischen Berglandes in der Eisenzeit I

auch, weil man Kontakt über die Dorfgrenzen hinaus
suchte. Die hier oben Siedelnden lebten alle in ähnli-
cher Lage, es stellten sich gleichgerichtete Interessen ein: sich gemeinsam schützen gegen diebische
Banden, einfallende Nomaden, Plünderertrupps aus
den Ebenen; dem Boden mit vereinten Kräften den
Lebensunterhalt abgewinnen, dafür nötige Kenntnisse
und Fertigkeiten austauschen, gemeinsam Wege und
Wasserversorgungsanlagen bauen, sich in Notlagen –
Krankheiten, Ernteausfälle, Naturkatastrophen – aus-
helfen, in kleinerem Maße Güter und Waren austau-

116

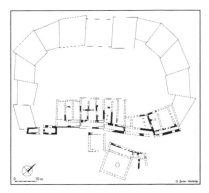

Abb. 15: Typische Siedlung aus der Eisenzeit I;
Tell es-Seba', Stratum VII

schen. Dazu kamen Verbindungen infolge von Heiraten, die nur teilweise innerhalb desselben Dorfes, aber
auch nur selten über weite Entfernungen hinweg geschlossen worden sein dürften.[121]

Nun gab es in Israel und Juda nicht nur Bergdör-
fer, sondern auch im Bergland und erst recht im westlich vorgelagerten Hügel- und im Flachland neben
Dörfern auch kleinere und größere Städte.

Ein Aufsehen erregender Sonderfall ist die neu ausgegra-
bene Siedlung Khirbet Qeiyafa ca. 30km südwestlich von Jerusalem, die von den Ausgräbern David zugewiesen wird,
was aber nicht unbestritten blieb.[121a]

Zu einem nicht mehr näher bestimmbaren Zeitpunkt,
aber eher in der Ära Davids als in der Salomos, müssen die dichter besiedelten Regionen Teil der Kern-

---

121   Hierzu hat Lehmann 2003, 136–146, sehr eingehende Erwä-
      gungen vorgelegt.
121a Vgl. einerseits Garfinkel/Ganor 2009 und 2016, andererseits
      Finkelstein 2014,67–73.

117

lande Juda und Israel geworden sein; denn in der sog. Provinzliste Salomos 1Kön 4,7–19, deren Authentizität nur unter großem Aufwand zu bestreiten ist, erscheinen die Ebenen Kanaans als integraler Bestandteil Israels. Aus der Zeit Davids wird berichtet, es habe eine Volkszählung in dem gesamten Gebiet Judas und Israels stattgefunden; das dabei abgeschrittene Gebiet hat Dan zum nördlichsten und Beerscheba zum südlichsten Punkt und schließt ausdrücklich »die Städte der Kanaaniter« ein (2Sam 24,1–9). Es sollen dabei 800.000 wehrfähige Männer in Israel und 500.000 in Juda gezählt worden sein. Das ergäbe, grob geschätzt, eine Einwohnerzahl von über 3 Millionen Menschen im Norden und von über 2 Millionen im Süden. Solche Zahlen sind indes eher utopisch als realistisch.

Die Methodik der Bevölkerungsschätzung im antiken Israel-Palästina ist mittlerweile sehr ausgereift.[122] Ausgangspunkt ist die durchschnittliche Bevölkerungsdichte pro Hektar Siedlungsfläche. Legt man den britischen Zensus im Mandatsgebiet Palästina zugrunde, ergibt sich, dass auf einem Hektar bebauter Fläche im Bergland 160 bis 260, im Flachland 260 bis 400 Personen wohnten. Gemittelt ergäbe das 150 bis 300 Personen pro ha Baufläche. Diese Zahlen sind mit der Gesamtzahl von Hektaren zu multiplizieren, welche die Archäologie für die jeweilige Epoche als bebaut auszuweisen vermag. So kommt man für das Juda der früheren Eisenzeit auf folgende Zahlen:[123]

Eisenzeit I	65.9 ha	>	9.885 – 19.770 Pers.
Eisenzeit IIA	147.9 ha	>	22.185 – 44.370 Pers.

---

122 Vgl. die ausführlichen Literaturnachweise bei Lehmann 2003, 130f. Anm. 33.
123 Nach Lehmann 2003, 133.

Trotz der Schwankungsmarge wird deutlich, dass man die biblischen Zahlen durch den Faktor 50 bis 100 zu dividieren hat. Was hier für Juda errechnet ist, gilt analog für Israel – wobei allerdings der Norden, verglichen mit dem Süden, erheblich bevölkerungsstärker war, als es die judäisch gefärbte Quelle 2Sam 24 annimmt. Es lebten dort nicht 1,5-mal, sondern etwa 5-mal so viele Menschen.

Aufgrund moderner Zähl- bzw. Schätzmethoden kommt man für das Gebiet zwischen Dan und Beerscheba um 1000 v. Chr. auf eine Einwohnerzahl von 150.000 Menschen.[124] Dies wäre die nicht gerade winzige, aber doch recht bescheidene Machtbasis für David und Salomo gewesen. Von da aus wird man sich ihr »Reich« eher bescheiden als gewaltig vorzustellen haben. (Freilich sind solche Feststellungen relativ: In seinem geschichtlichen Kontext konnte ein vereinigtes Königtum Juda-Israel sehr wohl eine Macht sein.)

1.2 Der literarische Befund

Die archäologischen Quellen sind im Blick auf David und seine Zeit also zwar nicht völlig stumm, aber doch überwiegend nur indirekt und mit gewissen Vorbehalten nutzbar. Wie steht es nun mit der historischen Auswertbarkeit der literarischen, und das bedeutet – mit jener halben Ausnahme der Tel-Dan-Inschrift – der biblischen Quellen?

Es stimmt von vornherein nachdenklich, dass von einem König, der im 10. Jahrhundert v. Chr. über ein ansehnliches Reich in der südlichen Levante geboten

---

124 Broshi 1990. Dort auch die Angabe, dass im 8. Jahrhundert in diesem Gebiet 400.000 Menschen wohnten; die Bevölkerungsdichte nahm im Lauf der Königszeit markant zu.

haben soll und später zur Ikone gelungener Herrschaft in Israel wurde, faktisch einzig in der Bibel berichtet wird. Es gibt von ihm keine Reflexe in den Literaturen des Alten Vorderen Orients. Weder ägyptische noch mesopotamische, weder kanaanitische noch phönizische Schreiber haben nach bisherigem Kenntnisstand David einer Erwähnung gewürdigt. Demgegenüber sind andere israelitische und judäische Könige sehr wohl auch in außerbiblischen Quellen präsent: Omri etwa oder Jehu, Hiskija und Manasse. Doch sie alle lebten später als David. Das Schicksal der Nichterwähnung durch außerbiblische Texte teilt David mit großen Gestalten der biblischen Frühzeit: Mose, Abraham, Josua, Simson. Womöglich sind sie alle gleichsam vor-geschichtliche, gar mythische Gestalten? Ein für seine unerschrocken (hyper-)kritischen Positionen bekannter britischer Forscher hat König David für historisch ebenso greifbar erklärt wie King Arthur – nämlich überhaupt nicht.[125]

1.2.1 Geschichten und Geschichte

Man könnte einen Augenblick geneigt sein zu denken, die enorme Wirkungsgeschichte der Davidgestalt stehe in einem reziproken Verhältnis zu ihrer geschichtlichen Ungreifbarkeit: Eine praktisch vorgeschichtliche Figur kann nur schwer relativiert werden durch präzises historisches Fragen und Wissen. Über eine Mythe lässt sich nach Herzenslust fabulieren und

---

125 Davies 1994, 55. Ihm nach eifert Neumann 1997, der allen Ernstes behauptet, »David« sei kein Eigenname, sondern ein Titel; eine historische Persönlichkeit dieses Namens, die ein größeres Königreich regiert habe, sei angesichts der archäologischen Datenlage nicht glaubhaft zu machen. Dem gegenüber steht eine so besonnene Darstellung wie die von Grabbe 2016.

spekulieren. Ein König kann in der Phantasie umso größer werden, je weniger man wirklich von ihm weiß, und noch besser: wenn es ihn gar nicht gegeben hat. Nun ist allerdings festzustellen, dass auch zweifelsfrei historische Könige in ihrer eigenen Wahrnehmung wie in der ihrer Zeitgenossen und noch mehr der Nachgeborenen fast übermenschliche Größe erlangen konnten. Davon zeugt schon das kleine Adjektiv »groß« in solchem Zusammenhang: Alexander, Karl, Friedrich. Und dann wären da noch Figuren wie Napoleon, Stalin, Hitler … Umgekehrt kennzeichnen den biblischen König David Eigenschaften und Erfahrungen, die alles andere als übermenschliche Größe spiegeln. Wo in der Weltliteratur würde ein derart hoch verehrter König als ein skrupelloser Lügner (mit tragischen Folgen: 1Sam 21f.), als Erpresser von Schutzgeld (1Sam 25), als Söldner des Landesfeinds (1Sam 27), als heimtückischer Verbrecher (2Sam 11) und als vor innerer Kälte zitternder alter Mann (1Kön 1) geschildert? Derartig menschliche Züge tragen übermenschlich große und gar mythische Gestalten kaum.

(Hyper-)kritischer Betrachtung, so ließe sich etwas spitz sagen, würden auch solche wahrhaft menschlichen Züge und die davon berichtenden Texte als glaubwürdig erst erscheinen, wenn sie *nicht* in der Bibel stünden, sondern in außerbiblischen Quellen. Diesen eignet nämlich in den Augen von Hyperkritikern erstaunlicherweise ein viel größeres Maß an historischer Verlässlichkeit als den biblischen Berichten. Wenn etwas in einer ägyptischen Inschrift oder einer assyrischen Stele vermerkt ist, dann hat es viel größere Chancen, für zutreffend gehalten zu werden, als wenn es in der Bibel steht. Das ist nicht durchweg unangebracht. Denn die Bibel ist in der Tat zunächst ein religiöses und nur als solches auch ein Geschichtsbuch. Die biblischen Geschichtsberichte sind in der Regel nicht Dokumentations-, sondern Traditionsliteratur – und als solche nur nach sorgfältiger literaturwissenschaftlicher und literaturgeschichtlicher Prüfung historisch auswertbar. Und in der Tat wimmelt es in der Bibel von historischen Fiktionen: angefangen bei den Schöpfungs-»Berichten« und endend beim Jona- und beim Esterbuch, die nichts anderes sind als »historische« Märchen.

Sollte auch David eine fiktive Gestalt sein, ersonnen von Literaten, die wussten, dass eine Fiktion umso glaubwürdiger wirkt, je näher sie am Menschlich-Allzumenschlichen bleibt? Die Zweifel wären im Nu verflogen, wenn sein Name in einer zeitgenössischen ägyptischen oder assyrischen Inschrift auftauchte. Das wäre das, was neuerdings so gebieterisch verlangt wird: »external evidence«. Damit, so hört man, ließen sich biblische Berichte verifizieren – und ohne dies drohen sie als falsifiziert zu gelten. Vermutlich hätten solche Beweisstücke den Vorzug klarer Datierbarkeit: Sie entstammten entweder gesicherten archäologischen Kontexten oder ließen sich aufgrund elaborierter technischer Methoden zweifelsfrei zeitlich einordnen. So wäre alsbald das Urteil möglich, ob der betreffende Text aus der Davidszeit stammt oder nicht. Im positiven Fall hätte er in der Tat klarer als jeder biblische Text Anspruch auf historische Authentizität. (Ob allerdings seine Aussage historisch zutreffend wäre, stünde noch auf einem anderen Blatt.)

Eine zeitgenössische außerbiblische Bestätigung der Existenz und womöglich auch der Bedeutung Davids fehlt (bis jetzt). Hat er bis zu ihrem Vorliegen also als ungeschichtlich zu gelten? Es ist hier an ein feines, von dem Ägyptologen Kenneth Kitchen kolportiertes Diktum zu erinnern: »the absence of evidence is not the evidence of absence«.[126] Dass über eine biblische Gestalt oder in der Bibel geschilderte Ereignisse keine außerbiblischen Quellen berichten, kann Zufall sein. Bei David kommt hinzu, dass er in einer Zeit anzusiedeln ist, in der die südliche Levante von keiner Hochkultur berührt und speziell die Schreibkultur allenfalls ganz rudimentär entwickelt war. Die alten großen Kulturzentren am Nil und an Eufrat und Tigris befanden sich damals in einer Phase politischer Schwäche und Introversion und konnten sich darum nicht intensiv mit den Vorgängen in Israel-Palästina beschäftigen. Davids Aufstieg und Staatsbildung ereigneten sich in einem abgelegenen, kaum ausgeleuchteten Winkel der Weltgeschichte. Es wäre eher erstaunlich, wenn er plötzlich doch noch in den Lichtkegel einer außerbiblischen Bezeugung geriete.[127]

Immerhin aber gibt es die innerbiblische Bezeugung Davids. Und diese wirkt nicht nur, wie eben angedeutet, ausgesprochen un-mythisch, sie ist darüber hinaus in sich äußerst vielschichtig. Offenbar haben wir es nicht durchgängig mit späten Fiktionen und Reflexionen über die David-Gestalt zu tun.

Für eine historische Auswertung kommen am ehesten die Samuelbücher in Betracht. Alle anderen biblischen Nachrichten über David sind jünger und entweder von den Samuelbüchern abhängig (Chronik)

---

126 Zitiert bei Kofoed 2002, 34.
127 Zwar behauptet Halpern (2001, 141.164.204), die Liste der Kriege und Siege Davids in 2Sam 8 stelle den Text dar, der auf einer von David im Jordangebiet aufgerichteten Stele verewigt gewesen sei, doch könnte diese Hypothese wohl erst beim Auffinden einer solchen Stele als bewiesen gelten.

oder historisch schwer greifbar (Prophetie) oder mit David erst sekundär in Verbindung gebracht worden (Psalmen). Allerdings ist sofort einzuräumen – und dies wurde oben ja auch gezeigt (I.2.) –, dass auch die Samuelbücher nur sehr bedingt in die Nähe der Frühen Königszeit führen. Fast noch irritierender für den modernen Historiker muss ihr literarischer Charakter sein. Sie *beschreiben* die Geschichte nicht so sehr (gar noch nach modernen Kriterien innerweltlicher Kausalität und möglichst großer Objektivität), als dass sie von ihr *erzählen*.[127a] Von der Gattung her gehören sie nur bedingt zur nüchternen Historiographie und viel eher zur »schönen Literatur«. Überdies sind sie keineswegs in einem Zuge entstanden, enthalten also eindeutig später zugefügte Elemente. Wir haben es hier mit typischer *Traditionsliteratur* zu tun: Der David-Stoff wurde durch die Zeiten tradiert und immer neu ausgeformt. In der uns jetzt vorliegenden Darstellung sind unterschiedlichste Quellen aus älterer und ältester Zeit in jüngere Kontexte eingearbeitet. Es sollte bei sorgfältiger literaturgeschichtlicher Analyse und behutsamer geschichtlicher Auswertung möglich sein, speziell aus den Samuelbüchern Elemente für ein Lebensbild Davids zu gewinnen, das historisch korrekt oder zumindest plausibel ist.

1.2.2 Die Samuelbücher und die Geschichte Davids

Es empfiehlt sich, an die einzelnen David-Überlieferungen der Samuelbücher mit einem Fragenraster heranzutreten, aus dessen Beantwortung sich jeweils ein Urteil über die historische Glaubwürdigkeit ergibt: Ist derselbe Vorgang einmal oder mehrmals berichtet? Wie stark weichen die Berichte von-

---

127a Vgl. hierzu die intensive Studie von Gilmour 2011.

einander ab? Wo sind originelle, d. h. nicht von anderswoher übernommene Nachrichten zu erkennen? Mit welcher Wahrscheinlichkeit handelt es sich dabei um Produkte literarischer Fiktionalität? In welchen Punkten koinzidieren die verschiedenen, kritisch überprüften Nachrichten? Inwiefern fügen sie sich in das Bild, das sich aus anderen Quellen erheben lässt? Wie lassen sie sich mit den archäologischen Befunden aus dem (frühen) 10. Jahrhundert v. Chr. vereinbaren? Wie hoch ist im Ergebnis ihre historische Plausibilität?

Nachfolgend wird – in den Augen exegetischer und historischer Fachleute sicher ein Wagnis – eine Tabelle geboten, in der diejenigen Nachrichten der Samuelbücher, die für eine David-Biografie überhaupt in Betracht kommen, geordnet nach ihrer historischen Plausibilität aufgelistet sind (von links nach rechts mit abnehmender historischer Präzision):[128]

1Sam			
14,47			Saul führte Krieg gegen Moab, Ammon, Edom, Zoba, Philister
14,49			Sauls Söhne: Jonatan, Ischjo, Malkischua
	14,49		Sauls Töchter: Merab, Michal
14,50			Sauls Frau: Ahinoam bat Ahimaaz
14,51			Sauls Feldherr: sein Vetter Abner ben Ner
14,52			Andauernder Krieg mit den Philistern; Aufbau einer Söldnertruppe
	16,14 ff.		David als Söldner (und Musikant) bei Saul
		17,12 ff.	David trifft drei ältere Brüder bei einem Armee-Einsatz unter Saul
			18,20 ff. Sauls Tochter Michal wird David zur Frau gegeben

---

128 Eine ähnliche Tabelle – allerdings umfassender, weil auch Saul und Salomo einbezogen sind – findet sich bei Dietrich 1997, 143–148.

			19	Saul vertreibt David, Michal hilft ihm
		20		Jonatan ist mit David befreundet, Saul ist darüber erzürnt
		21f.		Davids wegen müssen die Priester von Nob sterben
		22,20ff.		Der Priester Abjatar wird Davids Gefolgsmann
22,1f.				D. wird Anführer einer Miliz aus 400 sozial randständigen Judäern
22,3f.				D. bringt seine Eltern nach Moab in Sicherheit
	22,5			D. findet einen prophetischen Berater namens Gad
			23ff.	D. wird von Saul verfolgt
	23,1ff.			Orakelbefragungen
	25			D. verdient seinen Unterhalt als »Schutzherr« örtlicher Viehzüchter
	25			Abigajil, die Witwe Nabals, wird Davids Frau
	25,43			Ahinoam aus Jesreel ist eine andere Frau Davids
	25,44			Michal wird dem Palti ben Lajisch aus Gallim zur Frau gegeben
	27			D.tritt in die Dienste des Philisterkönigs Achisch von Gat
27,6				D. bekommt die Stadt Ziklag zum Lehen
			27,8ff.	D. unternimmt Raubzüge gegen südpalästinische Beduinenstämme
		30		D. führt eine Vendetta gegen Amalekiter
30,26ff.				Liste der von D. mit Beute beschenkten judäischen Dörfer
2Sam				
1,19ff.				Klagelied Davids auf Saul und Jonatan
		2		Kriegerische Auseinandersetzungen zwischen Juda und Israel
	2,1–3			Übersiedlung Davids und seiner Gefolgschaft nach Hebron
	2,4a			Die Männer von Juda salben D. zum König
		2,4b.5ff.		D. sucht die Saul-Anhänger von Jabesch für sich zu gewinnen
2,8				Einsetzung Eschbaals durch Abner zum König in Mahanajim

2,9				Herrschaftsgebiet Eschbaals (in Mittel-palästina)
2,11				D. residiert siebeneinhalb Jahre in Hebron
		2,12 ff.		D. führt mit dem Israel Eschbaals einen Bürgerkrieg
		2,18 ff.		Die drei Zeruja-Söhne; der Tod Asaëls
3,2 ff.				Liste der in Hebron geborenen D.-Söhne und ihrer Mütter
		3,12 ff.		D. verhandelt mit Abner
	3,15 f.			Michal wird Paltiel weggenommen und David [wieder] gegeben
		3,22 ff.		Ermordung Abners durch Joab
		3,31 ff.		Nach Abners Ermordung sorgt D. für ein Staatsbegräbnis
		4,9 ff.		D. lässt die Mörder Eschbaals hinrichten
5,3				Auf der Basis eines Vertrags salben die Ältesten Israels D. zum König
		5,6 ff.		D. gewinnt Jerusalem
		5,11		D. errichtet [mit Hilfe Hirams von Tyrus] einen Palast
5,14 ff.				Liste der in Jerusalem geborenen D.-Söhne
		6		D. überführt die Lade nach Jerusalem und stellt sie in ein »Zelt«
			6,20 ff.	Zerwürfnis zwischen Michal und David, Kinderlosigkeit Michals
			7,11 ff.	Ein Nachfolgeorakel Natans
		8,1 ff.		Kurzbeschreibung der Kriege und Siege Davids
8,16 ff.				Ministerliste Davids
			9	D. »kümmert sich« um verbliebene Sauliden
			10	Krieg Davids gegen die Ammoniter und die Aramäer
		11 f.		Krieg der Söldner unter Joab gegen die Ammoniter
		11		D. bricht in die Ehe Urijas mit Batscheba ein
		11		Urija fällt vor Rabba Ammon
	11,27			Batscheba wird von D. schwanger
	12,24			Batscheba gebiert einen Sohn und nennt ihn Salomo

	12,25		D. gibt dem Kind den Beinamen Jedidja
		12,29 ff.	D. unterwirft und unterjocht die Ammoniter
		13	Amnon vergewaltigt Tamar und wird von Abschalom umgebracht
		14	Abschalom schafft es [mit Joabs Hilfe?], zurückzukehren
	14,25		Abschaloms Schönheit, vor allem seine Haarfülle
		14,26	Es gibt königliche Gewichtsmaße
	14,27		Abschalom hat drei Söhne und eine Tochter namens Tamar
		15,1 ff.	Abschalom inszeniert einen Volksaufstand gegen David
		15,7 ff.	D. zieht sich aus Jerusalem zurück; die Söldner bleiben ihm treu
	15,24		Die Lade als Kriegspalladium
		16	D. wird von den Sauliden und Benjaminiten abgelehnt und gehasst
		16 f.	D.s fünfte Kolonne verführt Abschalom zu verkehrten Entscheidungen
		17,25	Amasa ben Jitra ist Heerführer Abschaloms
		18,1 ff.	D.s Söldner besiegen Abschaloms Milizen
		18,6ff.	Abschalom wird von Joabs Leuten liquidiert
		19,1 ff.	D. trauert um Abschalom
		19,10 ff.	D. kehrt nach Jerusalem zurück; die Sauliden unterwerfen sich
		19,42 ff.	Spannungen zwischen Juda und Israel; D. ersetzt Joab durch Amasa
		20,4 ff.	Amasa wird von Joab ermordet
		20	Eine Separation des Nordens unter Scheba wird von Davids Söldnern unterdrückt
20,23 ff.			Ministerliste Davids
		21,1 ff.	D. erlaubt den Gibeonitern die Hinrichtung von sieben Sauliden
	21,12 ff.		Beisetzung der Hingerichteten und Sauls und Jonatans in Zela
		21,15 ff.	Besondere Heldentaten in Philisterkämpfen

		23,8 ff.		Heldentaten der »Drei« gegen die Philister
		23,18 ff.		Heldentaten Abischais und Benajas
23,24 ff.				Liste der »Dreißig«
	24,1 ff.			Bericht über eine Volkszählung durch Joab (mit Grenzbeschreibung)
			24,10 ff.	Der spätere Tempelbauplatz gehörte dem Jebusiter Arawna
1 Kön				
		1,1 ff.		D. ist altersschwach; Abischag aus Schunem bedient ihn
		1,5 ff.		D. ergreift im Thronfolgestreit Partei für Salomo
1,39				Das Ölhorn für die Salbung wird aus dem »Zelt« geholt
2,10				D. stirbt und wird in der Davidstadt beigesetzt
2,28 ff.				Joab flüchtet zum Altar ins »Zelt« und wird dort liquidiert

Man könnte, gemäß dieser Darstellung, mehrere David-Biografien skizzieren: eine sehr knappe und dafür hochgradig glaubhafte aus den Angaben der ersten Spalte, eine etwas ausführlichere, schon etwas weniger zwingende aus denen der zweiten Spalte usw. Dieser Weg wird im Folgenden nicht eingeschlagen. Stattdessen werden – freilich mit der nötigen Differenziertheit – Informationen aus allen vier Spalten aufgenommen. Das dabei sich einstellende Bild Davids ist jeweils mit dem zuvor aus archäologischen Befunden gewonnenen Bild des 10. Jahrhunderts abzugleichen. Auf diese Weise sollte ein Porträt des historischen David entstehen, das doch immerhin eine hohe Wahrscheinlichkeit für sich hat.

2. Davids Aufstieg

2.1 Der Söldner

Alle biblischen Quellen stimmen darin überein, dass David aus Betlehem stammt, einem Dorf etwa 10 km Luftlinie südlich von Jerusalem (1Sam 16,18). Es ist von nicht zu unterschätzender Bedeutung, dass der spätere König und vermutlich auch sein Königtum im judäischen Bergland verwurzelt sind und dass die seinem Herkunftsort nächstgelegene Stadt Jerusalem ist. Gemessen an der sozioökonomischen Gewichtsverteilung in der Südlevante war es nicht erwartbar, dass das judäische Königtum gerade in den Bergen seinen Ursprung hatte. Das Bevölkerungspotenzial, die wirtschaftlichen Ressourcen, die kulturelle Entwicklung, ja die gesamte Siedlungsgeschichte des 11. und 10. Jahrhunderts erzwingen fast das Postulat, dass eine Staatsbildung in Juda an der Küste oder allenfalls in der Schefela, dem westjudäischen Hügelland, ihren Ausgang hätte nehmen müssen. Möglicherweise aufkommender Skepsis[129] lässt sich zweierlei entgegenhalten: Wäre David beispielsweise in einem urbanen Zentrum der Schefela geboren oder hätte dort seine Karriere begonnen, dann hätte die biblischen Tradenten nichts daran gehindert, dies auch mitzuteilen. Andererseits teilen sie sehr wohl

---

129 Vgl. das Urteil Herzogs (2004, 235), wonach »the process of state formation in Judah ... was not centered in the Highlands of southern Palestine, in the Hebron and Jerusalem area, as portrayed in the biblical traditions. While the sites of the hilly region present very poor evidence of occupation ..., the archaeological manifestations of centralized authority is uncovered in the steppe and valley regions of the Shephelah and the Beersheba valley«.

mit, dass David nach einigen Irrungen und Wirrungen aus dem Bergland hinunter nach Gat und dann nach Ziklag gelangt sei und dort den Grund zu seinem Aufstieg gelegt habe. Demnach hatte er also das größere Potenzial des Tieflandes im Rücken, als er ins Bergland aufstieg, um dort König von Juda zu werden.

Doch kehren wir zu den Anfängen der David-biografie zurück. Sein Vater hieß Isai und gehörte einer Sippe namens Efrat an (1Sam 17,12, vgl. 1Chr 2,19.24.50; 4,4 und Mi 5,1). Von einem längeren Stammbaum ist nichts zu vernehmen, wir dürften es also nicht – wie im Falle Sauls (1Sam 9,1) – mit einer vornehmen Familie zu tun haben.[130] Davids Mutter ist namentlich nicht bekannt,[131] dafür aber drei seiner angeblich sieben Brüder (1Sam 17,12f.; 16,6–9).[132] Auch zwei Schwestern werden erwähnt: Abigajil und Zeruja (2Sam 17,25[133]); letztere hatte drei Söhne (der Vater ist unbekannt) mit Namen Joab, Abischai und Asaël, die später unter ihrem Onkel David hohe militärische Posten innehatten (vgl. 2Sam 2,18; 18,2; 23,18f.).

---

130 Diesem Mangel wird im Buch Rut abgeholfen, indem dort – vermutlich anhangsweise – Rut zur Großmutter Isais und Urgroßmutter Davids (4,17) und Ruts Gatte Boas zum direkten Abkömmling des Stammvaters Juda erklärt wird (4,18–22, vgl. 1Chr 2,3–16).

131 Ohne Namennennung wird sie in 1Sam 22,3 immerhin erwähnt, als David sie zusammen mit seinem Vater nach Moab in Sicherheit bringen lässt.

132 Die Chronik weiß von sechs Brüdern Davids und nennt sie alle beim Namen (1Chr 2,13–15). Wahrscheinlich sollte hier David auf die symbolhafte siebte Stelle kommen.

133 So in der griechischen Texttradition; die hebräische nennt einen gewissen Nachasch als Vater der beiden Frauen. 1Chr 2,16 stützt die griechische Version.

So stammte David aus einer an Köpfen reichen, aber an Mitteln wohl eher armen Familie. Angeblich hatte er als Jüngster die Schafe zu hüten (1Sam 16,11.19; 17,34); demnach lebte die Familie zumindest teilweise von Kleinviehzucht, vielleicht auch von ein wenig Ackerbau. Es ist kein Wunder, wenn Söhne einer solchen Familie ihr Dorf verlassen und anderswo ihr Glück suchen. Die drei ältesten Brüder Davids sollen im Heer Sauls, des ersten Königs Israels, gedient haben (1Sam 17,13f.). War es so, dann gehörten sie der Söldnertruppe an, die Saul zusammengestellt hatte (1Sam 14,52); denn die Region südlich von Jerusalem – das spätere Juda – gehörte nicht zum Herrschaftsbereich Sauls (und Eschbaals, vgl. 2Sam 2,9), und so konnten die jungen Männer von dort nicht rekrutiert worden sein. Von David wird ausdrücklich erzählt, dass er als Söldner in Sauls Dienst trat: entweder weil er seinen Brüdern ins Militär folgte und durch seine Unerschrockenheit die Aufmerksamkeit des Königs erweckte (1Sam 17,22.31.55–58), oder weil er dem König als musikalisch begabter und zudem tüchtiger Mann empfohlen wurde, sich in seinem Dienst bewährte und alsbald sein persönlicher Waffenträger wurde (1Sam 16,18–21).[134]

Davids Biografie ist in ihrem Anfang eng mit derjenigen Sauls verbunden. An der Historizität Sauls zu zweifeln – etwa deswegen, weil er außerbiblisch nirgends belegt ist –, wäre widersinnig. Er wäre nicht erfunden worden, wenn es ihn nicht gegeben hätte. Gewiss nicht ohne Grund hat sich die generell pro-

---

134 Dass David als Jüngling von Samuel – dem sonst eng mit Saul Verbundenen – im Kreis seiner Familie zum künftigen König gesalbt worden wäre (1Sam 16,1–13), ist Legendenbildung und historisch so unwahrscheinlich wie möglich.

davidische Geschichtsschreibung der Bibel der erkennbar großen Mühe unterzogen, den Übergang der Macht von einem bereits regierenden, rechtmäßigen König auf den Aufsteiger David als gerechtfertigt hinzustellen. In diesem Zusammenhang ist nicht nur Saul selbst, sondern seine gesamte Familie von Interesse. Denn nicht nur er, sondern jedes Mitglied seiner Familie, das für die Thronfolge in Betracht kam, musste etwaigen Thronambitionen Davids im Weg stehen. Das sind selbstverständlich die Söhne Sauls (1Sam 14,49; 31,2.6; 2Sam 3f.), sodann seine Enkel (vgl. 2Sam 9; 16,1–4; 19,25–31; 21,1–14), ferner sein Cousin Abner (1Sam 14,51; 2Sam 3) und noch ein weiterer Saulide namens Schimi[135] (2Sam 16,5–13; 19,17–24; 1Kön 2,8.36–46). Sie alle sind gewaltsam ums Leben gekommen, und jedes Mal war David in verdächtiger Nähe – ohne aber, den biblischen Berichten zufolge, auch nur ein einziges Mal persönlich verwickelt gewesen zu sein.[136]

Die Erzählung der Samuelbücher lässt David, kaum ist er als Jüngling in die Umgebung Sauls gelangt, alsbald in dessen engsten Familienkreis aufsteigen. Aufschlussreich ist die Stelle 1Sam 20,25, nach der am Tisch Sauls außer diesem selbst der Kronprinz Jonatan, der Heerführer und Cousin Abner und David

---

135 Schimis Verwandtschaftsverhältnis zu Saul wird benannt, aber nicht klar bestimmt, 2Sam 16,5.

136 VanderKam 1980, McKenzie 2000 und Halpern 2001 zögern nicht zu behaupten, David sei in Wirklichkeit doch verwickelt, also ein Serienmörder an der Saulfamilie gewesen. Ähnliches behauptete schon der Saulide Schimi (2Sam 16,7). Vielleicht haben sie alle historisch recht, doch die Bibel legt das Gewicht weniger auf die Historie als auf die Moral: Ein König hat kein Massenmörder zu sein! (Näheres dazu unter III.1.1.)

saßen. Dieser könnte hier als führender Militär (vgl. 1Sam 18,5.13), aber auch als Schwiegersohn gedacht sein, der in die Königsfamilie eingeheiratet hatte (vgl. 1Sam 18,20–27; 19,11–17). Möglicherweise dient dieser Erzählzug dazu, ihn nahe an die Königsfamilie heranzurücken und ihm so eine Art Thronanspruch zuzuschreiben. Zu erwägen ist auch die Möglichkeit, dass die Verbindung mit Prinzessin Michal nicht als Vollehe (mit familiär-verwandtschaftlichen Konsequenzen), sondern als bloße »Dienstehe« zu verstehen sei, mit der der König einen tüchtigen Gefolgsmann belohnte und an sich band, ohne doch seine eigene Rolle als *pater familias* abzugeben.[137] So erklärte sich, dass Saul, nachdem David sich als unbotmäßig erwiesen hat, Michal ohne Weiteres einem Anderen geben kann (1Sam 25,44) – dem sie David jedoch später, als er die Macht dazu hat, wieder wegnimmt (2Sam 3,13–16). Auf diese Weise erzwingt er die reguläre Ehe, es kommt jedoch aus einem bestimmten Anlass zu keinem gemeinsamen Kind (2Sam 6,20–23) – das natürlich prioritäre Ansprüche auf die Thronnachfolge gehabt hätte. Doch damit greifen wir vor.

Davids Verhältnis sowohl zu Michal als auch zu Jonatan, dem Kronprinzen, ist schillernd gezeichnet. Angeblich hat dieser seinem Vater Saul schon frühzeitig den Rang abgelaufen (1Sam 14). Dann verliert er, kaum dass er David das erste Mal gesehen hat, sein Herz an ihn (1Sam 18,1.3), nimmt ihn vor Nachstellungen des Vaters in Schutz (1Sam 20) und spricht ihm alsbald gar feierlich die Nachfolge Sauls zu (1Sam 23,16–18). Dies ist gewiss schriftstellerische Fiktion, kämpft Jonatan hernach doch treu an seines Vaters Seite bis zum Tod (1Sam 31).

---

137   Die interessante Theorie vertritt Willi-Plein 2004.

Wenn David tatsächlich als junger Soldat und Offizier in Sauls Truppe Dienst tat, dann wohl kaum in derart herausgehobener Stellung, wie es in 1Sam 18f. geschildert wird. Wahrscheinlich war er einfach ein tüchtiger Krieger. Damit verliert freilich die biblische Darstellung an Stringenz, wonach Saul in ihm schon früh den Konkurrenten gewittert, ihn argwöhnisch und eifersüchtig beäugt, ihn schließlich aus dem Weg zu räumen versucht, dann, als dies nicht gelang, ihn vom Hof verjagt und durch halb Juda verfolgt (1Sam 18f.; 23–26) und am Ende zum Übertritt zu den Philistern gezwungen habe (1Sam 21,11–16; 27). So sieht es eine Geschichtsschreibung, die das Ende kennt – Saul und alle Sauliden ums Leben, David an die Macht gekommen –, und die auf dieses Ende hin schon die Anfänge ausrichtet: Bevor er David je gesehen hat, erfährt Saul von seinem einstigen Mentor Samuel, Gott habe sich für ihn einen Nachfolger ausersehen (1Sam 13,14; 15,28); bevor David zu Saul hat aufbrechen können, wird er schon von Samuel zu dessen Nachfolger gesalbt (1Sam 16,1–13). Damit ist der Konflikt konstruiert, der nach der biblischen Darstellung den gesamten Weg Davids zum Thron bestimmen wird.

2.2 Der Freibeuter

Realistisch betrachtet, wird David das getan haben, was alle Söldner tun: ihre Dienste demjenigen zur Verfügung stellen, der am meisten dafür bietet. Das wird am Anfang Saul gewesen sein; dessen »Residenz« in Gibea lag keine 20 km von Betlehem entfernt und damit für einen abenteuerlustigen jungen Mann, der sonst kaum soziale Aufstiegschancen hatte, nahe genug. Warum David bei Saul nicht blieb, darüber lässt sich nur mutmaßen: Der Krieg gegen die Philister mag zu gefährlich, die Aufstiegsmöglichkeiten im kleinen Reich Sauls zu begrenzt, das faktische Machtvakuum in Südpalästina – abseits der israelitischen wie der philistäischen Einflussbereiche – zu verlockend, das dortige Potenzial an kampfwilligen und verwegenen Mitstreitern zu groß und Davids eigener Führungsehrgeiz zu unbändig gewesen sein: Jedenfalls setzte er sich in der an Verstecken reichen »Wüste Juda«, nahe seiner Heimat, fest und sammelte eine schlagkräftige Truppe um sich: rund 400 Männer, unter ihnen »seine Brüder und das ganze Haus seines Vaters« (1Sam 22,1). Waren seine Brüder, wie er, zuvor Söldner Sauls, und hatten mit ihnen noch andere Söldner dessen Truppe verlassen, so wäre das ein nicht unerheblicher Aderlass der kleinen israelitischen Armee gewesen. Außerdem stießen zu David »alle, die bedrängt oder verschuldet oder verbittert waren« (1Sam 22,2). In der Formulierung deuten sich soziale Probleme an, die offenbar nicht nur die Familie Isais betrafen, sondern viele weitere Männer in jener an Ressourcen armen Landschaft dazu brachten oder zwangen, sich das zum Leben Nötige mit Gewalt zu verschaffen. David wird zum Anführer einer Gruppe von Sozialbanditen, wie sie an den Rändern und in den Nischen des nahöstlichen Kulturlandes während der gesamten biblischen Zeit anzutreffen sind: angefangen von den »Hapiru« des 14./13. Jahrhunderts, die laut den Amarna-Texten den Stadtkönigen Kanaans und ihren ägyptischen Oberherren Probleme bereiteten (und sich gelegentlich auch als Söldner verdingten!)[138] bis hin zu den »Zeloten« in

---

138 Zwischen ihnen und den »Hebräern« der Bibel gibt es nicht nur sprachliche Bezüge! Interessanterweise heißen die Israe-

neutestamentlicher Zeit,[139] die den Römern zu schaffen machten.

Wie sich eine solche Truppe durchschlägt, zeigen beispielhaft einige Geschichten im 1. Samuelbuch. David beschafft sich in einem Heiligtum bei mehr oder weniger ahnungslosen Priestern Proviant und Waffen (1Sam 21). Oder er vertreibt ein (vermutlich kleines) Philisterkontingent aus einer abgelegenen Ortschaft namens Keïla und verlangt vermutlich seinerseits von den Bewohnern Abgaben – bis diese gegen den ungebetenen Gast Saul zu Hilfe holen (1Sam 23,1–13). Oder David fordert von einem reichen Herdenbesitzer anlässlich der Schafschur eine größere Menge Naturalabgaben und ist, als ihm diese verweigert werden, entschlossen, brutal zuzuschlagen – wovon ihn die Gutsherrin gerade noch rechtzeitig abhält, indem sie ihm das Gewünschte (und sich selbst) entgegenbringt (1Sam 25).[140]

Mehrfach wird erwähnt, dass David damals über eine 400 bis 600 Mann starke Truppe verfügte. Die Zahl wirkt glaubhaft, weil nicht überdimensioniert. Trotzdem stellte in einer menschenarmen und staatsfernen Gegend wie dem damaligen Südpalästina (und spä-

---

liten in der Bibel nur im Exodus- und im 1. Samuelbuch »Hebräer« (vgl. Ex 1,15f.; 2,6f.; 5,3 u. ö. sowie 1Sam 4,6.9; 13,3.7.19; 14,11.21; 29,3).

139 Vgl. den von M. Mayordomo geschriebenen Abschnitt »Rebellen, Räuber und Eiferer zur Zeit Jesu« in Dietrich/Mayordomo 2005, 58–65.

140 Levenson (1978) leitet aus der Geschichte einen politischen Vorgang von erheblicher Dimension ab: Jener Herdenbesitzer Nabal sei eine Art Führungsfigur beim Stamm der Kalibbiter gewesen, sein Dahinscheiden im Zuge der Auseinandersetzung mit David und das Überlaufen seiner Frau zu diesem signalisierten einen ersten Schritt zur Aufrichtung des judäischen Königtums.

teren Juda) eine Miliz in solcher Stärke eine Macht dar.[141] Im Anhang der Samuelbücher finden sich einige Listen und Anekdotensammlungen, die genaueren Einblick in die Struktur und die Aktivitäten von Davids Privatarmee geben. Offenbar ragten aus der Menge der Kämpfer bestimmte Elitegruppen heraus (in 2Sam 23,8 *gibborîm* genannt, was zuweilen missverständlich mit »Helden« übersetzt wird; besser wäre »Elitekrieger«). Erwähnt werden »Die Drei« und »Die Dreißig«. Um mit den Letzteren zu beginnen: Eine Liste zählt die Namen von 31 Männern auf,[142] die dieser Einheit angehört haben (2Sam 23,24–39). Einige führen den Vatersnamen bei sich, die meisten den Namen des Ortes, aus dem sie stammen. Nun ist auffällig, dass auf den vorderen Plätzen der Liste vorwiegend Leute aus der Region Juda figurieren, in der zweiten Hälfte aber israelitische, ammonitische, aramäische und sogar hethitische Krieger (Urija! vgl. 2Sam 11). Das bedeutet wohl, dass David diese Eliteeinheit schon früh in seiner Karriere aufgebaut und sie bis an sein Ende beibehalten hat. Enstehende Lücken wurden durch jüngere tüchtige Krieger ersetzt. In der Ausweitung des Rekrutierungsgebietes spiegelt sich der Aufstieg Davids. Aus den »Dreißig« herausgehoben wird Benaja ben Jojada (2Sam 23,20, evtl. auch 23,30), später Befehlshaber der Söldnertruppen Davids (und noch später Armeechef Salomos: 2Sam 20,23; 1Kön 4,4). Der eigentliche Kommandeur der »Dreißig« war Davids Neffe Abischai ben Zeruja. Er

---

141 Das ist in vergleichbaren Situationen noch heute so; man denke etwa an Afghanistan oder Somalia oder den Sudan oder auch den Balkan.

142 Vielleicht ist der erste, besonders prominente – Asaël ben Zeruja – später vorangestellt worden.

wird hoch gerühmt (2Sam 23,18),[143] doch werden ihm die »Drei« noch vorgeordnet. Sie sind zuvor mit Namen aufgeführt – Namen übrigens, die in der sonstigen Davidüberlieferung nicht vorkommen: Eschbaal[144], Eleasar und Schamma –, und von jedem wird eine kriegerische Glanztat berichtet (2Sam 23,8–17). Dabei erscheinen immer wieder die Philister als Gegner. Da eine der Auseinandersetzungen bei Betlehem und der Höhle Adullam lokalisiert wird (2Sam 23,13–17, vgl. 1Sam 22,1), wird es sich um Davids Zeit als Freibeuter in Juda (und nicht als Söldner Sauls oder als Vasall der Philister) handeln. Auch die Anekdotenreihe 2Sam 21,15–22 handelt von Kämpfen der Mannen Davids mit Philistern,[145] und zwar ebenfalls, wie es scheint, einer Elitetruppe: Es sind alles hünenhaft gewachsene Krieger aus Gat, unter ihnen der legendäre Goliat. Wie vertragen sich solche Nachrichten mit dem im 1. Samuelbuch berichteten Übertritt Davids und seiner Truppe zu den Philistern – ausgerechnet von Gat?

---

143 Dagegen macht er im Höfischen Erzählwerk eher eine schlechte Figur: 1Sam 26,8f.; 2Sam 16,9f.; 19,22f.

144 Im hebräischen Text heißt der Mann Scheb-Baschebet: wahrscheinlich eine Verschreibung aus Isch-boschet, das seinerseits wieder Verballhornung von Eschbaal ist.

145 In 2Sam 21,15.21 wird *Israel* als Gegner der Philister genannt. Wäre das korrekt, dann wären die geschilderten Ereignisse – soweit historisch – der Periode zuzuweisen, in der David (mit seinen Leuten?!) Saul diente. Doch spricht das Kolorit der Erzählungen eher für seine Zeit als Freibeuter.

2.3 Der Philister-Vasall

Nach der biblischen Darstellung war es die verbissene Verfolgungswut Sauls, die David dazu zwang, ganz gegen seinen Willen zu den Philistern überzuwechseln (1Sam 26,19). Es wird dies als Versuch der biblischen Erzähler zu beurteilen sein, einem in ihren Augen heiklen Vorgang den Anschein der »political correctness« zu geben. Dabei kalkulieren Söldner- und Bandenführer aller Zeiten schlicht mit den Faktoren Macht und Gewinn. Gerade die in 2Sam 21 und 23 geschilderten Kämpfe, die gewiss nicht nur für die Philister verlustreich waren, könnten David bewogen haben, sich umzuorientieren.

Die Philister[146], die die Küstenebene der südlichen Levante kontrollierten, strebten offenbar nach Kontrolle auch über das bergige Hinterland, das nicht nur selbst – wenn auch bescheidene – Ressourcen bot, sondern durch das auch die Handelswege zu den transjordanischen und arabischen Gebieten führten. Im ausgehenden 11. und beginnenden 10. Jahrhundert waren sie diesem Ziel offenbar sehr nahe. Von ihrer Dominanz zeugen in sagenhafter Form die Simson-Geschichten (Ri 13–16) und die Goliat-Geschichte (1Sam 17). Die Ladegeschichte erzählt vom Verlust eines wichtigen Kultgegenstandes an die Philister (1Sam 4). Die Saul-Überlieferungen berichten, die Philister hätten sich gegenüber den Israeliten ein Eisenmonopol gesichert (1Sam 13,19f.); ihre militärischen Vorposten (und Steuereintreiber und Plünderertrupps) hätten tief im israelitischen Bergland agiert

---

146 Vgl. die monographische Darstellung Noort 1994; weiterhin den Sammelband von Killebrew/Lehmann 2013.

(1Sam 13,3 f. 17 f.; 14,4 f.), und am Ende sei Saul mit seiner Familie und seinen Truppen am äußersten nördlichen Rand seines Reichs von den Philistern vernichtend geschlagen worden (1Sam 31).

Es ist kaum daran zu zweifeln, dass die Philister nicht nur das israelitische, sondern auch das judäische Bergland im Blick hatten. Das Treiben des Milizführers David kann sie nicht ungerührt gelassen haben, nahm er doch für sich, was gerne auch sie für sich genommen hätten. Man konnte mit Gewalt gegen ihn vorgehen, doch wäre daraus, zumal in jener unwirtlichen Gegend, ein verlustreicher Kampf geworden. So war es besser, ihn in einen Handel auf Gegenseitigkeit einzubinden: Man ebnete ihm den Weg ins Tiefland (sicher auch für ihn die verlockendere Variante gegenüber dem kargen Bergland), gewährte ihm relative Freiheit, verlangte aber seine Unterstellung unter philistäische Oberhoheit. So nahm der »König« der am weitesten östlich gelegenen Philisterstadt Gat[147] David in seine Dienste und gab ihm das Negev-Städtchen

---

147 Gat ist zu identifizieren mit dem Tell es-Safi (hebr. Tel Zafit), am Eingang zum Ela-Tal etwa 12 km südlich von Tel Miqne/ Ekron. Eine sehr unsystematische Grabung im Jahr 1899 förderte Keramik teilweise des sog. philistäischen Stils zutage, die auf eine Besiedlung in der Eisenzeit I und II schließen ließ (s. Stern 1993, 1523). Seit 1996 fanden Surveys und Grabungen statt, die Tell es-Safi als philistäische Stadt mit einer Blütezeit im 10. und 9. Jh. erweisen (vgl. die eindrücklich bebilderte Darstellung bei Maeir/Ehrlich 2001). Außerbiblisch wird Gat in der Amarna-Korrespondenz (EA 290.9) und bei Sargon II. von Assur erwähnt (vgl. Galling 1968, 54), worauf sich Am 6,2 beziehen könnte. Aus der Davidszeit sind vor allem die ungesuchten Erwähnungen von Gatitern in 2Sam 6,10 f.; 15,18 f.22; 18,2; 21,19.20.22 hervorzuheben. Gat war damals – und nur damals! – das führende urbane Zentrum in der philistäischen Küstenebene, vgl. Maeir 2012.

Ziklag zum Lehen.[148] Dieser konnte von dort aus weiterhin Beutezüge unternehmen, hatte aber gewiss einen Teil der Beute an die Oberherren abzuliefern – und diente vor allem als Schutz gegen unruhige Elemente im Bergland und im Negev. Dort verliefen nämlich die uralten Handelswege, die von den Mittelmeerhäfen zum Golf von Akaba führten und Anschluss an die sog. Weihrauchstraße aus Arabien hatten.[149] David war immer noch Bandenführer, doch war er von der Philister Gnaden zum (Stadt-) »König« aufgestiegen. (Es sollte sich noch zeigen, dass dies nur der erste von mehreren Königstiteln war, die er errang).

Wieder ist zu sagen: Wenn David nicht wirklich bei den Philistern gewesen wäre, hätte die prodavidische biblische Geschichtsschreibung es sich niemals angetan, ihn dorthin zu versetzen. Über diesem Abschnitt der Biografie des Helden lastet ein Ruch von Landesverrat. Er selbst muss dies keineswegs so gesehen haben. Er als Betlehemit war kein Bewohner des saulidischen Herrschaftsgebietes (von regelrechter Staatszugehörigkeit konnte damals ohnehin keine Rede sein). Von seinen Mannen galt weithin dasselbe. Sie fühlten sich frei, sich so zu verhalten und sich dorthin zu bewegen, wie und wo es ihnen am vorteilhaftesten erschien. Ein möglicher Dienstherr war Saul, ein anderer der Philisterfürst von Gat – einen wirklich treuen, ergebenen Diener fand in David keiner von beiden. David dachte und handelte in erster Linie für sich und

---

148 Unter II.1.1. wurde schon erwogen, ob diese Ortschaft mit dem Tell es-Sebaʿ oder (eher!) mit dem Tell eš-Šeriʿa Süd gleichzusetzen sein mag. Beide Orte sind im Beerscheba-Tal und fast 50 km südlich von Gat gelegen.

149 Zum internationalen Karawanenhandel vornehmlich mit Weihrauch, der von Arabien über Tel Masos und durch das Beerscheba-Tal nach Philistäa führte, vgl. Edelman 1988, 253.256.

seine Leute, Loyalität nach außen war nur so weit angebracht, wie sie nützlich war.

Ganz anders stellte sich für die biblischen Geschichtsschreiber die Sache dar. Sie wussten, dass David, der später das Königtum über Israel erringen sollte, zuvor Lehensnehmer derer war, die dem ersten Königtum Israels den Todesstoß versetzten. So lassen sie David im Philisterland ein raffiniertes Doppelspiel treiben. Den Philistern spiegelt er vor, Raubzüge nach Juda zu unternehmen (das als Teil des Reiches Sauls gedacht ist), während er in Wirklichkeit ganz andere Gegenden heimsucht (1Sam 27,8–12). Und als der Entscheidungskampf mit Saul naht, spielt er seinem Lehensherrn gegenüber den treuen Vasallen, der unbedingt mit in die Schlacht ziehen möchte, gebraucht dabei aber eine abgründig doppelsinnige Formulierung: Er wolle »gegen die Feinde meines Herrn, des Königs, kämpfen« (1Sam 29,8) – doch wer ist sein »Herr, der König«: der von Gat oder der von Israel? Haben also die Philister völlig Recht, wenn sie in ihm und seiner Truppe eine fünfte Kolonne fürchten und ihn wegschicken (1Sam 29,4f.9)? Die biblischen Erzähler wollen auch wissen, dass zum gleichen Zeitpunkt, da die Philister hoch im Norden, im Gebirge Gilboa, Saul und seinen Söhnen den Garaus machten, David tief im südlichen Negev Jagd auf eine Bande von Amalekitern machte (1Sam 30). Die damit suggerierte Zeitgleichheit zweier geografisch denkbar weit auseinander liegender Vorgänge wirkt ausgesprochen gewollt und wenig wahrscheinlich. Ob es aber deswegen wahrscheinlich ist, dass David am Sieg der Philister über Saul beteiligt war,[150] mag dahingestellt bleiben. Immerhin ist merkwürdig, dass er

---

150   So McKenzie 2003, 41 f.; Shalom Brooks 2005, 76 f.

hernach im Besitz der königlichen Insignien Sauls gewesen zu sein scheint – angeblich durch Vermittlung eines undurchsichtigen amalekitischen Subjekts, das sich von der Überbringung Lohn versprach, stattdessen aber sein Leben verlor (2Sam 1).[151] Andererseits hat David ein ergreifendes Trauerlied auf Saul und Jonatan verfasst (2Sam 1,19–27), das nicht gleich unter der Rubrik »de mortuis nil nisi bene« (»Über die Toten nur Gutes«) abgebucht oder gar der Heuchelei verdächtigt werden sollte.

Äußerst zuverlässig wirkt in jedem Fall die Liste von judäischen Dörfern und Städtchen, denen David Anteile an von ihm gesammelter Kriegsbeute hat überbringen lassen (1Sam 30,26–31).[151a] Die Reihe der Ortsnamen – anfangend beim judäisch-benjaminitischen Grenzort Bet-El und endend beim judäischen bzw. kalibbitischen Zentralort Hebron – ist ebenso plausibel wie der geschilderte Sachverhalt: Als geborener Judäer und derzeitiger Philister-Vasall hält und pflegt David Kontakte zur Heimat. Kaum handelt es sich, wie es der jetzige Kontext darstellt, um einen einmaligen Vorgang. Vielmehr dürften wir es mit einem Streiflicht auf eine von David langfristig verfolgte Strategie zu tun haben: im Gebiet von Juda Sympathien zu gewinnen, die seinem weiteren Aufstieg dienen sollten.

---

151 Ob David damals wirklich noch in Ziklag saß, wie die biblische Darstellung es will (2Sam 2,1), und nicht vielmehr schon in Hebron, kann mit gutem Grund gefragt werden.

151a Die Bestreitung der Historizität der Liste durch Fischer (2003) ist nicht stichhaltig.

3. DAVIDS HERRSCHAFT

3.1 Die Doppelmonarchie

Davids Ehrgeiz war damit, dass die Philister ihn zum Stadtkönig von Ziklag gemacht hatten, nicht befriedigt. Immerhin eines war auf diese Weise erreicht: Bei seinen weiteren diplomatischen und militärischen Aktivitäten in Richtung Juda hatte er den Rücken frei. Seine Oberherren dürften es zufrieden gewesen sein, ihn faktisch von Saul abgeworben und ihm die Unberechenbarkeit des frei agierenden Bandenführers genommen zu haben. Es ist nicht einmal undenkbar, dass sein nächster großer Karriereschritt mit ihrem Wissen oder gar Einverständnis erfolgte:[152] die Übersiedlung von Ziklag nach Hebron, in das Herz der Region Juda. Angeblich wurde David dieser Ort durch ein Orakel zugewiesen (2Sam 2,1). Daraufhin »ließ David seine Mannen, die bei ihm waren, hinaufsteigen, jeden mit seinem Haus, und sie ließen sich nieder in den Ortschaften von Hebron« (2Sam 2,3). Alle Aktivität bei dem Geschehen geht von David aus. Kein Wort davon, es hätte ihn jemand nach Hebron gerufen. Vermutlich ziemlich unerwartet sahen sich die Menschen dort einer Streitmacht von 400 bis 600 schwer bewaffneten und kampferprobten Milizionären gegenüber, der sie kaum etwas entgegenzusetzen hatten.[153] Nach dem jetzigen

---

152 Dies auch die Meinung Noorts (1994, 45).

153 Das in 1Sam 2,2f. verwendete Verb *'lh* »hinaufsteigen (lassen)« lässt sich rein topografisch verstehen (von der Schefela »hinauf« ins Bergland), es hat aber öfters auch einen kriegerischen Beiklang (»hinaufziehen gegen«: z.B. 1Kön 20,22; Jes 7,1; 21,2; Jer 50,9; Ez 16,40; 23,46; 26,3). Hat David Hebron gewaltsam besetzt?

Wortlaut der Liste von ihm beschenkter Ortschaften firmiert Hebron betontermaßen ganz am Schluss (1Sam 30,31). Danach hätte er seinen Coup mit diplomatischen Mitteln vorbereitet und sich mindestens einen Teil der Bewohnerschaft durch Großzügigkeit gewogen gemacht; doch ist die Erwähnung Hebrons an dieser Stelle wohl eine redaktionelle Zugabe.

Hebron war der Vorort der Kalibbiter, eines Stammesverbandes, der sich etwa zeitgleich mit den israelitischen Stämmen im südlicheren Bergland angesiedelt hatte[154]. Zuvor war die Stadt – damals noch Kirjat Arba genannt – eine selbstständige Kanaaniterstadt (Ri 1,10). Mit ihr gewannen die Kalibbiter im südpalästinischen Bergland eine starke, zentrale Stellung. In der Nachbarschaft siedelten zwar noch einige weitere Verbände, etwa die – von David angeblich ebenfalls beschenkten! (1Sam 30,29) – Jerachmeeliter und Keniter, doch konnten sie es an Bedeutung mit den Kalibbitern nicht aufnehmen; das beweist die Vorzugsrolle, die deren Eponym Kaleb in der biblischen Überlieferung einnimmt (Num 13f.; Jos 14). Wenn David sich ihren Hauptort als Residenz ausersah, war das politisch wie strategisch wohl berechnet. Er hätte ja auch in das heimatliche Betlehem zurückkehren können, das nur wenige Kilometer nördlich lag, jedoch viel unbedeutender war als Hebron.

Die Liaison zwischen David und den Kalibbitern mag noch durch einen besonderen Umstand befördert worden sein: Davids zweite Frau, Abigajil, war die verwitwete Gattin eines reichen und vermutlich auch einflussreichen Kalibbiters, der angeblich den Namen Nabal (»Tor«) trug. Nach der biblischen Darstellung

---

154 Erwägungen darüber, wie sich solche Stämme durch Endogamie herausbildeten, stellt Lehmann (2003, 136–146) an.

war er töricht genug, sich mit David, der damals noch Bandenführer war, anzulegen, während seine Frau klug genug war, sich mit ihm gut zu stellen (1Sam 25). Nach dem plötzlichen Tod ihres Gatten[155] war sie als Davids neue Frau mit ins Philisterland gezogen – um jetzt mit ihm in ihre Heimat zurückzukehren. Sie an der Seite des neuen Führers zu wissen, mag manche Kalibbiter für ihn gewonnen haben.

Übrigens stammte eine andere Gemahlin Davids, Ahinoam, aus Jesreel (1Sam 25,43), einem Dorf, das nach Jos 15,56 in der judäischen Schefela gelegen war. Nimmt man noch Sauls Tochter Michal hinzu, stellt sich der Eindruck ein, David habe seine Frauen – vielleicht nicht nur, aber doch wesentlich – nach politischen Gesichtspunkten gewählt: ein Eindruck, der sich später noch verstärken wird. Bemerkenswerterweise zeigte David diese für das orientalische Königtum typische Vorgehensweise bereits zu einem Zeitpunkt, als er noch gar nicht König war. Offenbar war ihm frühzeitig klar, was er werden wollte!

Die vorhin zitierte Nachricht von der Niederlassung Davids und seiner Truppe in der Gegend um Hebron wird unmittelbar gefolgt von dem Satz: »Da kamen die Männer Judas und salbten David dort zum König über das Haus Juda« (2Sam 2,4a). Diesmal geht die Initiative nicht von David aus, sondern von den »Männern Judas«. Hat er seine erste Königswürde von einem Lehensherrn empfangen, dem Stadtkönig von Gat, so wird ihm diesmal die Macht offenbar vom Volk angetragen: ein gewissermaßen protodemokratischer Vorgang. Dessen sichtbarer Ausdruck ist die

---

155 In 1Sam 25,38 heißt es betont, dass *Gott* ihn »schlug« – und nicht etwa David. Zu dem Kapitel vgl. die intensive Auslegung von Peetz (2008).

Salbung durch das Volk.[156] Dass dieses dafür irgendwelche Gegenleistungen oder Versprechungen erhalten hätte, wird nicht mitgeteilt. Wohl dürften bestimmte Erwartungen gegenüber David bestanden haben, und vermutlich suchte dieser ihnen in der Art eines »Patrons«, eines wohlwollenden Landesherrn, zu entsprechen. Doch dass seine Untertanen ihm gegenüber irgendwelche Rechte gehabt hätten und diese etwa in einem Vertrag festgehalten gewesen wären, davon verlautet nichts.[157] Offenbar übte David über Juda unumschränkte Macht aus.

Wer waren »die Männer Judas«, die David auf den Schild hoben? Die biblische Tradition geht einhellig davon aus, dass »Juda« eine geografisch und politisch vergleichsweise umfassende Größe ist, die das Gebiet und die Bevölkerung »Kalebs« deutlich übergreift und etwa auch die Efratiter, Jerachmeeliter, Keniter sowie vermutlich weitere Gruppen einschließt.[158] Es gibt keinerlei Hinweise darauf, dass sich diese Gruppen von Bergsiedlern schon vor David zusammengeschlossen hätten, vielmehr hat offenbar erst er sie zusammengeführt und zur Größe »Juda« verbunden. Anders als Ziklag (oder auch Gat), vergleichbar aber mit dem Israel Sauls, war Juda kein Stadtstaat, sondern ein Territorialstaat. Dessen Bewohnerschaft war bis dahin keiner zentralen Herrschaft unterworfen, sondern in tribalen, quasi-verwandtschaftlichen Ver-

---

156 Später sollten zumeist Geistliche die Salbung vollziehen – bis hin zu den Päpsten des Mittelalters!

157 Dies wird im Falle der nordisraelitischen Stämme anders sein, siehe S. 155.

158 So scheint auch der in der biblischen Überlieferung nur mehr schemenhaft erkennbare Stamm Ruben in »Juda« aufgegangen zu sein, vgl. Jos 15,6 sowie die Überlagerung der Gestalt Rubens durch diejenige Judas in der Josefsgeschichte (Gen 37).

bänden organisiert. Erst unter der Hand Davids (und der Davididen) bildeten sich in Juda Merkmale politischer und ethnischer Zusammengehörigkeit heraus, so dass dann aus späterer Rückschau von einem »Stamm Juda« geredet werden kann. In Wahrheit war Juda ein künstliches, in sich heterogenes Gebilde, erschaffen durch den politischen Willen eines Mannes, der offenbar Neues zu denken und durchzusetzen in der Lage war. Hundert Jahre nach ihm wird sein genuines Herrschaftsgebiet – jedenfalls im Ausland – nicht »Haus Juda« heißen (wie später häufig in der Hebräischen Bibel), sondern »Haus Davids«.[159]

Siedlungsgeografische Beobachtungen (vgl. dazu Näheres unter II.1.1) geben einen Eindruck von den damaligen Vorgängen. Von der Eisenzeit I zur Eisenzeit IIA – herkömmlich vom 11. zum 10. Jahrhundert v. Chr. – hat sich die Zahl der Dörfer und damit auch der Menschen im judäischen Bergland annähernd verdoppelt.

Speziell südöstlich von Hebron kam es zu dieser Zeit zu sieben Dorfgründungen; sollte dies etwa unmittelbarer Ausdruck der Ankunft von Davids Kriegern und ihren Familien sein? Interessant ist auch die Beobachtung, dass zwar 73% der Dörfer aus der Eisenzeit I in der Eisenzeit IIA weiter existierten, dass aber doch einige aufgegeben und viele andere neu gegründet wurden. Die Neugründungen nun lagen zumeist nicht mehr auf Berg- und Hügelkuppen, sondern auf halber Hanghöhe.[160] Dies ist zweifellos günstiger für die Feldarbeit, die im Talboden stattfindet, setzt aber ein vermindertes Sicherheitsbedürfnis bzw. eine verbesserte Sicherheitslage voraus. Offen-

---

159 Vgl. die Stele von Tel Dan, B.I.1.
160 Lehmann 2003, 148 f.

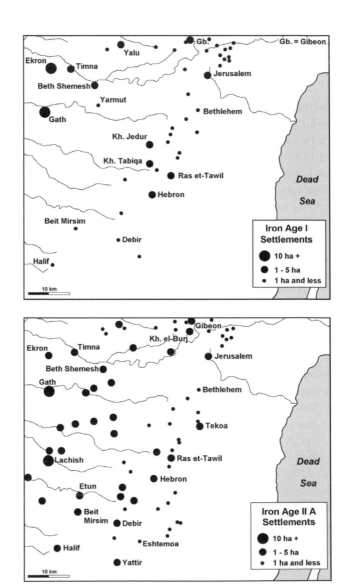

Abb. 16: Die Besiedlung Judas in der Eisenzeit I
und in der Eisenzeit IIA

150

bar gab Davids (und Salomos) Herrschaft den Menschen zumindest in Juda das Gefühl, weniger bedroht zu sein als früher.

Nicht leicht zu beantworten ist die Frage, wann genau David das Königreich Juda gegründet hat. Nach der biblischen Darstellung geschah dies, nachdem Saul schon tot war.[161] Das ist womöglich nicht zutreffend. Die biblischen Erzähler gehen davon aus, dass Juda schon längst als geeinte Größe existiert und als solche zum Reich Sauls gehört habe. Schon dies ist historisch kaum richtig.[162] Der judäische Süden war vom saulidischen Norden durch einen Gürtel selbstständiger kanaanitischer Städte – unter ihnen Gibeon und Jerusalem – getrennt. Zwar hatte Saul diesen Riegel aufzubrechen versucht, war damit aber gescheitert.[163] Von daher könnte David durchaus schon im Süden König geworden sein, als Saul noch König (im Norden) war. Juda wäre dann gleichsam ein Gegenkönigtum zu Israel gewesen. Diese Annahme böte eine mindestens ebenso gute Erklärung für die in 1Sam 23–26 berichteten wiederholten militärischen Expeditionen Sauls in den judäischen Süden wie die in der Bibel gegebene, wonach der König Israels in blinder Wut

---

161 Vgl. die Abfolge von 2Sam 1 und 2Sam 2,1–3.

162 Ein starkes Indiz dafür ist, dass Eschbaal, der Thronerbe Sauls, einzig über die Stammesgebiete im mittelpalästinischen Bergland sowie im transjordanischen Gilead geboten hat, vgl. 2Sam 2,9. Auch Edelman erklärt die biblische Darstellung in diesem Punkt als »literary fiction«, hervorgerufen durch das 12-Stämme-Ideal für ganz Israel (1988, 255).

163 Vgl. die Anspielung auf ein gewaltsames Vorgehen Sauls gegen Gibeon in 2Sam 21,2 und den Bericht in 2Sam 4 über die Ermordung Eschbaals durch zwei Offiziere aus Beerot, einem Ort, der laut Jos 9,17 zu Gibeon gehörte.

einen armseligen Flüchtling jagte »wie ein Rebhuhn in den Bergen« (1Sam 26,20). Ebenso erklärte sich auf diese Weise, warum die Philister dem Aufstieg Davids zum König Judas anscheinend tatenlos zusahen: Der Feind ihres Feindes sollte ruhig stark sein – zumal er ja weiterhin Stadtkönig von Ziklag blieb und damit zumindest nominell ihr Vasall![164]

Der Bericht der Samuelbücher lässt David, kaum dass er in Hebron König geworden ist, seine Fühler bereits zum israelitischen Norden ausstrecken: Er habe, so lesen wir, die Bewohner der Ortschaft Jabesch im ostjordanischen Gilead dafür belobigt, dass sie den Leichnam des gefallenen Saul ordentlich bestattet hatten, und sie dann diskret darauf hingewiesen, dass die Zeit Sauls nun wirklich vorüber und er selber doch König von Juda sei[165] (2Sam 2,4b–7). Dieser Wink mit dem Zaunpfahl richtet sich an Leute, die sich als besonders treue Anhänger Sauls verstanden. Dieser hatte sie offenbar vor Übergriffen der benachbarten Ammoniter in Schutz genommen (1Sam 11), und so wollten sie nicht dulden, dass die Philister an ihm Leichenschändung betrieben und seinen Körper an der Stadtmauer von Bet-Schean zur Schau stellten (1Sam 31,11–13). Es wäre als taktisch durchaus geschickt zu beurteilen, wenn David sich gerade an

---

164 Vielleicht hat man noch einen Schritt weiter zu gehen. Laut 2Sam 2,10f. hat David in Hebron siebeneinhalb Jahre regiert, Eschbaal aber nur zwei Jahre über den Norden; danach könnte, ja sollte Davids Königtum in Hebron fünfeinhalb Jahre vor Sauls Tod begonnen haben.

165 Diese Bemerkung spricht übrigens nicht gegen die eben geäußerte Vermutung, David sei schon längere Zeit vor Sauls Tod König in Hebron gewesen; auch so konnte er dessen Ableben zum Anlass nehmen, Kontakte in den Norden zu knüpfen.

diese, Saul besonders treu ergebenen Untertanen gewandt und sie aufgerufen hätte, die Saulidenherrschaft nicht weiterzuführen, sondern sich ihm anzuvertrauen.

Die Bibel weiß nicht zu berichten, dass Davids Liebeswerben um den Norden belohnt worden wäre. Im Gegenteil, dort setzte der General (und Cousin Sauls) Abner einen überlebenden Saul-Sohn, Eschbaal, als König ein und wies ihm das nordostjordanische Mahanajim – weit weg von den Philistern (und von David) – als Residenz an (2Sam 2,8–10). Damit war klar, dass man im Norden das Königtum Sauls nicht als Episode, sondern als Erbmonarchie ansah: eine Entscheidung, die weder die Philister noch David erfreut haben wird. Prompt kommt es zu Kämpfen zwischen Nord und Süd, die angeblich Abner angezettelt haben soll (2Sam 2,12 f.). Doch der Schauplatz – Gibeon – liegt gleichsam auf neutralem, kanaanitischem Grund zwischen Israel und Juda. Wenn sich Davids Krieger dort aufhalten, befinden sie sich weiter im Norden als je zuvor – und unmittelbar an der Grenze zu Israel. Der Grenzkrieg soll ohne Sieger geblieben sein, und früher als sein judäisches Gegenüber, General Joab, habe Abner ein Einsehen in die Sinnlosigkeit des Tötens gehabt (2Sam 2,14–31). Die Truppen trennten sich – und Abner beschloss, mit dem Gegner im Süden diplomatisch zu verhandeln. Die biblischen Erzähler wollen wissen, dass er – aus persönlichem Ärger über Eschbaal – David die Nachfolge Sauls angeboten, ihm zur Bekräftigung der Einigung sogar Sauls Tochter Michal zugeführt habe, dann aber von Joab – wiederum aus persönlichen Gründen – gemeuchelt worden und von David ostentativ betrauert worden sei (2Sam 3). Fakt wird sein, dass Abner bei einer diplomatischen Mission in Hebron sein Leben verlor; was genau seine Absichten waren und wer für seinen Tod verantwortlich war, wird nie mehr aufzuklären sein. Jedenfalls war damit der »starke Mann« hinter Eschbaals Königtum weggeräumt – und wenig später auch er selbst (2Sam 4). Die Königsmörder kamen voller Erwartung auf Lohn zu David, wurden aber – vermutlich sehr zu ihrer Überraschung – liquidiert. David nahm damit Rache für einen Mord, der ihm sehr nützte, von dem die Bibel aber nicht einmal erwägt, er könne ihn persönlich angeordnet haben.

Wie auch immer, nach dem Debakel auf dem Gebirge Gilboa und den Morden an Abner und Eschbaal werden nicht mehr viele saulidische Thronprätendenten zur Verfügung gestanden haben. Vor allem aber wird die Menschen im Königreich Israel mit der Zeit der Mut verlassen haben. Die Philister beherrschten die Küsten- und die Jesreel-Ebene bis hin zum Jordan, Juda hatte sich als Bedrohung aus dem Süden aufgebaut, die Völkerschaften des transjordanischen Ostens werden ebenfalls begehrlich auf das schwer getroffene Israel geblickt haben. Und im Norden saßen die Aramäer, eine Gruppe von Stämmen, die sich im gesamten weiten Gebiet vom Euphrat bis zum See Gennesaret niedergelassen hatten und ihrerseits im Begriff standen, sich in Königtümern bzw. Fürstentümern zu organisieren. Eines davon, das am weitesten nach Süden vorgeschobene Geschur, saß östlich und nördlich des Sees Gennesaret und grenzte damit unmittelbar an Gilead, das Nordostgebiet des saulidischen Königtums. Wie hätte man es da in Israel nicht als erschreckend empfinden sollen, dass sich unter Davids Gemahlinnen plötzlich auch eine gewisse Maacha befand, Tochter des Königs Talmai von Geschur (2Sam 3,3)? Und dies betontermaßen zu der

Zeit, als David noch in Hebron residierte, das saulidische Reich also noch existierte?[166]

Irgendwann kamen aus dem von allen Seiten um-
zingelten Israel »die Ältesten zum König nach Hebron« und trugen ihm die Herrschaft über ihr Land an
(2Sam 5,3). Doch anders als die »Männer Judas« gaben
sie sich ihm nicht ohne Gegenleistung und Sicherung
in die Hand. Vielmehr bestanden sie darauf, dass er
mit ihnen einen »Vertrag« (*b^erît*) schloss, in dem die
gegenseitigen Rechte und Pflichten aufgelistet gewesen sein werden.[167] Erst dann »salbten sie David zum
König über Israel«. Wieder eine Salbung durch das
Volk also (bzw. durch dessen Abgesandte), aber eine,
die den Untertanen im israelitischen Norden größere
Rechte ließ als denen im judäischen Süden. Vermutlich wurden den Israeliten aber auch schwerere Lasten
auferlegt; denn allem Anschein nach hat David (wie
dann auch sein Nachfolger Salomo) vom Nordteil der
vereinigten Monarchie Frondienste und Abgaben verlangt, nicht aber von deren Südteil.[168]

Die Gunst der Stunde – oder seine eigene Geschick-
lichkeit – hatte David eine erstaunlich breite Machtbasis gewinnen lassen. Er war, zumindest nominell,
immer noch König von Ziklag; wie immer es genau

---

166 Edelman (1988) möchte zwar »Geschur« mit den in 1Sam 27,8
     und Jos 13,2 erwähnten und im Negev beheimateten »Geschu-
     ritern« identifizieren, doch spricht dagegen zweierlei: dass un-
     ter den aramäischen Fürstentümern, von denen kriegerische
     Auseinandersetzungen mit David berichtet werden, gerade
     Geschur fehlt (2Sam 8,3–8; 10), und dass in 2Sam 15,8 von Ge-
     schur ausdrücklich mitgeteilt wird, es liege »in Aram«.
167 Vgl. dazu Fohrer 1959.
168 Vgl. die Erwähnung ein und desselben Fron-Ministers namens
     Ado(ni)ram in 2Sam 20,24 und in 1Kön 4,6; 12,18 sowie die
     Aufzählung einzig nordisraelitischer Provinzen in der Liste
     1Kön 4,7–19.

Abb. 17: Die südliche Levante zur Zeit Davids

lokalisiert werden mag, es lag in der Gegend des Tals von Beerscheba, d. h. am südlichen Rand des Kulturlandes; zugleich markierte es die Grenze oder auch den Übergang zum philistäischen Einflussbereich, dem damaligen Gravitationszentrum der südlichen Levante. Als König über Juda in Hebron kontrollierte er das südliche Bergland vom Negev hinauf bis in die

Nähe Jerusalems. Ob er die westlich zur Küstenebene abfallende Hügellandschaft der Schefela beherrschte, scheint fraglich; dort dürften noch die Philister die Oberhand gehabt haben. Hingegen war ihm im Norden das Erbe Sauls und Eschbaals zugefallen: die Siedlungsgebiete der mittelpalästinischen Stämme mit einem Ausläufer ins ostjordanische Gilead.

3.2 Die Staatsorganisation

Die von David gebildete Personalunion Juda-Israel verfügte noch nicht über ein zusammenhängendes Staatsgebiet. Namentlich der ost-westliche Städte-Korridor von der Küstenebene hinauf nach Jerusalem schob sich störend in den Weg. Es liegt auf der Hand, dass David versuchen musste, ihn zu gewinnen. Militärisch zu halten waren die relativ kleinen Städte auf diesem Landstreifen kaum, waren sie doch etwaigen Angriffen aus dem Süden und aus dem Norden ausgesetzt. So ist es von vornherein unwahrscheinlich, dass David sie mit Waffengewalt hätte niederringen müssen. Gewaltsam unterworfene Untertanen sind in der Regel auch keine zuverlässigen Untertanen. Im Falle Judas wie auch Israels hatte David denn auch andere Wege eingeschlagen: Er warb um Sympathie (2Sam 2,4b–7; 3,33f.; 4,9–12), lockte mit Geschenken (1Sam 30,26–30), nutzte diplomatische Kanäle (2Sam 3,12–21), gewährte Privilegien (2Sam 5,3) – und musste dann sein Machtpotenzial nur noch demonstrieren (2Sam 2,2f.12–17), es aber nicht mehr in vollem Umfang einsetzen, um ans Ziel zu gelangen.

Warum sollte es im Fall Jerusalems anders gewesen sein? Der Bericht darüber in 2Sam 5,6–8 ist einigermaßen kryptisch: David rückt mit seinen »Mannen«, also mit militärischer Macht, gegen die Stadt vor. Die dort wohnenden Jebusiter scheinen sich in Sicherheit gewiegt zu haben: Allein schon die Lahmen und Blinden unter ihnen könnten den Angreifer vertreiben.[169] David »nahm die Feste Zion« gleichwohl ein – wie, das wird nicht klar. Erwähnt wird ein »Sinnor«, den David zu »berühren« befohlen habe. Das Wort ist nicht sicher übersetzbar; es könnte als »Röhre« zu verstehen sein, und da nun die Chronik erzählt, Joab sei als erster in die Stadt »hinaufgestiegen« (1Chr 11,6), denken manche an ein Eindringen durch die tatsächlich in dieser oder jener Form nachweisbaren Wasserversorgungsanlagen bzw. -schächte. Jedenfalls verlautet nichts von einem Blutvergießen oder von Zerstörungen in der Stadt. So ist es sehr wohl möglich, dass David die Einwohner auf friedliche Weise zu einer Übergabe veranlasste. Denn was er mit ihr im Sinn hatte, war für sie und die dort lebenden Menschen keinesfalls von Nachteil: Er wollte Jerusalem zu seiner Residenz machen, und dies bedeutete schon in der Antike wirtschaftlichen und politischen Aufschwung.[170]

Was von Jerusalem gilt, lässt sich analog auch für die anderen Städte Kanaans (und vermutlich auch der Schefela) sagen. Diese gehörten nicht zu Sauls und Eschbaals Herrschaftsgebiet (vgl. 2Sam 2,9). Nir-

---

169 Diese Haltung koinzidiert seltsam mit der späteren, biblisch vielfach belegten Überzeugung von der Uneinnehmbarkeit des Zion, da dort Gott zu Hause sei (z. B. Jes 8,9; 28,16; 10,5–15; 33,20; 37,33 f.; Jer 7,4.10; Ps 46,6–8; 48,3–7). Galt Jerusalem schon zur Jebusiterzeit als heilige und darum unzerstörbare Stadt?

170 Ein in vieler Hinsicht hinkender Vergleich sei erlaubt: Den Plänen für eine Verlegung der Bundeshauptstadt von Bonn nach Berlin erwuchs Widerstand wohl in Bonn, nicht aber in Berlin.

gendwo ist etwas von gewaltsamen Aktionen zu hören, mit denen David oder auch Salomo sie in ihren Besitz gebracht hätten. Dennoch gehen sowohl die Grenzbeschreibung 2Sam 24,5–7 als auch die Provinzliste 1Kön 4,7–19 von der Zugehörigkeit der früheren Stadtstaatengebiete zum davidisch-salomonischen Reich aus.

Dies allerdings bedeutet eine entscheidende Wende in den Machtverhältnissen der damaligen südlichen Levante. Hatten bis ins 13. Jahrhundert (zumindest nominell) die Ägypter die Oberherrschaft über Kanaan, so hatten sie darin im ausgehenden 12. und im 11. Jahrhundert faktisch die Philister abgelöst. Sie beherrschten nicht nur ihr eigenes Kernland unangefochten, sondern konnten auch im östlichen Bergland sowie in den nord(ost)wärts gelegenen Ebenen bis hin zum See Gennesaret nach Belieben schalten und walten. Darauf deuten biblische Notizen über ein Eisenmonopol, das sie sich gesichert hätten (1Sam 13,19f.), über Plünderertrupps, die sie in die Berge schicken konnten (1Sam 13,17f.), über Militärposten, die sie mitten im Bergland unterhielten (1Sam 13,3f.; 14,4f.), über Kriegszüge, die sie ungehindert durch die Küstenebene nordwärts und dann ostwärts bis zu den Bergen von Gilboa und der Stadt Bet Schean durchführen konnten (1Sam 29,1; 31). Kontrollierte David außer dem Bergland zunehmend auch die Ebenen Kanaans, dann musste das eine Verringerung der Macht der Philister bedeuten. So verwundert es auch nicht, dass gleich nach der Eroberung Jerusalems von Kämpfen Davids mit den Philistern westlich der neuen Residenz berichtet wird, die David – wie der Text betont: mit Jhwhs tatkräftiger Hilfe – für sich entschieden habe; die Philister seien auf ihr Kernland zurückgedrängt worden (2Sam 5,17–25). Diese stark legendenhaft geformten Geschichten sind vielleicht historisch nicht korrekt eingeordnet; sie spiegeln aber einigermaßen zutreffend den Wechsel der Machtverhältnisse in der Levante: Die Philister geboten nicht mehr über alles allein, sondern mussten dem neu entstandenen Königtum Juda-Israel in weiten Teilen des Landes freie Hand lassen.

Die Rückdrängung des philistäischen Einflusses aus der Jesreel-Ebene musste fast unausweichlich Rückwirkungen auf das nördlich davon gelegene Galiläa haben. Auch dort waren seit der frühen Eisenzeit Bergsiedler ansässig geworden.[171] Die Bibel nennt die dort sich herausbildenden Stämme mit Namen: Sebulon, Naftali und Issachar. Auch deren Wohngebiete gehörten allem Anschein nach nicht zum Einflussbereich Sauls und Eschbaals[172] – kein Wunder, lag zwischen diesem und ihnen doch die Jesreel-Ebene mit ihren kanaanitischen Städten. Nun waren aber die galiläischen Stämme nicht sich selbst überlassen, sondern standen offenbar stark unter phönizischem Einfluss.[173] Das scheint sich mit David geändert zu haben: Das Grenzitinerar 2Sam 24,5–7 schließt das galiläische Bergland ebenso ein wie die Provinzliste 1Kön 4,7–19. Von Salomo berichtet die Bibel die peinliche Tatsache, dass er Teile Galiläas an die Phönizier abtreten musste (1Kön 9,11) – also gehörten sie vorher zu seinem Reich. Als dann der erste König des nach Salomo selbstständigen Nordreichs, Jerobeam I. (926–906), zwei Staatsheiligtümer gründet, mit denen er die Präsenz seiner Herrschaft an der Nord- und der Südgrenze seines Herrschaftsgebie-

---

171 Für Untergaliläa siehe Gal 1992, bes. 85–93.
172 Vgl. wiederum 2Sam 2,9 sowie Dietrich/Münger 2003.
173 Vgl. Gen 49,13–15; Ri 5,17f.

tes markieren möchte, kommt eines in Bet-El, das andere in Dan zu stehen (1Kön 12,29). Dieser nördliche Grenzpunkt schließt die Wohngebiete der galiläischen Stämme ein.[174] Alles spricht dafür – und nichts spricht dagegen –, dass die Ausdehnung der Nordgrenze Israels bis zu den Jordanquellen auf David zurückzuführen ist.[175]

Demnach umfasste das Kernland der Vereinigten Monarchie unter David – vielleicht nicht gleich zu Beginn seiner Herrschaft, aber doch eher früher als später in deren Verlauf – das Land »von Dan bis Beerscheba«. Dies ist eine im Alten Testament siebenmal begegnende Formel, die auffälligerweise sechsmal mit Bezug auf die Ära Davids und Salomos gebraucht wird.[176] Auf die nachmals geteilten Reiche

---

174 Niemann stellt aufgrund einer sorgfältigen siedlungsgeographischen Untersuchung des gesamten nordisraelitischen Staatsgebiets zwischen dem 11. und dem 8. Jh. fest, dass die Dörfer und Städte des Nordens noch auf lange Zeit hinaus kanaanäisch-phönizische und aramäische Einflüsse zeigten. Er folgert daraus, dass offenbar der Staat Israel »seine Herrschaft erst allmählich in Richtung Norden in die Ebene Jesreeel und nach Galiläa ausdehnte« (2003, 462). Demgegenüber rechnet Finkelstein (2014, 65 f.) mit einer Expansion Israels in die Jesreel-Ebene schon unter Saul; damals seien mehrere kanaanitische Städte zerstört worden.

175 Vermutlich hat er in diesem Zusammenhang den Einfluss der Aramäer zurückgedrängt. Das betrifft namentlich die Fürstentümer Maacha und Geschur, die in Nordostgaliläa, im Golangebiet und am Nordufer des Sees Gennesaret gelegen waren. Von der Unterwerfung der Stadt Abel-Bet-Maacha erzählt 2Sam 20. Mit Geschur verbanden David zunächst politisch-familiäre Beziehungen (2Sam 3,3), die aber im Zusammenhang mit den Unruhen um Abschalom zerbrochen sein mögen (vgl. 2Sam 13,37; 15,8).

176 1Sam 3,20; 2Sam 3,10; 17,11; 24,2.15; 1Kön 5,5. Einzig Ri 20,1 bezieht sich auf die vorstaatliche Zeit, doch ist hier heimlich

wird der Begriff nie angewandt, obwohl sich mit ihm gut gemeinsame Interessen oder Aktionen der beiden Staaten hätten beschreiben lassen. Offenbar war den biblischen Autoren und Tradenten bewusst, dass die frühe Königzeit in dieser Hinsicht eine besondere, ja einmalige Zeit war:[177] Nur damals waren Süd-, Mittel- und Nordpalästina zu einer staatlichen Größe verbunden.

Sofort freilich ist zu betonen, dass die Verbindung von Nord und Süd eher lockerer Natur war. Einzig die Person des Königs überbrückte den Spalt zwischen Juda und Israel. Als zweite Brücke ließe sich allenfalls die Stadt Jerusalem ansprechen, die zwischen den Territorien Israels und Judas lag, in der Folgezeit allerdings immer eindeutig dem Süden zugerechnet wurde.

Wie hat David die unterschiedlichen Teile seines Reiches zusammengehalten und verwaltet? Wer diese Frage zu beantworten sucht, sollte entschieden alle Assoziationen neuzeitlicher Staatsvorstellungen und -formen fernhalten. Der davidische Staat war ein Anfangsphänomen und kein über lange Zeit gewachsenes und gefestigtes Endprodukt. Vor David hatte es in Juda kein Königtum gegeben. Auch Sauls Herrschaft über Israel war eher die eines *Herzogs*, den die Bibel wohl zu Recht fast nur als Soldatenkönig zeichnet; vom Aufbau einer zivilen Verwaltung verlautet kein

---

schon die Königszeit im Blick (vgl. Ri 18,1; 21,25). Nebeneinander begegnen Dan und Beerscheba ferner noch in 2Sam 24,6 f. sowie in Am 8,14.

177 Es ist sehr unwahrscheinlich, dass es sich um eine Rückprojektion handelt, denn dann würde jene Formel gerade in Texten jener (späten) Zeit begegnen, welche die Frühzeit als Idealzeit darzustellen wünschte.

Wort.[178] So konnte David kaum auf Vorerfahrungen zurückgreifen, als er dem von ihm geschaffenen Staatswesen eine Struktur zu geben sich anschickte. Allenfalls konnte er sich die Philister zum Vorbild nehmen, deren Herrschaftsform er ja kennengelernt hatte. Doch gerade die Philister, aber auch die Ammoniter im Osten (1Sam 11; 2Sam 10) und die Aramäer im Norden konnten den Aufbau einer neuen eigenständigen Macht in Zentralpalästina auf die Dauer nicht gelassen hinnehmen. Das von David geschaffene Staatswesen war darum vielfältigen Anfeindungen von außen ausgesetzt, was einen geordneten Staatsaufbau gewiss erschwerte.[179] Hinzu kamen Hindernisse im Innern. Die Stammesverbände im Bergland waren eine zentral ausgeübte Herrschaft noch nicht gewöhnt und besannen sich immer wieder auf ihre hergebrachten – und im Falle der Nordstämme wohl auch verbrieften (2Sam 5,3) – Freiheitsrechte. Die biblische Überlieferung weiß dementsprechend von vielen Akten der Verweigerung und des Widerstandes gegen das sich etablierende Königtum.[180] Ja, Gott selbst soll David einmal in die Parade gefahren sein,

---

178 So spricht Schäfer-Lichtenberger 1996 im Blick auf Saul von einem »inchohative state«, im Blick auf David von einem »transitional early state«.

179 Erst Salomo scheint in dieser Hinsicht weitgehend Ruhe gehabt zu haben; entsprechend häufen sich bei ihm auch die Nachrichten vom Aufbau einer zentralen Verwaltung.

180 Das allererste Königtum bei den israelitischen Stämmen, dasjenige Abimelechs, scheiterte an inneren Auseinandersetzungen (Ri 9). Von Saul wird berichtet, von Anfang an hätten ihm bestimmte Kreise Geschenke und Gefolgschaft verweigert (1Sam 10,27). David hatte mit mehrfachen Aufständen zu tun (2Sam 15–19; 20), und auch Salomo erfuhr den Widerstand der Nordstämme (1Kön 11), ehe diese sich gegen seinen Sohn die Selbstständigkeit nahmen (1Kön 12).

als dieser einen Zensus anordnete (2Sam 24) – wie sonst aber soll ein König Überblick über die ihm zur Verfügung stehenden Ressourcen gewinnen?

Demnach hat man sich das Königtum Davids nicht als voll ausgebildetes Staatswesen, sondern eher als tastenden und oft gestörten ersten Versuch einer Staatsbildung vorzustellen – freilich einen sehr ambitionierten und erstaunlich erfolgreichen Versuch. Vielleicht war das Geheimnis des Erfolgs gerade, dass David offenbar nicht die Schaffung eines zentralistisch regierten Territorialstaats vorschwebte, sondern die eines Klientelstaats, der durch je verschieden bestimmte Beziehungen einzelner Bevölkerungsgruppen und Stände zum König eher locker zusammengehalten wird. Ein solcher »Staat« braucht keine scharf gezogenen Grenzen und keine Zollstation an jedem Übergang, keine klar erkennbaren staatlichen Symbole und keine Polizeistationen überall im Land, keine flächendeckende Verwaltung und keine öffentliche Infrastruktur, keine staatliche Gesetzgebung und kein ausgebildetes Justizwesen, kein umfassendes Bildungs- oder gar Sozialsystem, kein verbindendes Nationalgefühl und keine Staatsideologie. Anstelle all dessen steht ein lockeres und buntes Geflecht horizontaler Beziehungen (zwischen Familien, Sippen, Stämmen) und vertikaler Loyalitäten (zum König und seinem kleinen Hofstaat). Diese Region und jene Städte, diese Söldnertruppe und jener Milizkommandeur, dieser Sippenverband und jene Aristokratenfamilie, diese Priesterschaft und jener Nomadenstamm – alle sehen sich in je unterschiedlich begründeten und ausgeprägten Beziehungen zum König stehen.[181] Steuern

---

181 Auch Master 2001 meint, dass die Beziehungs- und Autoritätsstrukturen – etwa zwischen Sippen und Einzelnem, Vater und

werden als Geschenke deklariert, Herrschaft als Gabe, Pflichten als freiwillig erbrachte Leistungen, Aushebungen als Gefolgstreue, Besoldungen als Lehen, staatliche Dienste als Gnade, Gehorsam als Treue, Untertänigkeit als Liebe, Liquidationen als notwendige Reinigung.

In einem solchen System liegt sehr viel an dem Geschick, mit dem der König die vielen Fäden in der Hand hält und zwischen ihnen Ordnung und Ausgleich zu schaffen vermag. In dieser Hinsicht scheint es David zu einer großen Meisterschaft gebracht zu haben. Wir sahen bereits, dass er in seiner Person drei ganz verschiedene Königtümer vereinigte: dasjenige von Ziklag, das ein kleines Abbild des althergebrachten kanaanitisch-philistäischen Stadtkönigtums war; dasjenige von Juda, in dem ihm die »Männer«, ohne Bedingungen zu stellen, Gefolgschaft leisteten; und dasjenige von Israel, das zwischen ihm und den Abgesandten der Nordstämme vertraglich ausgehandelt war.[182] Entsprechend variantenreich war auch sein Spiel mit den Hauptstädten: Ziklag – Hebron – Jerusalem.[183] Jede Stufe seines Aufstiegs eröffnete ihm

---

Sohn, »ruler« und »ruled« – sich von der vorstaatlichen zur frühstaatlichen Zeit kaum verschoben haben, und zwar im damaligen Israel und Juda so wenig wie in anderen vormodernen Gesellschaften des Mittleren Ostens.

182 Später sollte sich David noch zum König von Ammon machen (2Sam 12,30), wo er sicher als Fremdherrscher empfunden wurde.

183 Vielleicht hat man noch Mahanajim hinzuzurechnen, wo er während der durch Abschalom erzwungenen Abwesenheit von Jerusalem residierte (2Sam 17,24.27; 19,33). Immerhin war Mahanajim bereits die Residenz Eschbaals gewesen (2Sam 2,8). Die These Fischers (2005), David sei nie aus Jerusalem gewichen, vielmehr hätten seine Truppen von dort aus Abschalom im Wald von Efraim besiegt, während die Flucht über den

Zutritt zu weiteren Bevölkerungskreisen, die konzentrisch auf ihn und seine Herrschaft ausgerichtet waren.

Ein wichtiger Faktor seiner Klientel-Politik scheinen seine Frauen gewesen zu sein. Offenbar betrieb David eine regelrechte Heiratspolitik. Seine – von Michal abgesehen – ersten Gattinnen waren Ahinoam aus dem judäischen Dorf Jesreel und Abigajil, die Witwe eines kalibbitischen Herdenbesitzers; sie begleiteten ihn schon nach Ziklag und von dort wieder nach Hebron (2Sam 2,2). In Hebron gewinnt er vier weitere Gemahlinnen hinzu, darunter die geschuritische Prinzessin Maacha (2Sam 3,2–5).[184] In Jerusalem kamen weitere dazu, dabei die Mutter des späteren Thronfolgers, Batscheba (2Sam 5,13–15). Verschiedentlich ist überdies noch von einer Schar Nebenfrauen die Rede (2Sam 5,13; 16,20–23; 20,3[185]). Damit soll David nicht als Frauenheld, sondern wohl eher als geschickter Politiker gekennzeichnet werden. Die Frauen am Königshof waren gewissermaßen diplomatische Vertreterinnen ihrer Herkunftsorte und -sippen; schon allein durch sie schuf sich David ein ganzes Netz politisch-familiärer Beziehungen und Bindungen.

Ein sprechendes Beispiel für Davids politische Kunst ist auch seine Religionspolitik. Zweifellos existierte schon im vordavidischen Jerusalem ein Heiligtum, vielleicht auch mehrere. Im Namen der Stadt dürfte der Name der Gottheit Schalem – des Gottes des Ausgleichs und des Friedens – enthalten sein. Ver-

---

Jordan eine Fiktion erst aus der exilischen Zeit sei, ist abenteuerlich.

184 Siehe II.3.1.

185 Hier wird ihre Zahl mit zehn angegeben.

mutlich verehrte man dort auch Zedeq,[186] den Gott der Gerechtigkeit. Nach neueren Theorien war im jebusitischen Jerusalem auch der im ganzen Orient bekannte Gott Schamasch, die »Sonne«, präsent. All dies fand David vor und akzeptierte es offenbar anstandslos. Dann aber brachte er als weiteren Gott Jhwh in die Stadt und errichtete ihm ein eigenes Heiligtum, merkwürdigerweise in der Gestalt eines Zeltes (2Sam 6). Jhwh wurde über der sog. Lade thronend gedacht, einem transportablen hölzernen Schrein, der den Stämmen (Nord-)Israels als Kriegspalladium gedient hatte, dann aber den Philistern in die Hände gefallen und dadurch verunreinigt worden war. David reaktivierte den Kultgegenstand und überführte ihn in feierlicher Prozession nach Jerusalem – offenbar, um auf diese Weise die Nordstämme auch religiös an das Vereinigte Königreich zu binden.

Das machtpolitische Rückgrat des davidischen Staates war die Armee. Auch in diesem Bereich ging David äußerst pragmatisch und variantenreich zu Werke. Den Grundstock bildete die Freibeutertruppe, die er in seiner Frühzeit um sich gesammelt hatte. Es werden bald 400, bald 600 Mann genannt (1Sam 22,2; 23,13; 25,13; 27,2; 30,9): verwegene Gesellen, die für ihren Anführer durch dick und dünn gingen und aus denen er eine verschworene Gemeinschaft schmiedete. Aus ihr hoben sich noch einmal spezielle Eliteeinheiten heraus (2Sam 23,8–39). Dies war die Söldnertruppe, mit der er sich in den Dienst der Philister stellte. Freilich veränderte und vergrößerte sich in

---

186 Dafür spricht der Name des Jerusalemer Oberpriester Zadoq (z. B. 2Sam 8,17; 15,27). Und wohl auch nicht zufällig heißt ein legendärer Jerusalemer (Priester-?)König Melchisedek, d. h. »Mein König ist Zedeq« (Gen 14,18; Ps 110,4).

dieser Phase seines Lebens seine Streitmacht erheblich. Die Überlieferung redet bald von 600 Mann; später spricht sie von weiteren Sondereinheiten, denen anscheinend keine Judäer angehörten, sondern »Kreter und Pleter«, d. h. kretische und philistäische Berufskrieger, sowie 600 »Gatiter«, die unter dem Kommando eines gewissen Ittai aus Gat standen: aus der Stadt also, in der sein früherer Lehensgeber residiert hatte (2Sam 15,18). David besaß also nicht im mindesten einen nationalen Dünkel – sofern das Wort »national« für die damaligen Verhältnisse überhaupt angemessen ist. Es waren eben persönliche Loyalitäten, die Menschen aus der ganzen südlichen Levante in je besonderer Weise mit David verbanden. (Viele andere Menschen werden sich in solchen Loyalitätsverhältnissen nicht befunden, d. h. die »Herrschaft« Davids so gut wie nicht gespürt oder nur von ferne von ihr erfahren haben.)

Darf man sich also Davids Reich nicht als zentralistisch regierten Staat denken, so konnte doch das von ihm aufgebaute, sehr komplizierte und auch fragile Staatsgebilde nicht gänzlich ohne zentrale Steuerung bleiben. Anders als für Saul bezeugt die Überlieferung für David die Existenz einer zwar schmalen, aber doch schon differenzierten Verwaltungsspitze. In 2Sam 8,16–18 und 20,23–25 sind uns merkwürdigerweise gleich zwei, nur leicht variierende Listen mit den Namen seiner höchsten Untergebenen erhalten. Diese »Kabinettslisten« führen die folgenden Namen und Funktionen auf:[187]

---

187 Die Nummerierung deutet eine zwischen den Listen variierende Reihenfolge der Plätze an.

2 Sam 8,16–18	2 Sam 20,23–25	Ressorts
1. Joab	1. Joab	»über dem Heer«
2. Joschafat	4. Joschafat	»Sekretär«
		(wörtlich: »Erinnerer«)
3. Zadok, ›Abjatar‹	6. Zadok, Abjatar,	»Priester«
	Ira	
4. Seraja	5. Scheja	»Schreiber«
5. Benaja	2. Benaja	»über den Kreti und Pleti«
	3. Adoram	»über der Fron«
6. Davids Söhne		»Priester«

Militär, Zivilverwaltung und Kultus sind die drei Bereiche, in denen David Kompetenzen an sich gezogen und am Regierungssitz in Jerusalem zentriert hat. Der Apparat ist schon recht differenziert, und er dürfte erheblich größer gewesen sein, als es hier scheint; denn natürlich hatte jeder der hier genannten »Minister« unter sich eine mehr oder weniger große Zahl von Untergebenen. Zudem kommen in den David-Erzählungen Ämter vor, die in den Ministerlisten gar nicht auftauchen: der königliche Ratgeber (2Sam 15,12; vgl. 2Sam 17), der »Freund des Königs« (2Sam 15,37; 16,16; vgl. 2Sam 13,3) und der Hofprophet (2Sam 7; 24,11; 1Kön 1,22–27).

Sollten die beiden Kabinettslisten zwei verschiedene Phasen der Regierungstätigkeit Davids spiegeln,[188] dann markierte wohl diejenige von 2Sam 20 ein späteres Stadium

---

188 Manche Exegeten wollen das Nacheinander der beiden Texte nicht historisch, sondern literarkritisch (im Sinne einer Abhängigkeit des einen vom anderen) oder überlieferungsgeschichtlich (als zwei Varianten desselben Ursprungsdokuments) erklären.

als die von 2Sam 8.[189] Die Veränderungen sind nicht grund-
stürzend, aber doch signifikant: Nach wie vor steht der
Feldmarschall Joab an der Spitze, doch folgt auf ihn jetzt
nicht mehr der Zivilverwalter Joschafat, sondern der General Benaja. Hinter diesem ist ein neuer Mann eingerückt:
der Fronminister Adoram. Dieser wird (als Adoniram) noch
unter Salomo amtieren (1Kön 4,6) und bei den Vorgängen,
die zum Auseinanderbrechen der Personalunion führen, das
»rote Tuch« für die Nordstämme sein (1Kön 12,18). Von da
aus lässt sich rückschließen, dass schon David die Bevölkerung des Nordens zunehmend hart behandelt hat.[190] Hinter
dem schlichten Titel des »Schreibers« verbirgt sich ein hohes
und gewichtiges Amt. Ihm obliegt nach Ausweis von Parallelen etwa aus Ägypten oder Ugarit nicht nur die Auf-
sicht über die königliche Buchführung und das Staats-
archiv, sondern über die Ausbildung weiterer Schreiber
und überhaupt der Staatselite. Ein Schreiber verfasste alle
möglichen staatlich bedeutsamen Dokumente: von Wirt-
schaftstexten über Verträge, Briefe und Annalen bis hin
zu literarischen Texten. Ein Minister in solcher Funktion
setzt ein Gemeinwesen voraus, das doch immerhin Interesse
und Anteil an einem regen geistigen, politischen und wirtschaftlichen Leben hat.[191]

---

189   So auch Mettinger 1971, 7–9.
190   Möglicherweise ist 2Sam 20,23–25 ganz sachgemäß eingeord-
      net: als Dokument einer Regierungsumbildung nach dem
      Abschalom- und dem Scheba-Aufstand; beide Aufstände wa-
      ren ja wesentlich vom Norden getragen.
191   Bei Mettinger (siehe Anm. 189) wie auch bei Donner (1984,
      203 f.) finden sich Erläuterungen zu sämtlichen hier aufgeführ-
      ten königlichen Ämtern. Bemerkenswerterweise wird in der
      ersten Liste Davids Söhnen ein geistliches Amt zugesprochen.
      Unmöglich ist das nicht, kamen doch im Orient dem König –
      und dann vielleicht auch den Prinzen – priesterliche Funktio-
      nen zu (vgl. nur Davids Verhalten in 2Sam 6). Wenham aller-
      dings (1975) schlägt mit Bezug auf altorientalische Analogien

Von den biblischen Texten her fallen einige Schlaglichter auf diese Seite der davidischen Staatsführung. Schon die frühe Liste von Geschenken des Stadtkönigs von Ziklag an judäische Dörfer und Gemeinden (1Sam 30,26–31) lässt einen, wenn wohl auch noch kleinen, Verwaltungsapparat ahnen. Der Vertrag mit den Nordisraeliten (2Sam 5,3) wird schriftlich niedergelegt gewesen sein und Abmachungen enthalten haben über Abgaben, Dienstleistungen usw., die wiederum kontrolliert und verbucht werden mussten. Der Bau des »Millo« und des Palastes erforderte einen erheblichen Arbeits- und damit auch Verwaltungsaufwand (2Sam 5,9.11). Ein religiöses Fest, wie es in 2Sam 6 gefeiert wird, mit seinen immensen Mengen an Opfern für die Gottheit und Festgeschenken für das Volk, verlangt eine sorgfältige Planung, eine ausgeklügelte Logistik und ein verzweigtes Versorgungsnetz. Doch weiter: Eine Armee, die derart aktiv ist wie die davidische, benötigt ständigen Nachschub an Menschen, Waffen, Kleidung, Gebrauchsgegenständen, Lebensmitteln usw. – von Unterkünften, Soldverwaltung, Landlehen ganz zu schweigen; die legendarische Zensus-Geschichte in 2Sam 24,1–10 ist nur ein kleiner Hinweis darauf. Eine Regierungszentrale, auch wenn sie unter David noch relativ bescheiden war, hat einen erheblichen Bedarf an Versorgungsgütern aller Art; wenn schon Saul für solche Zwecke Krongüter unterhalten zu haben scheint (1Sam 22,7; 2Sam 16,1; 19,10), um wie viel mehr dann David! Dessen Sohn Abschalom, der offenbar berühmt war für sein volles Haupthaar, ließ sich dieses nur einmal im Jahr schneiden, und dann wog es jeweils »200 Schekel nach dem (Gewichts-)Stein des Königs« (2Sam 14,26) – eine gerade in ihrer Beiläufigkeit bemerkens-

---

eine Textkonjektur vor, wonach die Prinzen »Verwalter des königlichen Besitzes« gewesen wären, was ja durchaus auch Sinn macht.

werte Notiz: Der Staat beginnt, ökonomische Rahmenbedingungen zu setzen.[192]

3.3 Die Außenbeziehungen

Ein nicht zu unterschätzender Faktor der staatlichen Ökonomie zur Zeit Davids dürfte der Güterverkehr über die Grenzen des Kernlandes hinaus gewesen sein. Es ist dabei zwischen freiwillig-friedlichem Austausch und einseitig erzwungenem Transfer zu unterscheiden.

Zu einigen Nachbarn hat David freundschaftliche Beziehungen unterhalten. Da sind zunächst die Philister zu nennen, mit denen er ja schon eine längere Geschichte hatte (siehe II.2.3). Zunächst hatte er sich ihrem Bestreben nach Kontrolle über das Bergland in den Weg gestellt, dann war er überraschend zu ihnen übergetreten und gleichsam unter ihren Augen zum König zunächst von Ziklag, dann von Juda aufgestiegen. Anscheinend erst, als er Israel und Jerusalem hinzugewonnen hatte, ahnten sie die Gefahr. Sie mussten sich auf ihr Kernland zurückziehen (2Sam 5,17–25) und zulassen, dass das einst von ihnen eroberte, alte Stämmesymbol der Lade unter David wieder neue Bedeutung gewann (2Sam 6). Im Übrigen aber scheint David die Philister nicht bedrängt zu haben, geschweige denn, dass er versucht hätte, ihr Gebiet seinem Reich einzuverleiben. Umgekehrt ge-

---

192 Vgl. dazu Ronen 1996: In Juda wurden Gewichtssteine gefunden, die mit den hieratischen Bezeichnungen für 1, 2, 5, 10, 15, 20, 30 und 50 beschriftet sind, im tatsächlichen Gewicht aber einem System 1, 2, 4, 8, 12, 16, 24 und 40 folgen. Dieses letztere System ist assyrisch und hat ab 700 v. Chr. ein älteres, ägyptisches gleichsam überlagert. Vielleicht benutzte der Coiffeur Abschaloms solche Gewichtssteine der älteren Art.

hörten ganze philistäische Einheiten zu seiner Söldnerarmee (2Sam 15,18–22). Dies wird nicht der einzige Austausch zwischen ihm und den Philistern gewesen sein. Zu bedeutsam war ihre Wirtschaftskraft und zu unmittelbar ihr Zugriff auf die Handelsströme entlang der Mittelmeerküste, als dass sich die Kooperation mit ihnen nicht gelohnt hätte.

Ähnliches ist von den Phöniziern zu sagen. Sie beherrschten den Seehandel im östlichen Mittelmeerraum und waren unentbehrlich für die Versorgung der Levante mit wichtigen Rohstoffen wie z. B. Kupfer und Zinn. Umgekehrt waren sie auf ein größeres Hinterland und auf freie Handelswege nach Osten angewiesen. So lag ein Arrangement mit der neuen Regionalmacht Israel-Juda nahe. Nach 2Sam 5,11 fand David beim Ausbau Jerusalems zur königlichen Residenz die Unterstützung eines Königs von Tyrus namens Hiram.[193] Im Libanongebirge wuchs das begehrte Zedernholz, das wegen seiner Festigkeit und Zähigkeit vor allem für Deckenkonstruktionen in größeren Gebäuden und Räumen benötigt wurde. Sicher hat sich Hiram seine Dienste teuer bezahlen lassen.[194] Doch auch unterhalb der staatlichen Ebene lieferten phönizische Händler Importgüter ins Land; in nordisraelitischen Städten taucht immer wieder phönizische Luxuskeramik aus jener Zeit auf.

Eine andere Form der Kooperation pflegte David mit einem Nachbarn im Nordosten. Dort bestanden zu seiner Zeit mehrere Aramäer-Fürstentümer. Aus dem am weitesten südlich gelegenen, bis an den See

---

193 Derselbe Herrscher oder einer gleichen Namens soll später beim Tempelbau Salomos behilflich gewesen sein (1Kön 5).
194 Salomo musste Hiram sogar ganze Landesteile abtreten (1Kön 9,11).

Abb. 18: Phönizischer Krug aus Kinneret, Stratum V
(um 1000 v. Chr.)

Gennesaret heranreichenden, Geschur, nahm er in seiner Hebroner Zeit eine Prinzessin zur Frau, womit er zweifellos das damals noch eigenständige Israel unter Druck setzte.

Von einem weiteren aramäischen Fürstentum wird in der Bibel ausdrücklich berichtet, es habe mit David freundschaftliche Kontakte unterhalten. Ein gewisser To'i, König von Hamat, habe seinen Sohn[195] zu David geschickt, um diesem kostbare Geschenke aus Edelmetall überbringen zu lassen (2Sam 8,9f.). Sollte ein Aramäerherrscher vom Orontes Tribute nach Jerusalem geschickt haben? Die Bibel gibt eine bescheidenere Erklärung: Jener To'i habe im Krieg mit einem anderen Aramäer-König, Hadadeser von Zoba, ge-

---

195 Er trägt nach dem hebräischen Text merkwürdigerweise einen Jhwh-haltigen Namen (Joram); die Septuaginta überliefert den Namen Hied(d)ur(r)an.

legen; dieser aber sei von David besiegt worden, und To'i habe seiner Freude darüber Ausdruck geben wollen. Das Motto dieses Handelns dürfte lauten: Meines Feindes Feind ist mein Freund. Nicht ausgeschlossen auch, dass To'i den »Freundschafts«-Dienst Davids mit jenen »Geschenken« gekauft oder bezahlt hat: eine beliebte Vorgehensweise unter verfeindeten Kleinstaaten.[196]

Mit zwei aramäischen Fürstentümern unterhielt David also – zumindest zeitweise[197] – friedliche Beziehungen. Es waren dies aber Ausnahmen. Gegenüber den allermeisten Nachbarn scheint David auf militärische Konfrontation gesetzt zu haben. Hauptsächlich das annalenartige Kapitel 2Sam 8,[198] aber auch einige Einzelerzählungen berichten von zahlreichen Kriegen zwischen David und einer Reihe von Nachbarn:

---

196 Davids Liaison mit der Fürstentochter von Geschur gehorcht, wie festgestellt, ganz ähnlichen Gesetzen. Ähnlich hat Asa von Juda gegen Israel die Aramäer (1Kön 15,18), hat Jehu von Israel gegen die Aramäer die Assyrer (Galling 1968, 51) und hat Ahas von Juda gegen die Israeliten und Aramäer die Assyrer zu Hilfe gerufen (2Kön 16,7f.); und alle drei haben dafür entsprechend bezahlt.

197 Im Falle Geschurs ist anzunehmen, dass es im Zusammenhang mit der Flucht Abschaloms dorthin zu Kampfhandlungen gekommen ist (2Sam 13,37–39). Damit könnte zusammenhängen, dass Geschur in keinem Text nach dem 10. Jahrhundert mehr auftaucht.

198 Halpern hat eine ungemein gründliche Analyse dieses Kapitels vorgelegt (2001, 133–228) und dabei die These aufgestellt, dass der Text nicht nur historisch zuverlässig, sondern auch literarisch authentisch sei: Es handele sich um die Textvorlage für eine Stele, die David selber habe aufrichten lassen. Bis zum Auffinden dieser Stele wird die Hypothese als allzu gewagt zu gelten haben.

2Sam 8	andere Texte	Gegner Davids[199]
8,1	2Sam 5,17–25	Philister
8,2		Moab
8,3–4.8	2Sam 10,6.16	Aram-Zoba
8,5–7		Aram-Damaskus
	2Sam 10,6	Aram-Maacha
	2Sam 10,16–19	Aramäer »jenseits des Eufrat«
	2Sam 10; 12,26–31	Ammon
8,13.14a		Edom

Die Texte lassen erkennen, dass die meisten der Kriege Davids Angriffskriege waren. Eine Ausnahme sind möglicherweise die Philister, die nach dem Zeugnis vieler Texte ins Bergland drängten und von dort in einer Art Befreiungskrieg vertrieben worden sein mögen. Das ostjordanische Ammon hingegen wird von David unter einem einigermaßen fadenscheinigen Vorwand angegriffen – und selbst dieser scheint noch sekundär in die Darstellung hineingekommen zu sein: vermutlich, um David zu entlasten.[200] Im Grunde geht es – wie bei den allermeisten Kriegen – nur um eines: sich mit Gewalt politische und wirtschaftliche Vorteile zu verschaffen. In aller Deutlichkeit heißt es in 2Sam 12,30 f., David habe sich nach der Eroberung der Hauptstadt Rabbat-Ammon die immens schwere, goldene und edelsteinverzierte Krone des dortigen Königs aufs Haupt gesetzt (es war dies sicher nicht der einzige Wertgegenstand, der den Besitzer wechselte),

---

199 Zur Lage ihrer Siedlungsgebiete siehe Karte S. 156.
200 Hübner (1992, 173 f.) erklärt die drastische Erzählung von der Beleidigung einer davidischen Gesandtschaft durch die Ammoniter (2Sam 10,1–6a) mit guten Gründen für redaktionell.

während er die Bevölkerung des Landes (ganz oder teilweise?) härtester Sklavenarbeit unterwarf. Unter gefangenen Moabitern habe er ein Massaker angerichtet und dann die Bevölkerung zu »Sklaven« gemacht, die »Geschenke trugen«, d. h. ihm Tribute brachten (2Sam 8,2). In Edom sei er, nach einem Feldzug gegen die Aramäer, einmarschiert (ein Grund wird nicht angegeben), habe 18.000 Mann erschlagen, im Land Gouverneure eingesetzt und die Menschen zu »Sklaven« gemacht (2Sam 8,13 f.).

Die Abstufung der Abhängigkeitsverhältnisse der ostjordanischen Kleinstaaten zum Reich Davids ist bemerkenswert: Die Moabiter sind »nur« tributpflichtig, Edom wird durch Vögte verwaltet bzw. ausgebeutet, in Ammon macht sich David selbst zum König, d. h. das Land wird annektiert. Ammon war denn auch nicht nur das vergleichsweise wohlhabendste der drei Fürstentümer, es war auch mit israelitischem Siedlungsgebiet am dichtesten verflochten.[201]

Recht ausführlich wird von Kriegen zwischen David und verschiedenen Aramäer-Staaten berichtet.

Nach 2Sam 10 hat es den Anschein, als habe es nur *eine* kriegerische Auseinandersetzung gegeben: anlässlich der bevorstehenden Eroberung Rabbat-Ammons. Damals seien die Aramäer den Ammonitern zu Hilfe gekommen. Das ist nicht unglaubhaft, konnten doch die Nachbarn im Nordosten kaum tatenlos zusehen, wenn David seinen Einflussbe-

---

201 Verschiedene biblische Nachrichten lassen erkennen, dass die Grenze zwischen Ammon und Israel, speziell dem israelitischen Gilead, nicht leicht zu ziehen war: Dtn 23,4; Ri 10,17 f.; 11,1–40; 1Sam 11; Jer 40,13 f.; 41,10; Ez 25,1–7; Am 1,13–15. Zur unterschiedlichen Behandlung von Moab und Ammon vgl. Karasszon 2016.

reich auf ganz Ostjordanien ausdehnte und damit eine lange gemeinsame Grenze (bzw. Front!) gegenüber aramäischem Gebiet aufbaute. Zutreffend ist auch, dass die Aramäer damals, im frühen 10. Jahrhundert, noch nicht geeinigt waren, sondern mehrere, voneinander unabhängige Fürstentümer gegründet hatten.[202] Diese könnten David durchaus in wechselnden Koalitionen entgegengetreten sein. Doch wird es sich dabei um weit häufigere und bedeutsamere Feldzüge und Schlachten gehandelt haben, als der biblische Bericht zu erkennen gibt. Nach 2Sam 8,3 f. schlug David zuerst den König von Zoba, der über Streitwagen verfügte – eine Waffengattung, die sehr aufwändig war und viel freien Raum benötigte, um ihre Wirksamkeit voll entfalten zu können. David, dessen Königtum im (engräumigen) Bergland seine Wurzeln hatte, konnte mit den erbeuteten Kampfwagen und den dazugehörigen Rossen wenig anfangen; er machte die Wagen (und vielleicht auch die Tiere: durch Zerschneiden der Sehnen der Hinterbeine, vgl. Jos 11,6.9) unbrauchbar: eine fast unerfindbare und historisch sehr plausible Nachricht; schon König Salomo verfügte über eine eigene Streitwagentruppe! Den König von Damaskus, der seinem Kollegen von Zoba zu Hilfe geeilt sein soll, besiegte David gleichfalls (2Sam 8,5). Sicher kamen dabei nicht 22.000 Aramäer ums Leben.

---

202 Das sollte sich bald ändern, indem Aram-Damaskus die Suprematie über die kleineren Fürstentümer weiter südlich gewann und alsbald einen einheitlichen aramäischen Staat aufbaute, der vom Jordan bis an den Euphrat reichte. Vgl. die ungemein reichhaltige Darstellung des Aramäertums bei Lipiński 2000; dort eine breite Schilderung der Territorien und der Geschichte der einzelnen Fürstentümer – wobei Lipiński aber der Vielfalt der biblischen Bezeichnungen etwas skeptisch gegenübersteht.

Es ist fraglich, ob David sich Aram-Damaskus wirklich längerfristig »untertan« machen und dort »Gouverneure« einsetzen konnte (8,6);[203] womöglich verdanken sich solche Mitteilungen der Siegesrhetorik des Kapitels.

Überblickt man all dies, dann zeigt das davidische Reich einschließlich aller Einflussgebiete eine doch nicht unbeträchtliche Ausdehnung. Reichte schon das Kernland »von Dan bis Beerscheba«, so waren zusätzlich die ostjordanischen Kleinstaaten Moab, Ammon und Edom dem Zugriff Davids mehr oder weniger direkt und andauernd ausgesetzt. Im Norden konnte er die Aramäer zumindest in Schach halten; die am weitesten südlich gelegenen Fürstentümer (auf dem Golan und am See Gennesaret) konnte er wohl in seine Abhängigkeit bringen. Angeblich reichte sein Arm bis Damaskus. Die Phönizier blieben völlig unabhängig, die Philister wurden auf ihr Kerngebiet begrenzt.

Der lange Zeit gängige Begriff »Großreich Davids« ist angesichts dessen klar übertrieben. Gemessen an den wirklichen Großreichen der Region – Ägypten, Assyrien, Babylonien, Persien, Rom – war Davids Staat bestenfalls eine Mittelmacht. Allerdings waren größere Mächte damals in der Levante nicht vorhanden, und damit relativieren sich die Maßstäbe. So hat man später, als nicht nur Davids Reich, sondern dessen Nachfolgestaaten unter den Schlägen wirklicher Großmächte untergegangen waren, Träume von ei-

---

203 Es wird hier das gleiche Wort (*niṣṣabîm*) verwendet wie in 1Kön 4,7, wo es um die Provinzeinteilung Nordisraels unter Salomo zwecks Erhebung von Steuern und Fronarbeit geht. Man muss allerdings nicht ausschließen, dass von Damaskus das eine oder andere Mal »Geschenke« nach Jerusalem gelangten, die dort als Tribute gedeutet wurden.

nem Großisrael geträumt, das einst von der Wüste bis zum Libanon, vom Euphrat bis zum Mittelmeer gereicht hatte (Jos 1,4) und das dereinst wieder von Meer zu Meer, vom Euphrat bis zu den Enden der Erde reichen würde (Ps 72,8). Auf subtile Weise führten gerade der Untergang der israelitischen Staaten und die Zerstreuung ihrer Bewohnerschaft über die ganze damalige Welt dazu, dass Israel zu einem Segen werden konnte »für alle Sippen der Erde« (Gen 12,3).

4. Davids Nachfolge

Ein derart diffiziles Staatsgebilde wie das Reich Davids hängt in seinem Bestand ganz an der Person, die es lenkt. David war ein Regent, der äußerst differenziert und doch zielgerichtet zu handeln verstand. Sein Regime beruhte auf einer ausgeklügelten Balance zwischen zentrifugalen und zentripetalen Kräften: Juda versus Israel und beides vereint durch Jerusalem; Kolonien versus Kernland und beide unter königlicher Verwaltung; Kämpfe gegen die Philister versus freundliche Beziehungen zu ihnen, aber beides berechnet auf den höchstmöglichen Nutzen für David; seine Söldner unter Benaja versus die Milizarmee unter Joab, aber beide unter königlichem Oberbefehl; Abjatar versus Zadok, aber beide gebunden an den Jerusalemer Staatskult. Schließlich: nicht *eine* Frau, sondern viele, und jede die Vertreterin einer bestimmten Klientel beim Königshof, doch alle durch Ehe und Kinder gebunden an die Person des Königs.

4.1 Die Söhne und die Erbfolge

In der geschilderten Ausgangslage kündigt sich ein Konflikt an, an dem sich leicht weitere, in dem komplizierten Staatswesen Davids lauernde Konflikte entzünden konnten: Wer von den vielen Söhnen Davids wird sein Nachfolger, welche seiner Frauen wird Königinmutter, welche Klientel gelangt dadurch an die Schalthebel der Macht, und wie kann die unvermeidlich zentrifugale Bewegung der Thronnachfolge durch eine hinreichend starke zentripetale Bewegung aufgewogen werden? Welcher Prinz mit welcher Klientel besitzt die Klugheit und die Kraft, alle anderen, in verschiedene Richtungen wirkenden Kräfte weiterhin auf das Königshaus und die Residenz hin zu bündeln?

Ganz außer Frage scheint gestanden zu haben, dass Davids Königtum als erblich zu betrachten sei. Es gibt keinerlei Anzeichen dafür, dass man in Israel und Juda andere Modelle – etwa eines Wahlkönigtums oder einer Aufteilung des Reiches in zwei oder mehr autonome Zonen – erwogen hätte. Das altorientalische Grundmodell der Thronfolge sollte auch in Israel und Juda Anwendung finden: Der König regiert so lang wie irgend möglich, grundsätzlich lebenslang;[204] nach seinem Tod übernimmt sein ältester Sohn die Herrschaft.[205] Schon bei Saul ist unverkennbar Jonatan, der

---

204 In einer Bemerkung wie 1Kön 15,23, wonach Asa im Alter »an den Füßen krank« gewesen sei (vermutlich ein Euphemismus für eine Geschlechtskrankheit), deutet sich eine Koregentschaft noch zu Lebzeiten des nicht mehr voll aktionsfähigen Königs an.

205 Die Erbfolge ging in Israel grundsätzlich an den ältesten Sohn. Diesem stand der väterliche Segen (deswegen die wortreiche Erklärung bei Abweichungen: Gen 27; 48) und der doppelte Erbanteil zu (Dtn 21,15–17).

Erstgeborene, als Thronfolger im Blick.[206] Nachdem Jonatan gefallen ist, tritt der jüngere Eschbaal an seine Stelle.[207]

Von David besitzen wir Listen von siebzehn Söhnen, die ihm seine verschiedenen Frauen geboren haben (2Sam 3,2–5; 5,13–16). Es sind dies: 1. Amnon, 2. Kilab, 3. Abschalom, 4. Adonija, 5. Schefatja, 6. Jitream, 7. Schammua, 8. Schobab, 9. Natan, 10. Salomo, 11. Jibhar, 12. Elischua, 13. Nefeg, 14. Jafia, 15. Elischama, 16. Eljada, 17. Elifelet. Wir wissen aus der biblischen Überlieferung, dass schließlich der Zehnte aus dieser Reihe erben wird. Das ist erstaunlich, und auch die biblischen Tradenten fanden es außergewöhnlich. Darum berichten sie ausführlich darüber, dass und wie der Erste, der Dritte und der Vierte durch vorzeitigen Tod aus der Erbfolge ausschieden; den Zweiten sowie die Nummern 5 bis 9 (und auch 11 bis 17) übergehen sie. Ihnen genügt zu erklären, warum nicht die zuerst Berechtigten den Thron errangen, sondern Salomo.

Der Fokus der biblischen Erzähler richtet sich, was das Ausscheiden Amnons, Abschaloms und Adonijas betrifft, auf das persönliche Tun und Ergehen dieser Prinzen. Dabei kommt zum Vorschein, dass jedem von ihnen – jedenfalls aus der Sicht der Erzähler – bestimmte Mängel anhaften, welche ihre Eignung für die Thronfolge fraglich machen. Man muss sich indes vergegenwärtigen, dass außer den persönlichen Fähigkeiten des jeweiligen Thronprätendenten (und selbstverständlich seinem Platz in der Reihe der Da-

---

206 Vgl. 1Sam 14,49; 20,31.
207 2Sam 2,8f. Wäre Eschbaal identisch mit dem in 1Sam 14,49 genannten Jischwi, wäre er der Zweite, sonst eben ein später Geborener gewesen.

vidsöhne) noch andere, politisch-strukturelle Faktoren eine Rolle spielen: Auf welche Hausmacht kann sich jeder von ihnen stützen? Welche Position nimmt er mit seiner Klientel in dem komplizierten davidischen Reichsgefüge ein? Auf welche Verbündeten zählt, welche zentrifugalen Tendenzen nutzt, welche zentripetalen Kräfte weckt er?

Wenn David, wie vermutet, seine Gemahlinnen auch unter (regional-)politischen Gesichtspunkten auswählte, dann dürfte sich vom Namen und der Herkunft der Mütter der jeweiligen Prinzen einiges über deren vermutliche Klientel ablesen lassen. Auch wenn es vielleicht kein regelrechtes »Amt« der Königinmutter gegeben hat,[208] schildert die Bibel doch mehrere Frauen, die in dieser Position eine erhebliche politische Wirkung erzielt haben.[209] Doch unabhängig davon (oder: in Verbindung damit) müssen alle verdeckten oder offenen Anspielungen auf Parteiungen und Gruppierungen interessieren, welche darauf schließen lassen, dass hinter dem persönlichen Ringen der verschiedenen Prinzen auch ein politisches Ringen um die Zukunft des davidischen Reiches stattfand; denn wie gesagt: Die Thronfolgefrage vermochte sehr wohl zum Katalysator zu werden, an dem sich die immensen, dem komplizierten Reichsgebilde Davids innewohnenden Spannungen und Widersprüche verstärkten und entluden.

---

208 So Donner 1959.
209 Vgl. 1Kön 1f.: Batscheba, die Enkelin des königlichen Ratgebers Ahitofel (vgl. 2Sam 11,3; 23,34) und Mutter des Königs Salomo; 1Kön 15,13: Maacha, die Tochter Abschaloms und Mutter des Königs Asa; 1Kön 17f.; 21; 2Kön 9f.: Isebel, die Tochter Etbaals von Sidon und Mutter des Königs Ahasja.

4.2 Das Ausscheiden Amnons und Abschaloms

Wir versetzen uns in die Zeit, in der Davids Herrschaft über Juda und Israel, über Jerusalem und Kanaan, wohl auch über diese oder jene ostjordanische Kolonie etabliert war und die meisten der erwähnten siebzehn Söhne nicht nur auf der Welt, sondern schon einigermaßen herangewachsen waren. Ganz jung war David jetzt nicht mehr, zumindest ein Mann in mittleren, vermutlich schon in fortgeschrittenen Jahren. Auch wenn die Lebenserwartung damals viel niedriger war als heute,[210] hatte – offiziell – niemand über Davids Nachfolge nachzudenken, solange er bei Kräften und am Leben war. Gleichwohl kann man die Reihe der Davidsöhne gar nicht anders als auch unter diesem Gesichtspunkt betrachtet haben.

Der Erstgeborene, Amnon, hatte Ahinoam zur Mutter, die aus dem judäischen Dorf Jesreel stammte. Es ist davon auszugehen, dass hinter diesem Prinzen und seiner Mutter das ländliche Juda stand. Das war eine erhebliche Hausmacht, weniger aus materiellen als vielmehr aus ideellen Gründen: Der Reichsgründer stammte von dort, dort lag ein wesentliches Fundament seiner Karriere. Seine erste Söldnertruppe hatte er dort rekrutiert, dort war er, nach der Episode im Philisterland, zuerst König geworden. Seine erste Residenz war der Zentralort Judas, Hebron, seine zweite, Jerusalem, lag unmittelbar an der Nordgrenze Judas. David war und blieb Judäer – aber er war eben

---

210 Das Ideal lag bei 70, allerhöchstens 80 Jahren, vgl. Ps 90,10. Die allgemeine, durchschnittliche Lebenserwartung von Männern bewegte sich bei 30 Jahren. Könige wurden im Schnitt älter, da sie ein vergleichsweise privilegiertes Leben führten – und natürlich auch von der enorm hohen Säuglingssterblichkeitsrate nicht mehr betroffen waren.

mittlerweile nicht mehr *nur* das. Er war gewissermaßen über Juda hinaus aufgestiegen zum Herrn einer Doppelmonarchie. Seine Hauptstadt lag auf der Grenze zwischen den Territorien Judas und Israels. Israel war um ein Mehrfaches größer und gewichtiger als Juda, von den Ebenen Kanaans und den Kolonien in Transjordanien ganz zu schweigen. Der (stillen) »Kandidatur« Amnons dürfte somit der Geruch des Überholten, Altväterischen, Provinziellen angehaftet haben.

Nirgendwo verlautet etwas von persönlichen Vorzügen Amnons oder auch seiner Mutter. Sie war die Erste, er der Älteste – mehr nicht. Die einzige ausführlichere Erzählung, die von ihm handelt (2Sam 13,1–22), rückt ihn in ein ausgesprochen schlechtes Licht. Am Anfang steht etwas an sich nichts Böses, aber eben nicht leicht zu Beherrschendes: Verliebtheit. Amnon verliebt sich Hals über Kopf in eine Halbschwester, die schöne und junge bzw. jungfräuliche Tamar. Wie sie, so wird auch ihr Vollbruder, Abschalom, als ausnehmend schön geschildert (2Sam 14,25). Schon dies markiert einen Klassenunterschied zu Amnon, der nichts weiter ist als etwas älter und sehr verliebt. Da er die Erfüllung seiner Liebe für unmöglich hält, wird er krank: sicher kein Signal für Selbstbewusstsein, Einfallsreichtum und Tatkraft. Ein »Freund«, der ausdrücklich »weise« genannt wird (was Amnon also nicht ist!), hilft dem ratlosen Prinzen weiter. Er verrät ihm eine List, mit der er das Objekt seiner Begierde in sein Haus locken kann. Amnon vergewaltigt Tamar, brutal und ohne auf ihre klugen und flehenden Worte zu achten, und wirft sie anschließend auf die Straße. Sie wird wahnsinnig, Abschalom sinnt auf Rache (und die Beseitigung des Rivalen).

Ob diese Erzählung gänzlich der historischen Realität entspricht, lässt sich nicht mehr prüfen. Jedenfalls die Schilderung dessen, was im Schlafzimmer des Prinzen gesagt wurde und geschah, verdankt sich erzählerischer Fiktion. Doch auch dann noch bleibt die Geringschätzung des Erzählers für diesen »geborenen« Thronfolger Davids. Zumindest waren ihm Gerüchte über die Vorgänge im Königshaus bekannt geworden; und die »zerstörte« Tamar (2Sam 13,20), wiewohl von ihrem Bruder gleichsam unter Verschluss genommen, ließ sich kaum völlig verstecken.

Ganz gewiss historisch ist ein Ereignis, das der Erzähler mit der Vergewaltigung Tamars in ursächliche Verbindung bringt: die Ermordung Amnons (2Sam 13,23–39). Es wird auch kein Zweifel daran sein, dass Abschalom für diese Tat verantwortlich war – obwohl er sie nicht selbst verübte, sondern Untergebene damit beauftragte. Schon das spricht für eine gewisse Raffinesse des Brudermörders: sich nicht selbst die Hände zu beschmutzen. Raffiniert war auch, dass er auf die Schändung seiner Schwester zunächst nicht erkennbar reagierte und (scheinbar) Gras über die Sache wachsen ließ. Nachdem zwei Jahre ins Land gegangen waren, konnte er David dazu bringen, mit allen anderen Prinzen zusammen auch Amnon zu einem von ihm veranstalteten Schafschur-Fest zu schicken – und damit gewissermaßen ans Messer zu liefern.[211] Der König musste am Ende froh sein, dass »nur« sein Erstgeborener den Tod gefunden hatte. Abschalom allerdings zog es vor, ins Exil zu gehen.

Abschalom war – auch dies gleichsam gegensätzlich zu seinem Rivalen Amnon – der Spross einer keineswegs provinziellen, sondern geradezu exoti-

---

211 Anzunehmen, David hätte gewusst oder auch nur geahnt, was passieren würde, wäre reine Unterstellung.

schen Liaison Davids mit einer gewissen Maacha, Tochter des Königs Talmai von Aram-Geschur. David war diese Ehe noch in seiner Hebroner Zeit eingegangen: wohl um das zwischen Juda und Geschur liegende Israel Sauls in die Zange zu nehmen.[212] Nach dem Mord an Amnon zog sich Abschalom naheliegenderweise nach Geschur zurück und wartete dort die Entwicklung ab (2Sam 13,39). Dies ergab eine durchaus delikate Situation: Der derzeit erstrangige Aspirant auf Davids Thron weilte im Ausland.[213] Blieben seine Thronansprüche, wenn David etwa ablebte, nicht intakt? Würde das Doppelreich Juda-Israel dann kampflos an die Aramäer fallen, die man zuvor in schweren Kämpfen nach Norden abgedrängt hatte?[214] Einiges spricht dafür, dass David im Gefolge der Mordtat und der Flucht Abschaloms dessen Zufluchtsstätte militärisch angegriffen hat, um der angedeuteten Entwicklung vorzubeugen.[215] Möglich ist aber auch, dass er statt des gewaltsamen einen politischen Weg beschritten hat, um die Lage zu entschärfen: Er holte Abschalom zurück nach Jerusalem. Angeblich hat ihn dazu der Heerführer Joab bewogen (2Sam 14,1–24). Diese Darstellung mag der Verwunderung prodavidischer Geschichtsschreiber darüber entspringen, dass der Vater nicht misstrauischer war gegen den ungestümen Sohn; so war es besser, dass Joab kurzsichtig erschien, nicht David. Vermutlich war

---

212 Siehe II.3.3.
213 Wohl möglich, dass auch seine Mutter Maacha sich dort aufhielt; denn in Jerusalem dürfte ihr der Boden zu heiß geworden sein.
214 Vgl. 2Sam 8,3–8; 10 und II.3.3.
215 Die Formulierung von 2Sam 13,39; 14,1 lässt eine solche Annahme zu; ich habe mich zu diesem Thema ausführlich in einer Spezialstudie geäußert: Dietrich 2012 (BWANT 201), 207–226.

dieser auch in diesem Fall nichts anderes als ungezählte Male zuvor: mehr pragmatisch als prinzipien-
treu.

Abschalom gelang es mit ziemlich rüden Methoden
schon recht bald, den ihm auferlegten Hausarrest zu
durchbrechen (wobei ihm angeblich wieder Joab als
Mittler diente: 2Sam 14,28–33). Kaum voll rehabi-
litiert, begann er sich auf die Übernahme der Macht
vorzubereiten. Wie zuvor schon immer wieder, so war
ihm auch jetzt jedes Mittel recht. Einerseits umgab er
sich mit unübersehbaren und ausdrucksstarken
Machtinsignien: Er legte sich einen bespannten Streitwagen zu – eine moderne und höchst wirksame Waffengattung, derer sich sein Vater David noch nicht
bedienen mochte[216] – und stellte sich eine 50 Mann
starke Leibwache zusammen, die ihm ständig voraus-
zueilen hatte (2Sam 15,1); deutlicher konnte er kaum
signalisieren, dass er der kommende starke Mann im
Staate war. Andererseits spann er ein Netz von Intrigen und Beziehungen: Er stellte sich, so der Bericht,
am Aufgang zum Stadttor auf, fing Leute ab, die einen
Rechtsstreit vor den König bringen wollten, fragte sie,
aus welcher Stadt sie kämen, und wenn einer sagte, er
komme von einem der israelitischen Stämme, versi-
cherte Abschalom ihm: »Schau, deine Sache ist gut
und in Ordnung, aber du findest kein Gehör beim König«. Und weiter: »Wenn man mich bloß zum Richter
einsetzte im Land und jedermann, der ein Rechtspro-
blem hat, zu mir käme – ihm widerführe Recht und
Gerechtigkeit«. Und wenn die Leute dann dankbar
vor ihm niederfielen, gab er sich ungemein leutselig
und küsste sie. »So stahl Abschalom das Herz der
Männer Israels« (2Sam 15,2–6).

---

216   Vgl. 2Sam 8,4.

Der Bericht ist ungemein aufschlussreich. Normale Rechtsstreitigkeiten wurden damals »im Tor«, d. h. vor dem jeweiligen Ortstribunal, abgehandelt;[217] erst im 7. Jahrhundert wurde ein reguläres königliches Obergericht installiert (Dtn 17,8–13). In der älteren Zeit brachte man vor den König nur Rechtsfälle, in denen es um Leib und Leben[218] ging – oder solche, in die der Königshof selbst bzw. königliche Beamte involviert waren.[219] Denn natürlich ließ sich der Hof nicht vor dem Ortsgericht verklagen, man musste schon in die Residenz gehen und dort versuchen, sein Recht zu erhalten. Streitgegenstände mögen allerlei Folgewirkungen der neu gewonnenen Staatlichkeit gewesen sein: die Art und Höhe zu entrichtender Abgaben, die Aushebung zu Frondiensten, die Rekrutierung zum Kriegsdienst, die Belehnung von Militärs und Würdenträgern mit Grund und Boden, Übergriffe einzelner Staatsdiener gegen Untertanen.

Bemerkenswert ist nun, dass dem Bericht zufolge Abschalom sich nicht um alle möglichen Menschen bemüht und ihr »Herz gestohlen« hat, sondern dass er eine ganz bestimmte Gruppe im Visier hatte. Mehrfach und betont ist von Leuten aus »Israel« die Rede, einmal sehr prägnant von solchen aus den »Stämmen Israels« (2Sam 15,2). Demnach hatte es Abschalom auf die Bewohner des mittelpalästinischen Berglandes abgesehen – just des Gebiets, über das Saul und Eschbaal geherrscht hatten. Dort war die Herrschaft Da-

---

217 Beispiele für den Ablauf solcher Verfahren finden sich etwa in 1Kön 21,11–13 und in Rut 4.

218 Zum Beispiel 2Sam 14,4–8; 1Kön 3,16–28; 2Kön 8,1–6.

219 Der deutlichste Beleg dafür ist eben 2Sam 15,2–6. Abgewandelte Beispiele kann man in Ri 3,15–19; 1Kön 12,1–20; 21,17–20; 2Kön 9,22–26 sehen. Der König als Richter, nicht aber mehr die Rechtssache kommt in Spr 16,10; 20,8; 29,26 in den Blick.

vids offenbar am wenigsten fest verankert. Mit der dortigen Bevölkerung hatte David einen Vertrag abgeschlossen (2Sam 5,3). Möglicherweise gehörten gerade die Dinge, die jetzt zu Rechtsstreitigkeiten mit dem Königshof führten, zu den Vertragsgegenständen; dann hätte Abschalom versucht, David als vertragsbrüchig hinzustellen. Als dieser sich dann vor dem anrückenden Abschalom aus der Hauptstadt absetzen musste, bekam er zu hören, dass man ihm in Israel die Schuld am Tod so vieler Sauliden gab (2Sam 16,5–14) und sich durchaus noch Hoffnungen auf eine Wiederherstellung des saulidischen Königtums machte (2Sam 16,1–4). So konnte Abschalom also darauf rechnen, dass seine Destabilisierungsversuche in Nordisrael auf besonders fruchtbaren Boden fallen würden.[220]

Doch damit nicht genug. Die Saat des Aufruhrs gedieh nicht nur im israelitischen Norden, sondern auch im judäischen Süden der Doppelmonarchie. Mit einem ausgeprägten Sinn einerseits für Symbolik, andererseits für politische Pragmatik wählte Abschalom als Ausgangspunkt der offenen Revolte genau den Ort, an dem die Grundlage zum Doppelkönigtum Davids gelegt worden war: Hebron. Unter dem Vorwand eines Festes und mit ausdrücklicher Zustimmung seines Vaters, so die Bibel, habe sich Abschalom mit einem großen Gefolge an diesen symbolträchtigen Ort begeben und sich dort zum König ausrufen lassen: »Abschalom ist König geworden in Hebron« (2Sam 15,10).[221]

---

220 Auch wenn die betreffenden Textpartien nicht zeitgenössisch, sondern aus der Retrospektive verfasst sein sollten, verraten sie doch ein lang anhaltendes Bewusstsein tiefen Misstrauens in Israel gegenüber der Davidherrschaft.

221 Rofé 2000 nimmt die Hintergründe des Abschalom-Aufstandes

Unwillkürlich fragt man sich: Wie konnte das alles sozusagen unter den Augen des Königs geschehen? War David blind für seinen Sohn und mutmaßlichen Thronfolger? War seine Herrschaft viel weniger fest verankert und beliebt, als man meinen sollte? Die Texte äußern sich dazu nicht. Sie halten nur ausdrücklich fest, dass Abschalom vier Jahre lang[222] intrigierte (2Sam 15,7), ehe er zum entscheidenden Schlag ausholte. Das weist auf Geduld und Zähigkeit hin. Genau so hatte sich Abschalom nach Amnons Untat an Tamar verhalten. Offenbar war er skrupellos und durchsetzungswillig, aber kein cholerischer, unbedacht losschlagender Heißsporn, sondern handelte kühl berechnend und nach sorgfältiger Vorbereitung.

Gegen die Gewalt des dann losbrechenden Aufstands hatte David kein anderes Mittel als das des taktischen Rückzugs aus der Hauptstadt (2Sam 15,14–16) – wobei er aber geistesgegenwärtig und gewitzt genug war, dort eine fünfte Kolonne zu installieren, bestehend aus der Ladepriesterschaft und einem angesehenen Ratgeber (2Sam 15,24–37). Mit David gingen sein Hofstaat und seine Berufstruppen, darunter eine 600 Mann starke Einheit von Soldaten aus Gat, also Philister, unter Führung eines gewissen Ittai (2Sam

---

als Beispiel für die (relative) Verlässlichkeit der biblischen Nachrichten über die Davidszeit. Das davidische Staatswesen habe sich nach verschiedenen, verstreuten Informationen nicht so sehr auf tribale Strukturen gestützt als vielmehr auf Fremde, denen in Armee und Verwaltung wichtige Führungspositionen zufielen. Von da her sei es durchaus plausibel, dass Abschaloms Rebellion bei den Nordstämmen wie bei den Judäern Unterstützung fand.

222 So die meisten älteren Versionen. Der hebräische Text nennt »vierzig Jahre« und meint damit vielleicht das Alter Abschaloms beim Ausbruch des Aufstands.

15,17–22). Die Situation ist bemerkenswert: Der König hat auf seiner Seite nur mehr seine Söldner, überwiegend Ausländer, während das Volk einem Gegenkönig anhängt. Am Ende wird David siegen – über seine Untertanen!

Angeblich vermochten Davids Gewährsleute Abschalom zu einem katastrophalen Fehler zu verleiten: Statt den flüchtenden König mit seinen Truppen sofort zu verfolgen und zu vernichten, sollte zunächst die gesamte Milizarmee aufgeboten werden (2Sam 17,1–23): wiederum Zeichen eines behutsamen, aber auch eines quasi-demokratischen Denk- und Führungsstils. David konsolidierte sich derweil im ostjordanischen Gilead, nicht zuletzt dank der Unterstützung der lokalen Führungsschicht (2Sam 17,24–29). Dann scheinen seine Leute den anrückenden Volkssturm Israels im mittelpalästinischen Bergland erwartet und attackiert zu haben und alsbald auch Abschaloms habhaft geworden zu sein. Die Szene von dem mit dem Hals in einer Astgabel baumelnden und von Joab erbarmungslos liquidierten Prinzen ist unübertrefflich eindrucksvoll (2Sam 18,8–18). David indes hatte angeblich kaum eine andere Sorge, als seinen Sohn zu schützen und zu schonen (18,1–7), so dass dann keiner wusste, wie man ihm die brutale Realität beibringen sollte (18,19–32), und er, als er sie doch erfuhr, schier zusammenbrach (2Sam 19,1–9). Ob es genau so war, bleibe dahingestellt; Väter allerdings, die gegenüber ihren rebellischen Söhnen zwiespältige Gefühle hegen, hat es öfter gegeben.

Der Bibel zufolge entspann sich nach dem traurigen Sieg ein seltsames Dreiecksverhältnis zwischen David, Juda und Israel (2Sam 19,10–16.41–44). Die Israeliten, so hören wir, hätten sich prompt dem Sieger zugewandt (offerierten sie die Erneuerung des faktisch aufgekündigten Königsvertrags?); daraufhin habe David »seine« Judäer ermahnt, sich von Israel nicht ausstechen zu lassen, und sei tatsächlich von diesen »heimgeholt« (d. h. vermutlich: ins Königsamt reinstalliert) worden. Dabei scheint geholfen zu haben, dass dem Heerführer Abschaloms, Amasa – einem Judäer und sogar Familienmitglied Davids – anstelle Joabs der Posten des Armeechefs angeboten wurde. Doch einen Joab bootet man nicht so leicht aus. Denn als die Israeliten sich verschmäht fühlten (hatte David den Vorschlag einer Vertragserneuerung zurückgewiesen und stattdessen die bedingungslose Unterwerfung gefordert?), da ließen sie sich von einem gewissen Scheba ben Bichri, bezeichnenderweise einem Benjaminiten[223], zur Sezession vom Reich Davids bewegen. Zur Unterwerfung der erneuten Rebellion war David auf Joab angewiesen, und dieser tötete zuerst seinen Konkurrenten Amasa und dann den Führer des Aufstandes, Scheba[224] (2Sam 20,1–22).

Auf diese dramatischen Erzählungen folgt, durchaus sachgemäß, eine neuerliche Kabinettsliste (2Sam 20,23–26), die anzeigt, dass David wieder fest im Sattel saß und mit großenteils der alten Führungselite[225] die Regierungsgeschäfte weiterhin wahrnahm. Wie lange diese letzte Phase in der Herrschaft Davids andauert, wird nicht deutlich. Der nächste große Erzählzusammenhang, 1Kön 1–2,[226] handelt

---

223 Dass Scheba geradezu ein Saulide gewesen wäre, wird freilich nicht gesagt.

224 Es verdient übrigens Beachtung, dass Joab dabei ungehindert bis hinauf nach Obergaliläa agieren konnte. Offenbar gab es keinerlei Widerstände etwa bei den kanaanitischen Städten oder den südaramäischen Stämmen.

225 Vgl. 2Sam 8,16–18 und dazu B.II.3.2.

226 Die dazwischen liegenden Kapitel 2Sam 21–24 sind ein Nachtrag, der erkennbar von Ereignissen aus früheren Lebensphasen Davids berichtet. Lediglich die Gesänge 2Sam 22 und

vom Ringen zwischen Adonija, dem Nächstältesten nach Abschalom, und dem viel jüngeren Salomo.

4.3 Das Ringen zwischen Adonija und Salomo und Davids Ableben

Monarchen werden nicht abgewählt und treten nicht zurück, sondern regieren bis an ihr Lebensende, um erst nach ihrem Tod einen Nachfolger zu finden. Bei David war es anscheinend nicht ganz so. Darf man dem biblischen Bericht trauen, dann war er noch am Leben und auch durchaus noch bei Sinnen, als Salomo bereits seinen Thron einnahm. Handelt es sich um einen nur ungewöhnlichen oder um einen irregulären Vorgang?

Ungewöhnlich genug schildert die Bibel David kurz vor dem Machtwechsel als einen alten, vor Kälte schlotternden und selbst durch schönste Frauen nicht mehr zu erwärmenden Mann (1Kön 1,1–4). Wir sollen begreifen: Der Monarch ist vollkommen kraftlos geworden, seine Lebenszeit neigt sich definitiv dem Ende zu. Es gibt analoge Fälle, in denen die Regierungs- oder Amtsgeschäfte von politisch bestimmenden Persönlichkeiten aus der Umgebung des Regenten stellvertretend ausgeübt werden. Möglicherweise war dies die Intention Adonijas, als er sich demonstrativ als Kronprinz und angehender Nachfolger Davids gebärdete. Die Erzählung malt ihn allerdings so unverkennbar mit den Farben Abschaloms – wie er habe er sich Streitwagen und eine fünfzig Mann starke Leibwache zugelegt,[227] wie er sei er von auffälliger

---

23,1–7 scheinen vom alten David stammen zu sollen, was aber natürlich nicht zutrifft (siehe B.I.2.3.).

227 Vgl. 1Kön 1,5 mit 2Sam 15,1.

Schönheit gewesen[228] –, dass man den Eindruck hat, hier solle ein Rebell in den Fußstapfen des anderen gezeigt werden. Und wieder schreitet, wie ausdrücklich vermerkt wird, David nicht ein (1Kön 1,6); ist er nun schon zu alt – oder wieder blind, oder leiten ihn gar sinistre Absichten?

Adonija wird in seinem Streben nach dem Thron von mächtigen, einflussreichen Männern unterstützt – er hat freilich auch Gegner. Diese werden sich später um seinen Gegenspieler Salomo gruppieren. Es lohnt sich, die beiden Parteiungen, wie sie uns in 1Kön 1,5–10 vor Augen treten, näher in den Blick zu nehmen:

Parteigänger Adonijas	Parteigänger Salomos
Joab (Heerführer, Chef der Milizarmee[229])	Benaja (Kommandeur der Berufstruppen)
Abjatar (nordisraelitischer Landpriester[230])	Zadok (Jerusalemer Priester)
	Natan (Jerusalemer Hofprophet[231])
die Königssöhne	David und Batscheba
die judäischen Königsbeamten	»die Helden« (Davids Elitetruppe)
(Schimi)	Schimi (wichtiger Militär?[232])

---

228 Vgl. 1Kön 1,6 mit 2Sam 14,25.
229 Joab war im Kriegsfall zumeist der Oberbefehlshaber: über Miliz- wie über Berufstruppen. Die letzteren aber hatten einen eigenen Kommandeur, die von Fall zu Fall aufgebotenen Milizionäre hingegen nicht. Die Letzteren werden direkt Joab unterstanden haben, wozu passt, dass er es ist, der nach 2Sam 24,1–10 den Zensus im Bereich der gesamten Doppelmonarchie durchführt.
230 Vgl. 1Sam 22,20–23.
231 2Sam 7,11–16; 12,1–15.25.
232 Schimi wird in 1Kön 1,8 als Verbündeter und in 1Kön 2,36–46 als Opfer Salomos vorgestellt. Wahrscheinlich hat er zwischendurch die Seite gewechselt (vgl. sein Fehlen in der Liste der

Wenn nicht alles täuscht, stützt sich Adonija – ganz ähnlich wie früher Abschalom – eher auf traditionelle Kräfte, die seit Davids Frühzeit Einfluss am Königshof haben: ländliche Kreise aus Juda, wohl auch aus Israel, dazu die alte Machtelite am Königshof. Salomo hingegen setzt auf eine »modernere«, eher urbane Elite, die in Davids Jerusalemer Zeit in zentrale Positionen gelangt war – und vor allem auf die rasch verfügbaren Truppen in der Hauptstadt.

Entsprechend verläuft dann der Machwechsel. Alle wichtigen Entscheidungen fallen in der Hauptstadt, der biblischen Darstellung zufolge sogar im tiefen Inneren des Königspalastes. Wir erfahren darüber spannendere und anschaulichere Details, als sie uns ein nüchterner Chronist übermitteln könnte: In Davids Krankenzimmer sei es zu ebenso geheimen wie bedeutsamen Besprechungen gekommen; Natan und Batscheba hätten den alten Monarchen dazu gebracht, sich daran zu erinnern, dass er einst (angeblich) Salomo die Thronfolge versprochen habe; schließlich habe der König Anweisung zu raschem Handeln gegeben: Salomo solle sich unter dem Schutz der Leibwache zur Gihon-Quelle begeben, wo ihn Zadok und Natan zum König salben sollten. Und so geschah es (1Kön 1,11–40).

Salomo also schon zu Lebzeiten Davids auf dem Thron – die biblische Beschreibung breitet über den Vorgang einen gewissen Schleier von Heimlichkeit.

Salomo-Verbündeten 1Kön 1,10). Dass dieser Schimi der gleiche wäre wie der von 2Sam 16,5–13 und 19,17–24, ist trotz der in 1Kön 2,8f.44 vorgenommenen Gleichsetzung wenig wahrscheinlich. (Eine andere Möglichkeit wäre, dass der Rückbezug von 1Kön 2 auf 2Sam 16 und 19 korrekt, dass aber der Schimi von 1Kön 1 ein anderer ist.)

Nicht ausgeschlossen, dass es sich um eine regelrechte Thronusurpation handelte, die von den Erzählern in ein etwas begütigendes Licht getaucht wird.[233] Immerhin ist auffällig, dass die Residenz sich über Salomos Krönung »freute« (1Kön 1,45), während von einer freudigen Reaktion in Juda und Israel nichts verlautet. War David einst von den »Männern Judas« und den »Ältesten Israels« zum König gesalbt worden,[234] so empfing Salomo die Salbung von einem Priester und einem Propheten, beide beheimatet in Jerusalem. War Davids Königtum verankert im Land Juda (und halbwegs auch im Land Israel) und war die Wahl Jerusalems zur Hauptstadt ein Akt des Ausgleichs zwischen den beiden Reichsteilen, so war Salomo in erster Linie Jerusalemer König, der in Juda und Israel über ein weites Hinterland verfügte. War der eine Held des Volkes, so der andere Prätendent einer schmalen städtischen und höfischen Elite.

An Entschlossenheit und Rücksichtslosigkeit stand der Sohn dem Vater nicht nach. Angeblich auf dessen ausdrückliche Aufforderung hin (1Kön 2,5–9), in Wahrheit wohl aus eigenem Kalkül räumte er unter der Gegenpartei auf: Nicht nur Adonija, auch Joab und Schimi verloren aus teils fadenscheinig wirkenden Gründen ihr Leben, Abjatar seine Stellung bei Hofe (1Kön 2,13–46). Den anderen Königssöhnen – darunter immerhin fünf, die älter waren als Salomo – sowie der übrigen Elite des Landes wird kaum etwas anderes geblieben sein, als sich dem Verdikt aus Jerusalem zu beugen.

---

233 Zur näheren Analyse und zur Wahrscheinlichkeit eines stufenweisen Wachstums von 1Kön 1f. vgl. Veijola 1975, 16ff., und Dietrich 2002, 32ff.
234 2Sam 2,4; 5,3.

Salomo war indes seinem Vater auch in anderer Hinsicht ebenbürtig. Er war der Einzige und Letzte auf Davids Thron, dem es gelang, die Königtümer Juda und Israel zusammenzuhalten. Anscheinend musste er dabei weniger Kräfte auf den Erhalt der Macht und des Reiches konzentrieren und konnte sie vielmehr in den Ausbau von Verwaltung und Infrastruktur investieren. Gleichwohl blieb die Doppelmonarchie auch in den Händen Salomos ein fragiles Gebilde,[235] das sogleich nach seinem Tod auseinanderbrach. Die Bruchstelle war die seit jeher gefährdete Naht zwischen Juda und Israel, und es scheint, dass Salomo die Spannung noch mehr als sein Vater durch die Bevorzugung des Südens und die Ausbeutung des Nordens verschärft hat.

Auch wenn der Norden sich vom Süden löste, blieben in Jerusalem und Juda vom Anfang bis zum Ende der staatlichen Zeit, d. h. rund dreieinhalb Jahrhunderte lang, immer nur Daviden an der Macht. Eine vergleichbar stabile Dynastie sucht im Orient, ja in der Weltgeschichte ihresgleichen. Es ist, als habe der große Schatten Davids nie etwas anderes zugelassen als einen seiner Nachkommen auf seinem Thron. Es gab darunter bedeutsame und leichtgewichtige, erfolgreiche und unglückliche, beachtliche und weniger hoch zu achtende Persönlichkeiten. Sie alle mussten sich messen lassen an der Person des Dynastiegründers, wie sie in der biblischen Überlieferung fast übermenschliche und doch auch wieder ganz menschliche Gestalt angenommen hat.

---

235 In 1Kön 11 ist von verschiedenen Gegnern Salomos im Äußeren und im Inneren die Rede. Nicht nur von David unterworfene Nachbarvölker, sondern auch die nordisraelitischen Stämme scheinen, wie schon zu Davids Zeiten, gegen den Jerusalemer Herrschaftsanspruch aufbegehrt zu haben.

Der biblische David wurde unsterblich. Der David des 10. Jahrhunderts war durchaus ein sterblicher Mensch. Die Bibel macht das überaus deutlich. In ungewöhnlicher Drastik schildert sie sein Altwerden: Er vermochte am Ende nicht mehr warm zu werden – nicht einmal in den Armen des schönsten Mädchens Israels (1Kön 1,1–4). Schließlich fühlte er selber »die Zeit des Sterbens nahen« (1Kön 2,1) und erteilte seinem Sohn und Nachfolger letzte Anweisungen (1Kön 2,2–9). Dann starb er, oder, wie es in schöner hebräischer Bildsprache heißt: Er »legte sich zu seinen Vätern« (1Kön 2,10). Diese hatten in Betlehem gelebt und sind dort gewiss auch bestattet worden: wohl kaum in einer repräsentativen Grabanlage, sondern durch schlichte Erdbestattung. Bei David war das anders: »Er wurde begraben in der Stadt Davids« (1Kön 2,10). Offenbar war dort für ihn eine Gruft eingerichtet worden, in der nach zuverlässiger Mitteilung des deuteronomistischen Geschichtswerks sämtliche judäischen Könige nach ihm bis König Hiskija (725–696) beigesetzt wurden.

Weil in Lk 2,4 Betlehem als die »Stadt Davids« bezeichnet wird, vermutete man in der Christenheit lange Zeit dort auch das Grab Davids und seiner Nachfahren. Als aber klar wurde, dass mit dem Ausdruck im Alten Testament doch wohl Jerusalem (oder ein bestimmter Teil der Stadt) gemeint sein müsse, suchte man die Königsgruft in dem Viertel, das seinerzeit den Namen »Berg Zion« angenommen hatte (und ihn fälschlich bis heute trägt): dem Südwesthügel. Nach wie vor wird dort, unterhalb des sog. »Abendmahlssaals« (auch dies eine Fehllokalisierung), das »Davidsgrab« gezeigt. Nun ist aber dieser Bezirk nicht vor König Hiskija in die Stadt einbezogen worden. Noch später, nämlich frühestens in römischer Zeit, kam der Nordwesthügel hinzu. Gleichwohl sind dort, etwa 1km nordwestlich des Tempelbergs, die sog. »Königsgräber« zu besichtigen. Es handelt sich um ein monumentales Grabdenkmal, das aber nicht, wie lange angenommen, aus der judäischen Königszeit stammt, sondern aus dem 1. Jahrhundert n. Chr., genau genommen von der Königin Helena von Adiobene, einem persischen Vasallenstaat am Tigris, die zum Judentum übergetreten war und in Jerusalem bestattet sein wollte.

In Wahrheit kommt als »Stadt Davids« und damit als Ort seines Grabes nur der Ofel, der Südosthügel Jerusalems, in Frage. Nehemia, der die Stadtmauer Jerusalems nach dem Exil wieder aufgebaut hat, beschreibt minutiös deren Verlauf und erwähnt in diesem Zusammenhang »die Davidsgräber« (und daneben ein »Haus der Kriegsleute«: Neh 3,16). Die Beschreibung führt präzis an den äußersten Südostzipfel des Ofel. Eben dort entdeckte Raymond Weill in den Jahren 1913/1914 mehrere Stollen und Felskammern: offensichtlich eine frühere Grabanlage. Nichts spricht dagegen, dass dies die davidische Königsnekropole war.[236] So wissen wir recht genau, wo David begraben lag. Doch soll uns im Folgenden vielmehr sein Nach- und Weiterleben interessieren.

---

236 Vgl. Bieberstein/Bloedhorn 1994, III 113; Shanks 1995. – Shea (1996) hat dort, am Sims eines Grabzugangs, eine in den Stein geritzte Inschrift und das Relief eines Kopfes wahrgenommen, die er beide auf »David« gedeutet haben möchte. Allerdings muten Schreibweise wie Deutung einigermaßen seltsam an, so dass man auf dieses Beweismittel wohl besser verzichtet.

III. Die Gestalt Davids in Bibel und Kunst

Die beiden vorangehenden Durchgänge haben geradezu verwirrend vielfältige Wahrnehmungen Davids zutage gefördert. Einmal erschien er anziehend, einmal abstoßend, einmal demütig-bescheiden, dann wieder herrisch und hochfahrend, Poet und Musiker auf der einen, Krieger und Politiker auf der anderen Seite, zuerst der freche Draufgänger, dann ein großer Staatsmann, einerseits einer, der Geschichte machte, andererseits einer, den Geschichten zu dem machten, was er zu sein scheint, einmal einer, der überlegen das Geschehen lenkt, dann einer, den das Schicksal überrollt, zuerst scheinbar unaufhaltsam aufwärts, dann haltlos in die Tiefen, einmal fromm ergeben, dann hemmungslos selbstsüchtig, mit seinem Gott innig verbunden und doch von ihm hart geprüft.

König David – der biblische wie der historische – ist keine glatte, in sich stimmige Figur, sondern kantig und voll innerer Gegensätze, dabei aber klar konturiert wie wohl kaum eine andere Gestalt der älteren Geschichte. Die Behauptung sei gewagt, dass eben dieser Facettenreichtum David unsterblich gemacht hat. Für die Verfasser der biblischen Texte wie für deren Ausleger, für fromme wie für weniger fromme Betrachter, für Poeten und Romanciers, für Komponisten und ihre Librettisten, für Bildhauer und für Maler gab es an David so unendlich viel zu entdecken und zu beleuchten, zu interpretieren und zu meditieren, fortzuschreiben und auszumalen, dass sich sein Bild im Lauf der Zeit immer weiter angereichert hat und die Betrachtenden aus dem Staunen kaum mehr entlässt. Von diesem Reichtum soll im Folgenden wenigstens eine Andeutung gegeben werden.

1. David und die Macht

Der biblische David ist eine kämpferische Gestalt. Viele Hindernisse muss er überwinden, Gefahren überstehen, Feinde besiegen, um dorthin zu gelangen, wo er am Ende steht: an der Spitze eines ansehnlichen Staates. Er ist nicht die einzige große politische Gründerfigur, deren Lebensleistung wesentlich in Kampf und Krieg bestand,[237] doch so wie bei ihm ist dieser Wesenszug bei keinem anderen ausgestaltet: nämlich seltsam widersprüchlich und gebrochen. Manche Forscher, die sich für besonders nüchtern und progressiv halten, sehen im historischen David nicht viel mehr als einen lokalen Kriegsherrn, skrupellosen Putschisten und kleinen Soldatenkönig. Er war wohl schon historisch und er wurde jedenfalls später viel mehr als das. Die Überlieferung hebt seine kämpferische Seite durchaus hervor, schildert sie aber im Widerstreit mit ganz anderen Seiten. Ganz offensichtlich haben die biblischen Tradenten und ihre späteren Rezipienten in David mehr gesehen als einen rabiaten Schlagetot. Dies sei im Folgenden an zwei Motivzügen aufgezeigt.

1.1 Der legitime Usurpator

David war nicht von königlicher Abkunft und wurde doch König. Dabei löste er einen anderen ab, dessen Legitimität als König unbestritten war und dessen Familie sehr wohl das Potenzial für eine längerfristige Dynastiebildung besaß: Saul. Doch dieser und, soweit man sieht, alle männlichen Mitglieder seiner Familie

237 Man denke an Kyros, Alexander den Großen, Caesar, Karl den Großen, Saladin, Dschingis Khan, Friedrich II. u. a.

verloren – mit der einzigen Ausnahme eines Behinderten[238] – vorzeitig ihr Leben. Saul selbst fiel zusammen mit drei Söhnen (Jonatan, Abinadab, Malkischua) im Kampf gegen die Philister – deren Vasall David war (1Sam 31; 2Sam 1). Bald darauf starb der vierte, Eschbaal (2Sam 4), durch Meuchelmord – und die Mörder eilten voller Hoffnung auf Belohnung zu David. Schon zuvor war Sauls Cousin Abner gemeuchelt worden – von Joab, Davids General (2Sam 3). Später wurden noch sieben Nachkommen Sauls rituell hingerichtet – mit Billigung Davids (2Sam 21).[239] Und noch Salomo ließ einen Sauliden liquidieren, Schimi – angeblich veranlasst durch David (2Sam 16,5; 1Kön 2,8f.36–46).

Abb. 19: Kupferstich aus der Werkstatt der Gebrüder de Bry (16. Jh.): Sieben Nachkommen Sauls werden erhängt (2Sam 21)

---

238 Vgl. 2Sam 9.

239 Es handelte sich um fünf Söhne von Sauls Nebenfrau Rizpa und zwei von dessen Tochter Merab (nach anderer Textüberlieferung von Michal). Von Michal wiederum wird an anderer Stelle berichtet, dass sie jedenfalls von David keine Kinder bekam (2Sam 6,20–23).

Dass diese vielen Todesnachrichten den Fakten entsprechen, ist kaum zu bezweifeln. Und dass David bei jedem Todesfall in verdächtiger Nähe ist, verstärkt noch den Eindruck, da habe es keinen friedlichen Machtwechsel gegeben, sondern eine gewaltsame Machtübernahme. In der Bibel wird der Verdacht der Usurpation auch deutlich ausgesprochen – freilich nicht aus objektiver Erzähler-Warte, sondern durch einen der Betroffenen: »Hinaus, hinaus, du Blutmensch und nichtswürdiger Mann! Jhwh hat über dich gebracht all das Blut des Hauses Sauls, an dessen Stelle du König geworden bist«, ruft der erwähnte Schimi David zu, als dieser vor Abschalom aus Jerusalem flüchten muss (2Sam 16,7f.). Heute nimmt man gern an, er sei im Recht.[240] Wäre es so, dann wäre es in der Tat nichts Außergewöhnliches. Im Alten Orient wie auch im alten Israel wurde, wenn eine neue Dynastie die Macht an sich riss, die alte ausgelöscht;[241] zu gefährlich waren alte Thronansprüche, als dass die neuen Machthaber nicht versucht hätten, sie möglichst gründlich auszurotten. Um die moralische Fragwürdigkeit solcher Vorgänge zu retuschieren, hat man gern die Herrschaft der beseitigten Dynastie als großes Unglück und die eigene als pures Glück für die Menschen hingestellt.[242] Beim biblischen David ist es nicht ganz so; Saul wird nicht eindeutig eingeschwärzt und David nicht einseitig verklärt. Immerhin, es gibt in der Bibel Versuche, den Machtwechsel

---

240 Etwa von McKenzie 2000; eine scharfe Kritik dazu bietet Shanks 2000, eine feine Hendel 2001.

241 Vgl. z.B. 1Kön 15,29; 16,11 und am ausführlichsten 2Kön 9f.

242 Vgl. Dietrich 2003, 6–8. Etwas verdeckt geschieht dies auch in der Bibel. Die Dynastie der Omriden wird als durch und durch verderbt hingestellt (1Kön 17–22), was den blutigen Putsch Jehus (2Kön 9f.).

zu legitimieren. Da ist einerseits die (angeblich) unbegründete, maßlose Verfolgung Davids durch Saul. Was könnte noch mehr zum Widerstand berechtigen als der mehrfache Versuch eines Herrschers, einen ihm nicht genehmen Untergebenen einfach zu ermorden? Die in den Samuelbüchern zweimal geschilderte

Abb. 20: Ausschnitt aus Gustave Doré (1832–1883), Das Attentat Sauls auf David (um 1866)

Szene vom Spießwurf Sauls auf den arglos vor ihm musizierenden David (1Sam 18,11; 19,10) haben Künstler immer wieder ausgemalt. Hier ein Beispiel: Der israelische Dichter Yehuda Amichai gewinnt aus der Szene vom knapp überlebten Spießwurf sein Idealbild von David:[243]

---

243 Im Folgenden die Übersetzung von Hendel 2001, 6. Der ursprünglich neuhebräisch geschriebene Text wurde veröffentlicht in einem Gedichtband, dessen Titel »Offen – geschlossen – offen« bedeutet (Tel Aviv 1989, dort S. 51).

Lately I've been thinking a lot
about King David.
Not the one who is alive forever
in the song,
and not the one who is dead
forever
under the heavy carpets on his tomb
that is not really his tomb,
but the one who played and played
for Saul
and kept dodging the spear
until he became king

Nicht David, der große König, der an seinem ver-
meintlichen Grab bis heute verehrt wird, beeindruckt
den Dichter, auch nicht David, der zweite Mose, der
mit seiner Unsterblichkeit für die bleibende Gültigkeit
der Tora steht,[244] sondern David, der Musizierende
und der Gewalt Ausweichende.

Die Samuelbücher stellen es so dar, dass sich an
der Haltung zu David die Familie Sauls spaltet. Die
Prinzessin Michal heiratet David, der Prinz Jonatan
wird sein engster Freund. Gerade mit der Gestalt
Jonatans hat es eine besondere Bewandtnis. Sie ist
gleichsam das Vehikel, auf dem die Macht legitim
von Saul zu David gelangt. Jonatan ist Sauls ältester
Sohn und damit Kronprinz. Sobald er die biblische
Bühne betritt, läuft er seinem Vater den Rang ab: In
der großen Philisterschlacht 1Sam 13f. gibt Jonatan
das Fanal zum Kampf und entscheidet diesen durch
heldenmütigen Einsatz zugunsten Israels, während

---

244 Zur rabbinischen Formel »Der König David lebt und besteht«
vgl. Thoma 2003, 218f.

Saul zögerlich und linkisch über das Schlachtfeld tappt und schließlich den eigenen Sohn und großen Helden hinrichten lassen will, woran ihn das Kriegsvolk gerade noch hindert.[245] Nach Davids Goliat-Sieg dann entbrennt der biblischen Darstellung zufolge Jonatans Herz für David; er schenkt dem sieghaften Jüngling seinen Umhang, seine Rüstung und seine Waffen (1Sam 18,3 f.) – eine ebenfalls gern dargestellte Szene.

Die Freundschaft zwischen Jonatan und David wird überschattet durch das zunehmende Misstrauen Sauls gegen den Aufsteiger. Das Kapitel 1Sam 20 schildert Jonatans Loyalitätskonflikt zwischen Freund und Vater. Einmal vermag er den Zwist noch zu entschärfen. Als er David ein zweites Mal gegen Verdächtigungen des Vaters in Schutz nimmt, gerät dieser außer sich und bedroht den eigenen Sohn mit dem Spieß. Jetzt ist klar, dass für David kein Platz mehr ist am Hof Sauls. Jonatan warnt den Freund durch ein vereinbartes Zeichen – getarnt als ein Training im Bogenschießen – und verhilft ihm so zur Flucht.

Angeblich hat Jonatan David noch einmal Mut zugesprochen, als dieser sich im Süden Judas als Freibeuter durchschlug: »Fürchte dich nicht, denn die Hand meines Vaters Saul wird dich nicht erreichen, sondern du wirst König sein über Israel – und ich werde nach dir der Zweite sein. Das weiß auch mein Vater Saul« (1Sam 23,17). Das ist eine förmliche Abdankung und Amtsübertragung. An all den genann-

---

245 Offensichtlich allerdings ist hier eine pro-saulische Erzählung nachträglich zugunsten Jonatans umgestaltet worden. So hat ursprünglich wohl Saul mit der Attacke auf den Philistervogt von Gibea die Kampfhandlungen eröffnet (1Sam 13,4, vgl. 10,7), jetzt ist es Jonatan (13,3).

Abb. 21: Rembrandt van Rijn: David und Jonathan (1642)

ten Jonatan-Stellen ist die Hand ein und desselben
Schriftstellers zu spüren – aller Wahrscheinlichkeit
nach die des Höfischen Erzählers[246] –, dem daran liegt,
den Übergang von Saul und den Sauliden auf David
und die Davididen als einen letztlich doch gesitteten
und geordneten Vorgang zu präsentieren.

Die enge Verbindung zwischen David und Jonatan
und ihre abrupte Trennung infolge der Unduld-

---

246   Vgl. oben B I.2.1. Zur Frage der Homosexualität Jonatans (und
      Davids) vgl. Horner 1978; Nissinen 1999; Peleg 2005 und
      Dietrich 2015 (BK 8.2), 414–417.

samkeit Sauls hat die Dichterin Else Lasker-Schüler (1869–1945) zu einem anrührenden Gedicht animiert:

David und Jonathan

In der Bibel stehn wir geschrieben
Buntumschlungen.
Aber unsere Knabenspiele
Leben weiter im Stern.
Ich bin David,
du mein Spielgefährte.
O, wir färbten
Unsere weißen Widderherzen rot!

Wie die Knospen an den Liebespalmen
Unter Feiertagshimmel.

Deine Abschiedsaugen aber –
Immer nimmst du still im Kusse Abschied.

Und was soll dein Herz
Noch ohne meines –
Deine Süßnacht
Ohne meine Lieder.

Wie der Kronprinz Jonatan, so steht auch die Prinzessin Michal zwischen ihrem Vater Saul und dem jungen, aufstrebenden David, den sie schon bald »liebt« (1Sam 18,20). Angeblich wollte Saul seine Tochter nur als Köder benutzen, um David in die Falle zu locken (18,21), doch kann er nicht verhindern, dass sie schließlich seine Frau wird (18,22–26). Als er David aus dem Ehebett heraus verhaften lassen will, muss Michal zwischen Vater und Gatten wählen – und sie entscheidet sich für David, indem sie ihn aus dem Fenster entkommen lässt (1Sam 19,11–17).

So halten die beiden Königskinder gegen ihren Vater, König Saul, zu David: Eine bessere Legitimation könnte ein künftiger Usurpator kaum haben. Es gibt aber noch eine bessere. Schon lange, bevor David auch nur einen Schritt auf den Thron zu hätte tun können, soll Gott ihn bereits als künftigen König ausersehen haben. Saul war nämlich bei Gott in Ungnade gefallen, und der Prophet Samuel hatte ihm zweimal eröffnet, dass Gott an seiner Stelle einen ausgewählt habe, der »nach seinem Herzen« sei (1Sam 13,14, vgl. 15,28). Nicht nur Saul, auch die Lesenden wissen noch nicht, wer das sein wird. Saul erfährt es noch lange nicht, was seine Lage sehr ungemütlich und seine Wildheit ein wenig verständlich macht. Die Leserschaft hingegen wird alsbald Zeuge einer heimlichen Inauguration: Gott zeigt Samuel den, den er zum künftigen König salben soll (1Sam 16,1–13). Bis dahin war einzig Saul der »Gesalbte« (1Sam 10,1), jetzt tritt David neben ihn: unerkannt freilich, noch sehr jung,

Abb. 22: Mittelalterliche Buchillustration (ca. 1250):
Davids Salbung durch Samuel im Kreis seiner Brüder

210

aber doch schon mit königlichen Zügen: »Rötlich war er, mit schönen Augen und von guter Gestalt« (1Sam 16,12).

David, der heimlich Gesalbte, zeigt allerhöchsten Respekt vor dem anderen, dem offiziell Gesalbten. Der Leserschaft wird unmissverständlich klar gemacht: Der Auserwählte hat sich an dem Verworfenen (und auch an dessen Nachkommen) niemals vergriffen. Denkt man an die vielen Toten im Hause Sauls, hat diese Versicherung natürlich legitimatorische Funktion. Besonders eindringlich wird das Motiv ausgestaltet in zwei Erzählungen darüber, wie Saul bei der Verfolgung des verhassten David unversehens in dessen Hände fällt und von ihm verschont wird.[247] Das eine Mal, in 1Sam 24, betritt Saul eine Höhle, um seine Notdurft zu verrichten – und bemerkt nicht, dass hinten in der Höhle David mit seinen Mannen sitzt. David schleicht zu dem ahnungslos Hockenden, schneidet ihm einen Zipfel seines Mantels ab und benutzt dieses später als Beweis seiner Großmut. Das andere Mal, in 1Sam 26, schleicht David des Nachts in das Kriegslager Sauls, findet den König schlafend, lässt ihn unversehrt, nimmt aber seinen Spieß und seinen Wasserkrug mit, um damit seine Unschuld zu beweisen.

Der Grund-Plot beider Erzählungen ist erkennbar der gleiche. Vermutlich gab es ursprünglich zwei Grundversionen, die sich in beiden Kapiteln noch ganz gut herausschälen lassen. Der Kernbestand von 1Sam 24 ist denkbar knapp und deftig – ein ziemlich grober Soldatenschwank, in dem auf alle ablenkenden Einzelheiten verzichtet ist; einzig auf den Erweis der Loyalität Davids gegenüber Saul kommt es

---

247 Vgl. zum Folgenden Dietrich 2004, 232–253; 2015 (BK 8.2), 688–698.

an. In 1Sam 26 treten außer diesen beiden weitere Personen auf: die hohen Militärs Abischai und Abner, mit dem Letzteren zusammen Tausende von Soldaten. Hier bekommt David nicht zufällig die Gelegenheit zum Königsmord, sondern er sucht sie förmlich, um sie dann demonstrativ nicht zu nutzen. Und diesmal nimmt er sich nicht ein Stück vom Mantel seines Gegners, sondern gezielt Teile von dessen Kriegsausrüstung. Natürlich stammen beide Erzählungen aus prodavidischen Kreisen und verdanken sich beide dem Bemühen, von der Gestalt Davids den Ruch der gewaltsamen Usurpation zu nehmen.

Beide Erzählungen sind nachträglich – aller Wahrscheinlichkeit nach vom Höfischen Erzähler[248] – mit ausführlichen Redepartien versehen worden, welche die legitimatorische Wirkung noch verstärken. Beide Male wird David von seinen Getreuen ermuntert, nun seinem Verfolger den Garaus zu machen, was er jedes Mal mit Hinweis auf Gott und das »Gesalbtsein« Sauls ablehnt (1Sam 24,5.7; 26,8–11). Und beide Male kommt es zu einem längeren Dialog zwischen David und Saul, in denen der eine beklagt, dass er grundlos verfolgt werde, und, unterstrichen durch die erbeutete Trophäe, seine Unschuld beteuert, während der andere Reue und Einsicht zeigt, Besserung gelobt, die moralische Überlegenheit seines Rivalen anerkennt und sogar dessen Thronanspruch bestätigt (1Sam 24, *5–8a.*10–23a; 26,18–20a.23–25a).

Ob und wie weit diese Darstellung Davids die historische Realität trifft oder eher kaschiert, ist eine offene Frage. Wichtig ist aber bereits, dass die Tradenten ihn als jemanden sehen wollen, der ohne Gewaltanwendung an die Macht gelangt ist. Da er zum großen Idol des Königtums wurde, gewann auch diese Seite an

---

248 Siehe B.I.2.1.

ihm Vorbildfunktion. Das sollten die nicht aus dem Blick verlieren, die meinen, sie könnten und sollten ihn aller möglicher Gewalttaten überführen. Gewalttäter gibt es genug, und teilweise stehen sie in hohem Ansehen; Vorbilder des Gewaltverzichts aber sind selten und kostbar.

1.2 Der gewaltlose Kämpfer

1.2.1 David und Goliat

David als Kämpfer und Krieger: Es gibt keinen bekannteren und ausdrucksstärkeren Beleg dafür als die Geschichte von seinem Sieg über Goliat in 1Sam 17. Der Liederdichter Matthias Claudius (1740–1815) gestaltet sie in gefälligen Reimen nach:

> War einst ein Riese Goliath,
> Gar ein gefährlich Mann!
> Er hatte Tressen auf dem Hut
> Mit einem Klunker dran …
> Er hatte Knochen wie ein Gaul
> Und eine freche Stirn
> Und ein entsetzlich großes Maul
> Und nur ein kleines Hirn;
> Gab jedem einen Rippenstoß
> Und flunkerte und prahlte groß. …
>
> Da kam in seinem Schäferrock
> Ein Jüngling zart und fein;
> Er hatte nichts als seinen Stock,
> Als Schleuder und den Stein,
> Und sprach: »Du hast viel Stolz und Wehr,
> Ich komm im Namen Gottes her«.

Ein wenig altväterisch zieht Claudius die Moral aus der Geschicht':

Trau nicht auf deinen Tressenhut,
Noch auf den Klunker dran!
Ein großes Maul es auch nicht tut:
Das lern vom langen Mann;
Und von dem kleinen lerne wohl:
Wie man mit Ehren fechten soll.

»Wie man mit Ehren fechten soll«! Dabei taugt die Goliaterzählung nur sehr bedingt zur Ausbildung von Kriegern. Die rechte Kampfmoral könnte sie lehren, nicht aber ein angemessenes Verhalten in solchem Kampf. Dafür hätte sie zu lehren, wie man sich gegen einen bis an die Zähne bewaffneten Feind zu rüsten hat (vgl. Sauls Versuch dazu in 1Sam 17,38 f.) und wie man sich im Gebrauch der entsprechenden Waffen üben muss. Das tut sie nicht. Sie lässt einen kriegsunerfahrenen Jüngling gegen einen kampferprobten Recken antreten – und siegen. Seit jeher ist dies ein, ja das Paradebeispiel dafür, dass auch der Kleine und scheinbar hoffnungslos Unterlegene gegen den Großen und unermesslich Starken eine Chance hat.

Es ist erstaunlich, auf welcher Ebene in jüngerer Zeit erschienene belletristische David-Romane das David-Goliat-Thema abhandeln.[249] Die Autoren wissen verblüffend genau, wie die unglaubliche Geschichte zu erklären ist. Entweder sie ist einfach ein hübsch erfundenes Märchen (Stefan Heym); oder Goliat war gar kein Riese, sondern ein ganz normaler, freilich groß gewachsener Mann (Torgny Lindgren);[250] oder er war doch ein Riese, aber ein kranker,

---

249 Näheres dazu bei Dietrich 1995 = 2002.

250 Auf diesen Gedanken kann man schon bei kritischer Betrachtung der biblischen Textgeschichte kommen. Goliat wächst nämlich von Textversion zu Textversion in immer unwahrscheinlichere Höhen. Nimmt man die »Elle« (*'ammah*) mit ca. 0,444 m an

nämlich mit einer »Geschwulst im Kopf«, die »das Gesichtsfeld einschränkt« (Grete Weil);[251] oder er war riesengroß – und doch gegen David ohne Chance, hatte dieser doch während langer Mußestunden als Schafhirte das Schleuderschießen auf Getränkedosen (!) trainiert und dabei eine tödliche Treffsicherheit erreicht (Joseph Heller)...

Solche Erklärungen mögen kritisch-rationalen Bedürfnissen einer modernen Leserschaft Genüge tun, sie kommen aber der Intention und dem Zauber der Erzählung kaum bei. In früheren Zeiten hatte man denn auch mit den unwahrscheinlichen Zügen in der Goliatgeschichte weniger Mühe – und konnte daher auf anderes achten, das in ihr zum Ausdruck kommt. Johann Kuhnau etwa (1660–1722), Vorgänger Johann Sebastian Bachs im Amt des Thomaskantors zu Leipzig und bedeutender Komponist, hat ihr eine eigene Klaviersonate gewidmet: ein für die damalige Zeit kühnes Stück Programmmusik.[252] Der Partitur schickt

---

und die »[Hand-]Spanne« (zæræt) mit der Hälfte davon, also ca. 0,222 m, dann erreicht Goliat folgende Körpergrößen:

Griech.-lukianische Handschriften: 4 Ellen 1 Spanne = 1,90 m
Andere griech. Handschriften: 5 Ellen 1 Spanne = 2,44 m
Der hebräische Text: 6 Ellen 1 Spanne = 2,89 m
Eine altlateinische Handschrift: 16 Ellen 1 Spanne = 7,33 m

251 Eine ähnliche Theorie, die neuerdings aus sog. wissenschaftlichen Kreisen kolportiert wird, diagnostiziert an Goliat Megalokephalie – eine Krankheit, bei der durch eine Fehlfunktion der Hirnanhangsdrüse ein abnormes Größenwachstum und in dessen Gefolge eine pathologische geistige und körperliche Bewegungsunfähigkeit bewirkt wird. Man weiß nicht, was man mehr bewundern soll: die biblizistische Kreativität, die in solchen »Erklärungen« steckt, oder die Kleingläubigkeit, mit der man hier die Heldentat Davids bzw. die Wundertat Gottes meint minimieren zu müssen.

252 Es handelt sich um das vierte Stück einer Sonatensammlung, deren Titelblatt so lautet: »Musicalische Vorstellung Einiger

er eine Ausmalung der Goliatgeschichte voraus, in der er zunächst die Ausrüstung des Riesen nachzeichnet und dann bemerkt:

Entsetzet man sich fast ueber dem blossen Abrisse dieses Menschen / wie werden nicht die armen Israeliten erschrocken seyn / als ihnen das lebendige Original dieses ihres Feindes zu Gesichte gekommen. Denn da stehet er vor ihnen in seiner ehernen und mit der Sonnen gleichsam umb den Vorzug des Glantzes streitenden Montierung / und machet mit dem wie Schuppen uebereinander hangenden Metall ein ungemeines Geraeusche / schnaubt und brauset / als wenn er sie alle auff einmal verschlingen wollte. Seine Worte klingen in ihren Ohren wie der erschreckliche Donner. ...

Aber man siehe doch nur Wunder! da ... meldet sich David / ein klein behertztes Puerschgen / und junger Schaefer an / und will sich mit dem Eisen-Fresser schlagen ... Er tritt demnach im starcken Vertrauen auff die Huelffe seines Gottes mit einer Schleuder und etlichen ausgelesenen Steinen dem gewaltigen Riesen unter die Augen ...

Nach der Rekapitulation der biblischen Geschichte benennt Kuhnau die Themen, welche »die Sonata« in ihren einzelnen Sätzen »exprimiret«:

(1) Das Pochen und Trotzen des Goliaths. (2) Das Zittern der Israeliten / und ihr Gebet zu Gott bey dem Anblicke dieses abscheuligen Feindes. (3) Die Hertzhafftigkeit Davids / dessen Begierde dem Riesen den stoltzen Muth zu brechen / und das kindliche Vertrauen in Gottes Huelffe. (4) Die zwischen David und Goliath gewechselte Streit-Worte / und

---

Biblischer Historien / In 6. Sonaten / Auff dem Claviere zu spielen / Allen Liebhabern zum Vergnügen versuchet von Johann Kuhnauen / Leipzig / Gedruckt bei Immanuel Tietzen / MDCC«.

der Streit selbsten / darbey dem Goliath der Stein in die Stirne geschleudert / und er dadurch gefaellet / und gar getoedtet wird. (5) Die Flucht der Philister / ingleichen wie ihnen die Israeliten nachjagen / und sie mit dem Schwerte erwürgen. (6) Das Frolocken der Israeliten ueber diesem Siege. (7) Das ueber dem Lobe Davids von denen Weibern Chorweise musicirte Concert. (8) Und endlich die allgemeine in lauter Tantzen und Springen sich aeusernde Freude.

Man sieht – und spürt es beim Hören der Musik noch deutlicher –, dass Davids Kampf gegen Goliat hier nicht Gegenstand kritischen Räsonierens ist, sondern Metapher für generelle und existenzielle Ängste und Hoffnungen. Genau so wurde die Geschichte auch von den Künstlern immer verstanden.

Abb. 23: Lorenzo Ghiberti:
David schlägt Goliat den Kopf ab; Relief aus der Paradiestür
des Baptisteriums in Florenz (1425–1452)

Abb. 24: Guido Reni, David mit dem Kopf Goliats (um 1605)

Sicher das großartigste Werk der bildenden Kunst über David als Goliatsieger ist die vier Meter hohe, aus blendend weißem Marmor gehauene Kolossalstatue Michelangelo Buonarottis, geschaffen im Jahr 1504 und aufgestellt auf der Piazza della Signoria zu Florenz.[253] Heldenhaft, stark, nackt und gelassen steht David da, eine Ikone vollkommener Männlichkeit. Fast versteckt, über der Schulter, trägt er die Schleuder, deren tödliche Gefährlichkeit sich hinter Anmut und Schönheit verbirgt. Gemeint war die Statue als Sinnbild des sieghaften Bürgertums, das soeben das Fürstenge-

---

253 Heute steht dort eine Kopie, das Original ist in der Galleria dell' Academia zu bewundern.

Abb. 25: Michelangelo Buonarotti: David (1501–1504)

schlecht der Medici aus Florenz vertrieben hatte.[254] Die Analogien zu David standen dem Künstler vor Augen: Auch vor ihm mussten die Zwingherren (die philistäischen) weichen, nachdem ihr machtvollster Vorkämpfer besiegt war; und bald würde er auch König Saul vom Thron verdrängen.

---

254 Zum Folgenden vgl. Nitsche 2003, 97–100, und ausführlicher 1997, 222–264. Dort ist nachzulesen, wie die Medici nach ihrer siegreichen Rückkehr die republikanische Herausforderung, die Michelangelos David darstellte, durch eine Gegen-Statue – zuerst Bandinellis »Herkules«, dann Cellinis »Perseus« – zu neutralisieren und nach Möglichkeit zu überbieten versuchten: ein aufschlussreiches Beispiel dafür, wie im Medium der Kunst politische Auseinandersetzungen geführt werden können.

Seinem stolzen, in die Ferne gerichteten Blick ist zu entnehmen: Hütet euch, ihr Sieg- und Machtgewohnten! Die Zeit der selbstverständlichen Verehrung adliger und gekrönter Häupter ist vorbei. Ehre und Einfluss und Ruhm gebührten dem, der sie verdient: dem tüchtigen und sieghaften Mann, dem selbstbewussten und freien Bürger.

Die Rezeptionsgeschichte der David-Goliat-Erzählung, wie sie uns bisher vor Augen getreten ist, wird stark geprägt durch die Thematik von Bedrohung und Gegenwehr, Kampf und Sieg. Immer wieder, wenn man sich in Situationen fühlte, die der in 1Sam 17 geschilderten vergleichbar schienen, erinnerte man sich des Triumphs Davids über Goliat und hoffte, es ihm gleichtun zu können.[255] Dabei ist dies nur die eine Seite der Erzählung. Sie hat noch eine andere, die ihr vor allem in jüngeren Bearbeitungsschichten zugewachsen zu sein scheint: Hier geht es nicht um die Gewitztheit, Kaltblütigkeit und Zielsicherheit des mit der Schleuder bewaffneten David, sondern um den Gott Israels, der hier geradezu ein Wunder bewirkt hat. Auch wenn am Grund von 1Sam 17 eine Heldengeschichte liegen mag von einem Schleudersoldaten namens David, der seine Waffe meisterhaft beherrschte und einen scheinbar aussichtslosen Zweikampf glänzend bestand, liegt uns in ihrer jetzigen Gestalt doch eine Wundergeschichte vor, in der es um die Ehre und Macht nicht von Menschen, sondern

---

255 Der Psychoanalytiker Dallmeyer (2003) interpretiert die David-Goliat-Geschichte u. a. auf »Objektstufenebene« und auf »Subjektstufenebene«, d. h. einerseits als Ausdruck der inneren Auseinandersetzung eines jungen Mannes mit ihn bedrohenden, übermächtigen (Vater-) Gestalten, andererseits mit dem geheimen eigenen Wunsch, so übermächtig stark zu sein wie Goliat. »David« muss es lernen, dass es kein befriedigendes Lebensziel ist, noch gewaltiger und gewalttätiger zu sein als »Goliat«.

Gottes geht. Goliat hat mit seinen Herausforderungs-
reden nicht Saul und das Heer Israels, sondern »die
Schlachtreihen des lebendigen Gottes« verhöhnt; und
David zog nicht im Vertrauen auf seine eigene Ge-
wandtheit, sondern auf Gottes Hilfe in den Kampf;
seinem Gegner, der ihn mit herablassenden Droh-
worten überschüttet hat, antwortet er mit predigtar-
tigen Worten: »Du kommst zu mir mit Schwert, Speer
und Wurfspieß; ich aber komme zu dir mit dem Namen Jhwhs der Heerscharen, des Gottes der Schlachtreihen Israels, die du verhöhnt hast. Am heutigen Tag
wird dich Jhwh in meine Hände liefern …, damit alle
Welt erkenne, dass Israel einen Gott hat, und damit
diese ganze Versammlung erfahre, dass Jhwh nicht
durch Schwert und Speer Sieg schafft; denn Jhwhs ist
der Krieg, und er wird euch in unsere Hände geben«
(1Sam 17,45 f.). Hier handelt nicht David, der Kriegs-
held, hier spricht David, der Glaubensheld. »Der
Krieg ist Sache Jhwh's« – und nicht die von Militärs.
Nichts liegt an Waffen, alles an Gott.[256] In dieser Perspektive werden die nach wie vor vorhandenen kriegerischen Elemente der Erzählung zu bloßem An-
schauungsmaterial für eine Wahrheit, die außerhalb
der Reichweite von Kriegern liegt. Nicht Goliat oder
David bestimmen über die Existenz und Sicherheit
des Gottesvolkes, sondern einzig Gott.[257]

---

256 Sehr schön formuliert Miscall 1993, 195, nach welchen Geset-
      zen Davids Kampf gegen Goliat abläuft: »David does not don
      the armor and sword of royalty (17.38–39); he is not a warrior
      like those of all the nations … His victory is God's and knowl-
      edge of the Lord will be its result.«

257 Es ist wohl eine Überinterpretation, wenn Miscall 1993, 196,
      den handfesten Abschluss der Erzählung als stille Kritik an
      David und seinem Sieg deutet: »David kills with the sword
      and the victory is his … The result of the death of Goliath is

Hat der Schriftsteller Heinrich Böll (1917–1985) diese Obertöne der David-Goliat-Geschichte wahrgenommen, als er seine Erzählung »Die Waage der Baleks« schrieb? Deren Bezüge auf die biblische Vorlage sind eher verdeckt, aber bei näherem Zusehen sehr wohl auszumachen. Da residiert im alten Böhmen eine Gutsherrenfamilie, die Baleks. Sie beuten ihre Untertanen aus und drangsalieren sie (so wie einst die Philister Israel). Die Erwachsenen schuften sich schier zu Tode in der Flachsbearbeitung, die Kinder müssen zum Lebensunterhalt beitragen, indem sie Beeren, Kräuter und Pilze sammeln. Der Bauernjunge Franz Brücher (Gegenbild des Hirtenknaben David ben Isai) ist dabei der Mutigste; er wagt sich am tiefsten in den Wald, bis dorthin, wo der sagenhafte Riese Balek – angeblich Namenspatron der Gutsherrenfamilie – hausen soll (so wie sich David furchtlos dem Riesen näherte). Die Kinder liefern, was sie gefunden haben, bei der Gutsherrin ab, diese wiegt es und zahlt ein schäbiges Entgelt. Die dabei benutzte Waage kann niemand kontrollieren, weil es den Untertanen verboten ist, Waagen zu besitzen (so wie die Philister ein Eisenmonopol innehatten). Eines Tages nun schmuggelt Franz fünf Kieselsteine in die Wägstube (so wie David auf dem Weg zu Goliat fünf Kieselsteine aufnahm), wiegt sie in einem unbeobachteten Moment, läuft die ganze Nacht hindurch zu einem entfernten Städtchen, wo ein Apotheker im Besitz einer Waage ist – und findet heraus, dass die Waage der Gutsherrin um mehr als ein Zehntel zu niedrig anzeigt. Die Dörfler beginnen nachzurechnen, um

---

flight, death and plunder. No one, David, Philistine or Israelite, acknowledges that there is a God in Israel and that this battle is the Lord's.«

welch riesige Summen die Herrin im Lauf der Jahre die Kinder betrogen hat, und es greift eine revolutionäre Stimmung um sich (so wie Israel sich gegen die Philister zu wehren begann). In Gottesdiensten wird in subversiver Absicht immer wieder das Lied angestimmt: »Gerechtigkeit auf Erden hat Dich, o Herr, getötet« – bis dieses Lied verboten wird. Als bei einem Festgottesdienst die Gutsherrin vom Untertanenvolk Wohlverhalten einfordert, hält ihr Franz seine Steine entgegen (fast so wie David seinen Stein gegen Goliat schleuderte) und schreit ihr ins Gesicht, um wie viel ihre Waage gefälscht ist. Die Brüchers müssen daraufhin das Dorf verlassen und ihr Leben fortan als Fahrende fristen. Als solche aber verbreiten sie die Geschichte von den Baleks und ihrer Waage.

Gegen Ende weicht Bölls Geschichte von der biblischen weit ab. Müssen dort nach dem Tod des riesenhaften Vorkämpfers die Philister weichen, so hier die Riesenbekämpfer. Hätte nicht besser auch Franz Brücher seine Steine als Geschosse eingesetzt – statt nur als Argumente? Dann würde auch Bölls Geschichte dem Muster folgen, das die David-Goliat-Geschichte im Grunde prägt: »Gewalt gegen Gewalt«. Offenbar wollte Böll das nicht. Vielleicht bewogen ihn dazu die so unkriegerischen Obertöne der biblischen Erzählung: »Jhwhs ist der Krieg« – nicht Davids oder Franz'. *Wie* Gott von Fall zu Fall für sein Volk und für die Gerechtigkeit eintritt, ist nicht festgelegt. Einmal schickt er David, der den ungerechten Riesen tötet; dann den »Herrn«, der nicht die Ungerechten tötet, sondern von der »Gerechtigkeit auf Erden getötet« wird; dann Franz Brücher, der die Ungerechtigkeit der Baleks aufdeckt und anprangert. Solche Geschichten dürften nicht die schwächsten Mittel in »Jhwhs Krieg« gegen das Unrecht sein.

1.2.2 David und Abigajil

Die dramatische und anrührende Geschichte von David und Abigajil in 1Sam 25 weist zwei Wachstumsstufen auf: eine Kernerzählung, die berichtete, wie Abigajil, die Gattin eines reichen kalibbitischen Viehzüchters, zuerst zur Witwe und dann zu Davids Gattin wurde, und eine Erweiterungsstufe, der die in diesem Kapitel auffallend langen Redepartien angehören. Namentlich in diesen Zusätzen wird die Erzählung ein Lehrstück über Gewalt und Gewaltverzicht.

Nach der Grunderzählung[258] schickt David, der sich als Freibeuter durchschlägt, einige Boten zu einem reichen kalibbitischen Viehzüchter[259], um von diesem anlässlich der Schafschur eine angemessene Abgabe einzufordern. Als dieses Ansinnen abgelehnt wird, bricht David mit seiner Truppe zur Vendetta auf. Doch statt auf seinen Kontrahenten trifft er auf dessen Gattin, Abigajil, die ihm mit einem großzügigen »Geschenk« in Form von Lebensmitteln entgegenkommt. David gibt sich damit zufrieden und zieht ab. Als Abigajil ihrem Mann berichtet, was geschehen ist, erleidet dieser einen Herzinfarkt. Bald darauf gewinnt David die wohlhabende Witwe zur Frau. – Vermutlich sollte diese Erzählung ungünstigen Gerüchten um Davids Ehe mit Abigajil entgegenwirken, immerhin der Frau eines anderen, deren Mann unter etwas unklaren Umständen verstorben war.[260] Demgegenüber wird betont, dass es in dieser Ange-

---

258 Sie dürfte in den Versen 1Sam 25,2–7a.*8.9.10aα.11–13abα. 14.18–20.23.24a.25b.27.32a.34b–38.39b–42 recht vollständig überliefert sein.

259 Ob der Mann immer schon Nabal hieß, mag man bezweifeln, bedeutet dieser Name doch »Tor« (vgl. die reichlich rüde Anspielung im Munde Abigajils in V. 25).

260 Die Parallelen zu Batscheba und ihrem gefallenen Gatten Urija liegen auf der Hand – nur dass sich dort die Gerüchte über

legenheit zu keinerlei gewaltsamen Übergriffen gekommen ist. David wollte nicht die Frau, sondern nur die Abgaben – und erhielt dann unverhofft beides.[261]

Im Wesentlichen ist es der Handlungskern von 1Sam 25, der in der Kunstgeschichte rezipiert worden ist – kein Wunder, eignet sich doch namentlich die Szene von der Begegnung zwischen dem zum Dreinschlagen entschlossenen Milizführer und der ihm entgegentretenden edlen Frau zu bildlicher Wiedergabe, wobei die Gestalt der Abigajil eine mehr oder minder selbstbewusste oder erotische Ausstrahlung erhält.[261a]

Auch in der Musik- und Literaturgeschichte gibt es Nachgestaltungen der Erzählung von David und Abigajil, die sich im Grunde auf den älteren Handlungskern konzentrieren. Wenig bekannt ist ein mit dem Namen Georg Friedrich Händels (1685–1759) verbundenes »Nabal«-Oratorium.

Das Werk wurde seinerzeit nur zweimal aufgeführt: am 16. und am 21. März 1764 – fünfzehn Jahre nach Händels Tod. Damit hat es eine besondere Bewandtnis: Händels langjähriger erster Kopist und Assistent Johann Christoph Schmidt (1663–1728) hatte zum Lohn für treue Dienste den musikalischen Nachlass des Meisters zugesprochen erhalten, einen Schatz, den er seinem Sohn John Christopher Smith (1712–1795) weitervererbte. Dieser schuf daraus mehrere »Händel«-Oratorien: »Rebecca«, »Gideon« und eben »Nabal«. Bei letzterem ging ihm als Librettist Thomas Mo-

---

Ehebruch und Mord in der Bibel erhalten haben: in Gestalt der Erzählung 2Sam 11.

261 Inwieweit diese Darstellung den Tatsachen entspricht, ist nicht mehr zu klären.

261a Schon nach altjüdischen Auslegungen hat Abigajil David (und seine Männer) durch ihre Reize betört, vgl. Dietrich 2015 (BK 8.2), 750 f.

Abb. 26: Abigajil vor David, aus der Weltchronik des
Rudolf von Ems (13. Jh.)

rell (1703–1784) zur Hand, der auch schon mit Händel zu-
sammengearbeitet hatte (z. B. bei »Judas Maccabäus« und
»Jephtha«). So bekommt man in dem Oratorium »Nabal«
Originalmusik von Händel und ihr unterlegte Texte von
Morell zu hören. Dieser hat aus der biblischen Vorlage nicht
so sehr das Thema »Gewalt und Gewaltlosigkeit« aufgenommen, sondern das andere: »David und Abigajil«.

Zuerst tritt David auf: Gleich nach der einleitenden
Sinfonia fleht er, ganz der Psalmist, Gott um Hilfe in
der Wildnis an und rekapituliert seine früheren Wohltaten; und sein Gefährte Asaf, der wohlbekannte
Psalmsänger, erinnert ihn daran, wie er Sauls Speer
entkommen ist. David ist also kein gefährlicher Milizführer, sondern ein gefährdeter, verfolgter Mann. Abigajil wiederum tritt nicht erst nach dem Zusammen-
prall zwischen Nabal und David in Erscheinung,
sondern schon zuvor: mit einem Rezitativ, in dem sie
ihr hartes Schicksal an der Seite eines ungehobelten
Mannes beklagt, und einer Arie, in der sie ihrer Sehn-
sucht nach Einsamkeit Ausdruck verleiht. Später einmal stellt sie voller Melancholie ihr eigenes Unglück

der Heiterkeit eines Schäfchens gegenüber. Wie gut passen doch dieser David und diese Abigajil zusammen – nur dass sie noch gar nichts voneinander wissen und Abigajil ja immerhin verheiratet ist. Nabal wird sogleich als miesepetriger Säufer vorgestellt: In seinem ersten Solo beschwert er sich über den Zustand der Welt und verlangt etwas zum Trinken. Wie schlecht passt doch dieser Mann zu seiner edlen Frau! Sein Ende zeichnet sich schon bald ab. Sofort nach seiner Grobheit gegen David befallen ihn schwere Gewissensbisse und diffuse Ängste; zerknirscht gesteht er seine Unzulänglichkeit und seine Schuld – vergebens, der Chor kündigt ihm göttliche Vergeltung an. Als Asaf seinem Herrn die Nachricht von Nabals Tod überbringt, fügt er sofort das Lob der schönen und liebenswerten Witwe an, in das David einstimmt. Er bittet sie zu sich, und Chor und Hirten besingen die

Abb. 27: Abigajil vor David, von Juan Antonio Escalante (17. Jh.)

227

glückliche Vereinigung des Tapferen mit der Schönen. Deren Klugheit und mutiger Einsatz gegen die Gewalt spielen nur eine geringe Rolle; ihre große Rede an David schrumpft im Oratorium zu einem Rezitativ und einer Arie.

So hat die Barockzeit den David-Abigajil-Stoff ihrem Geschmack angepasst. Darüber ist nicht zu richten: Unglückliche, in der Ehe vereinsamte Frauen und grobe, ihrer Frauen nicht würdige Männer wird es immer gegeben haben (und gibt es wohl noch immer), und ihnen allen möchte man – vielleicht nicht den Tod der Ehemänner, aber doch die Befreiung durch einen edlen Prinzen vom Schlage Davids wünschen. Es ist eine rührselige, triviale Geschichte, die in der Gestalt des »Nabal«-Oratoriums immerhin den Vorzug echter Händel-Musik hat.

Es ist erstaunlich zu sehen, dass der moderne Schriftsteller Stefan Heym (1913–2001) die Akzente ganz ähnlich setzt wie jener Librettist der Barockzeit – nur viel drastischer und respektloser.[262] Er lässt eine der Zofen Abigajils über die denkwürdige Begegnung ihrer Herrin mit David erzählen: »Nicht, daß sie sich einem Mann so rasch und bereitwillig auftat. Sie war kein Lämmchen mehr, als sie dem Sohn des Jesse begegnete; sie war ihre sechs oder acht Jahre älter als er; aber ihr Fleisch war stramm und ihre Brüste standen hervor wie Rammböcke. Sie leitete das Haus, und befahl den Dienern, und rechnete ab, während Nabal, ihr Gatte, sich vollfraß und vollsoff, bis er wie ein gestopftes Stück Darm war, und so verlockend für eine Frau wie dieses. Es hieß, daß meine Herrin einen Eseltreiber zu sich nahm, und einen wandernden Töpfer,

---

262 Vgl. zum Folgenden Heym 1972, 74–82.

und einen Stallburschen, und einen Erzähler von Geschichten und Legenden, und einen Steuereinnehmer; aber sie war eine tugendhafte Frau und zog die Gesellschaft ihrer fünf Jungfern vor, von denen ich eine war, und wir mußten sie hätscheln und tätscheln, und küssen und kosen, und streicheln und drücken, bis sie wollüstig aufseufzte und die Augen ihr übergingen.« So einsam also war Abigajil neben Nabal! Und dann kam ihr großer Auftritt vor David: »da hatte sie sich die Augen bemalt und die Wangen gerötet; ihre Lippen aber waren wie das Fleisch des Granatapfels, und sie duftete wie ein ganzer Blumengarten.« Als sie Davids ansichtig wurde, glitt sie zu Boden – und erhob dann »ihr Antlitz zu David, so daß ihm sichtbar wurde, daß ihre Brüste hervorstanden wie Rammböcke.«[263] Dann hielt sie ihre große biblische Rede, allerdings in etwas abgekürzter Form. »Und David verbeugte sich vor ihr, und die zwei wandelten ein Stück in die Wildnis, und als sie zurückkehrten, da trug meine Herrin den Kopf so, daß sie zehn Jahre jünger wirkte.« Nabal erzählte sie zunächst nichts von ihrem Abenteuer, dann aber, »als er stöhnend erwachte, und stinkend wie ein Schweinestall, und nicht wußte, wo sein Kopf sich befand und wo sein Ellbogen, da trat sie hin vor ihn, frisch wie der Tau auf der Rose, und sprach: Ach, du Fettsack, du Saufbold, du Gebirge von Impotenz: ich habe dein Leben ge-

---

263 Interessanterweise gibt es zu diesem Zug der Heym'schen Abigajil-Erzählung eine Parallele bereits im Babylonischen Talmud (b. Meg. 14a–b). Dort wird Abigajil zwar auch als weise dargestellt, in erster Linie aber als Verführerin: Sie entblösst vor David absichtsvoll ihre Oberschenkel. Doch als dieser in Lust entflammt, verweigert sie sich ihm und warnt ihn dabei vor seiner Verführbarkeit durch Frauen – wobei bereits die Batscheba-Affäre im Blick ist. Vgl. Valler 1994, 135f.

rettet«. Auf die Mitteilung hin, was sie David alles gebracht hatte, verfiel ihr Gatte in einen lang anhaltenden Tobsuchtsanfall, bis »er auf den Rücken fiel und dalag wie ein Stein. Der Verwalter sagte, man müsse Nabal zur Ader lassen, und die Diener liefen, den Bader zu holen. Aber Abigail, meine Herrin, sprach: Betet, soviel ihr wollt, zu Jahweh, aber rührt nicht an das Blut eures Herrn, denn es ward verdickt von GOtt und am Fließen gehindert, und der Wille GOttes geschehe. Zehn Tage lang beteten die Knechte, und wartete der Bader, und saß meine Herrin an der Seite Nabals, ihres Gatten, der wie ein Stein dalag; aber am zehnten Tag schlug der HErr den Nabal, daß er starb… Zehn Tage dazusitzen und zuzusehen, wie der eigne Mann stirbt, und Sorge zu tragen, daß er stirbt, zeugt wahrhaftig von Charakter.« Auf Abigajils Nachricht an David hin, dass Nabal tot sei, kamen prompt die Boten mit dem Heiratsantrag. »Um die Lippen meiner Herrin war ein Lächeln wie nach einem Siege.«

Auch Stefan Heyms Abigajil – glänzend proträtiert in schwarz schillernden Tönen – wünschte man, ihr wäre das Schicksal, mit Nabal verheiratet zu sein, erspart geblieben. Doch ebenso hätte man ihm gewünscht, sie wäre nicht seine Frau gewesen. Inwiefern David zu seiner Erwerbung zu beglückwünschen ist, steht dahin. So kann das Dreiecksverhältnis Nabal-Abigajil-David recht verschieden nachgestaltet werden. Erzählte das Barock-Oratorium von einer edlen Frau, die ein edler Mann aus einer unerträglichen Verbindung mit einem ungehobelten Mann befreite, dann schildert der moderne Roman eine skrupellose Frau, die ihren abstoßenden Mann hinter sich lässt, um zu einem galanten Abenteurer überzulaufen. Das Thema »Gewaltverzicht« tritt in beiden Fällen hinter dem Thema »Geschlechterbeziehung« zurück.

Die biblische Erzählung, so wie sie jetzt vorliegt, zeigt eher die umgekehrte Gewichtung. Es war wohl der »Höfische Erzähler«[264], der sie kräftig erweitert und ihr namentlich ausgedehnte Redepartien hinzugefügt hat. In dieser Form geht es in der David-Abigajil-Geschichte nur noch nebenbei um die Erklärung der Liaison David-Abigajil.

Was das andere Thema angeht, so wird jetzt Abigajil als »klug und von schönem Aussehen« beschrieben, ihr Mann aber als »hart und bösartig[265] – eben ein Kalibbiter[266]« (1Sam 25,3). Er heißt nicht nur »Nabal«, er ist auch *nabal*, d. h. »töricht« (25,3.25). Seine Torheit äußert sich nicht zuletzt darin, dass er David als einen »von seinem Herrn weggelaufenen Sklaven« beschimpft (25,10), was diesen denn auch schwer gekränkt hat (25,39). Nabals Diener wissen, und sie äußern es auch Abigajil gegenüber offen, dass mit diesem Mann nicht vernünftig zu sprechen ist (25,17). So trifft ihn am Ende denn auch nicht nur ein Herzinfarkt, sondern Jhwh ist es, der ihn »schlägt, so dass er stirbt« (25,38). Abigajil, die das hat kommen sehen (25,29), folgt Davids Heiratsantrag in sanfter Bescheidenheit (25,41).

Weit mehr Gewicht aber erhält das Thema Gewalt und Gewaltverzicht.[267] Zunächst lässt er Davids Bitte an Nabal äußerst höflich vorgetragen und gut begründet werden; keineswegs also handelte es sich um eine

---

264 Vgl. B.I.2.1.
265 Wörtlich: »Schlimm an Taten«.
266 Der Formulierung ist die starke Abneigung gegen diese alte Stammesgruppe anzumerken.
267 Es gibt auch moderne Nachgestaltungen, die dieses Verhältnis nicht umkehren: etwa die höchst gelungene Nacherzählung durch Gauger 1993, 72–80, oder die Auslegungen durch Bach 1994 und Schroer 1996, 90–95, oder die Predigt im Anhang von Dietrich/Mayordomo 2005, 251–259.

rüde Schutzgeld-Erpressung, sondern um erbetene Wohltat gegen erwiesene Wohltat (25,5–8a.15f.). So ist Davids Zorn über Nabals brüske Rückweisung gut zu begreifen (25,21); seine Entschlossenheit allerdings, seinem Kontrahenten »nichts von allem übrig zu lassen, was an die Wand pisst« (25,22.34), wirkt vulgär und brutal und darum einigermaßen erschreckend.[268] Wird hier von David eine unheimlich-düstere Seite gezeigt, so leuchtet davor umso heller die Gestalt Abigajils auf. Sie bringt jetzt David nicht mehr nur die verlangten Abgaben, sondern sie hält ihm jene wahrhaft großartige Rede, in der es eigentlich um kein anderes Thema geht als um den Verzicht auf Gewalt. Ein Argument nach dem anderen führt sie auf, um David dafür zu gewinnen: Sie selber habe von Nabals verfehltem Verhalten nichts gewusst (25,24f.); Gott werde dafür sorgen, dass diesen Toren – immerhin ihren Gatten! – die verdiente Strafe treffe (25,26); Gott werde David ein festes Haus erbauen – gerade dann, wenn er seine Hände rein halte (25,28); Gott selbst werde sein Leben schützen und seine Feinde beseitigen, so dass er sich, wenn er am Ort seiner Bestimmung angekommen sei, keine Vorwürfe zu machen brauche (25,29f.). Kurzum: Den (künftigen) Herrscher David soll Selbstbeherrschung auszeichnen, nicht die harte Beherrschung anderer! Und tatsächlich: David begreift und willigt ein; er preist Gott und Abigajil, die ihn davor bewahrt

---

268 Man kann sich fragen, ob die Erzähler David wirklich als so brutal hinstellen wollen, wie dieser Ausspruch klingt. Immerhin muss man bei ihm nicht »Männer«, sondern kann »Hunde« assoziieren – dies umso mehr, als das hebräische Wort für »Hund« (*kælæb*) und der Stammesname »Kaleb« den gleichen Konsonantenbestand haben. Doch auch in diesem Fall würde sich David zumindest zweideutig ausdrücken; und normalerweise gehen Kampfeinheiten nicht auf Hundejagd.

haben, sich mit Blut zu beflecken (25,32–34), und entlässt die mutige und kluge Frau in Frieden (25,35).

Wie stark der Akzent in 1Sam 25 auf der Gewaltfrage liegt, wird noch deutlicher, wenn man die Stellung des Kapitels im Kontext bedenkt. Es ist jetzt gerahmt – und diese Komposition verdankt sich wieder dem »Höfischen Erzähler« – von den beiden, oben besprochenen Erzählungen über Sauls Verschonung durch David. Es wurde schon angedeutet, dass bei ihnen ganz ähnliche Wachstumsstufen auszumachen sind wie in der Abigajil-Geschichte. Der Höfische Erzähler war es, der diese drei Geschichten zu einer Art Triptychon zusammengestellt hat. In der Mitte steht das Bild von David und Abigajil, die Seitenbilder handeln von David und Saul. Es ist noch zu erkennen, dass die drei Bilder nach Motiven recht unterschiedlicher Herkunft gestaltet sind. Sie sind jetzt aber verbunden durch die ausgleichende Linienführung ein und desselben Künstlers – und vor allem durch den leuchtend-warmen Grundton der Gewaltlosigkeit, in den hier drei von drohender Gewalt knisternde Szenen getaucht sind.

2. David der Mann

2.1 Der rücksichtslos Liebende

2.1.1 David und die Familie Sauls

Die Samuelbücher reden im Blick auf David verschiedene Male von »Liebe« und »lieben« (hebr. 'ahabah bzw. 'aheb). Der Begriff zeigt dabei ein gewisses Schillern. Wenn es darum geht, dass Sauls Untergebene (1Sam 18,22) oder ganz Israel und Juda (1Sam 18,16) David »liebten«, dann hat das die Konnotation

»jemanden verehren, sein Anhänger sein, ihm Gefolgschaft leisten«. Wie aber ist es, wenn von »Liebe« zwischen David und Saul (1Sam 16,21), David und Jonatan (1Sam 18,1.3; 20,17) die Rede ist? Auch dort könnte dieser Ton von Gefolgstreue und Loyalität mitschwingen; David wäre dann des Königs und des Kronprinzen enger Vertrauter, bester Freund, tüchtiger Mitstreiter, treuer Waffengefährte gewesen.[269] Nun wird aber immer wieder gemutmaßt, dass hier auch erotische bzw. (homo)sexuelle Liebe im Spiel sei. Gewiss kann die hebräische Wortwurzel *'hb* auch solche Gehalte haben.[270] Es wäre jedoch höchst ungewöhnlich, wenn die Erzähler dies hätten ausdrücken wollen. Denn die Homosexualität war in der altisraelitischen und überhaupt in den altorientalischen Gesellschaften – im Unterschied zur altgriechischen[271] und vielleicht auch zur altägyptischen[272] – sehr negativ konnotiert.[273]

---

269 Vgl. Thompson 1974.

270 Stefan Heym (1972, 38) weiß es denn auch ganz genau. Er lässt Michal berichten: David »stillte meines Vaters König Saul Begehr, wenn der es wünschte; er lag mit meinem Bruder Jonathan und ließ ihn seine Füße, seine Schenkel, seine Hände, seinen Hals küssen«; und natürlich nahm er sich dazu noch Michal.

271 Hierzu die einschlägigen Beiträge in Siems 1988.

272 Vgl. die knappen Hinweise bei Schroer/Staubli 1996, 20f., wo allerdings lediglich auf zwei Grabreliefs verwiesen wird; einschlägige positive Textzeugnisse können nicht benannt werden.

273 Vgl. nur die bekannten, scharfen Gesetzestexte Lev 18,22; 20,13 (ca. 6. Jh. v. Chr.) sowie § 20 des mittelassyrischen Rechts (um 1100 v. Chr.): »Wenn ein Mann seinem Genossen beiwohnt, man es ihm beweist und ihn überführt, so soll man ihm beiwohnen und ihn zu einem Verschnittenen machen« (TUAT I 83). Dass hier überall an sexuelle Nötigung bzw. Vergewaltigung und nicht an einverständliche homosexuelle Beziehungen gedacht sei (so Schroer/Staubli 1996, 16), lässt sich kaum positiv nachweisen.

So ist es kaum vorstellbar, dass die Erzähler den ranghöchsten Mitgliedern der Königsfamilie Männerliebe hätten nachsagen wollen – es sei denn, in klar (ab)wertendem Ton; doch davon ist nichts zu vernehmen.

Es gibt freilich eine Stelle, die scheinbar doch von einer homosexuellen Beziehung zwischen David und Jonatan spricht. Als Jonatan zum wiederholten Mal den Freund vor seinem Vater in Schutz genommen hat, fährt dieser ihn an: »Du Sohn einer Zuchtvergessenen [?][274] – als ob ich nicht wüsste, dass du dir den Sohn Isais erwählt hast zu deiner Schande und zur Schande der Blöße deiner Mutter!« (1Sam 20,30). Der letzte Ausdruck hat einen sexuellen Beiklang, doch kann ein Kronprinz sich und seine Mutter (samt ihrer Empfängnis- und Gebärfähigkeit) ja nicht nur durch abnorme Sexualität beschämen, sondern auch durch abnorme Dummheit. Anscheinend hat Saul die Sorge, sein Sohn sei David so blindlings zugetan, dass er den gefährlichen Rivalen in ihm nicht erkenne: »So lange der Sohn Isais auf Erden lebt«, warnt er, »wirst du dein Königtum nicht befestigen!« (20,31a)

Was ist es dann positiv, was David mit Jonatan (und anfangs auch mit Saul) verbindet? Es dürfte eine unbändige gegenseitige Zuneigung und Begeisterung sein. Da finden Männer zueinander, die einander aufs höchste schätzen und vollkommen vertrauen. Dass

---

274 So liest man in den Übersetzungen oft – und muss meinen, Jonatans Mutter werde hier als Hure beschimpft. Abgesehen davon, dass der Zusammenhang zwischen diesem Vorwurf und dem des Schwulseins an den Sohn unklar bliebe, ist die Übersetzung semantisch problematisch. *mardût* bedeutet eher »Rebellion« als »Zucht«, und *'wh* Nif. bedeutet nicht »vergessen«, sondern »verdreht, verstört sein« (vgl. HALAT 597. 752 f.). Demnach wäre Jonatans Mutter eher eine »durch Rebellion geschädigte« Frau als eine, die gegen die guten Sitten verstoßen hat.

dies erotische Züge bergen mag, sei unbestritten; mehr zu sagen, wird indes nicht möglich sein.[275]

Eine zweite Frage, die im Zusammenhang mit dem Thema »David und die Liebe« neuerdings häufiger aufgeworfen wird, ist die, ob David selbst überhaupt liebesfähig war. Denn überall dort, wo im Blick auf ihn von »Liebe« geredet werde, scheint er nur der empfangende, niemals der gebende oder der erwidernde Teil zu sein.[276] Dies wäre ein zumindest problematischer Charakter- bzw. Erzählzug. Das Davidbild geriete in die Nähe von Gefühlsarmut und Egoismus. Nicht, dass dies auf den historischen David nicht zutreffen könnte; ist es aber beim literarischen David wahrscheinlich? Hier ist nun genauer auf die hebräischen Formulierungen zu achten. David, heißt es 1Sam 16,21, »stand im Dienst Sauls, *und er liebte ihn sehr*, und er wurde sein Waffenträger«. Wer liebte wen? Generell wird unterstellt, das sei eindeutig: Saul sei Subjekt, David Objekt der Liebe.[277] Doch die beiden rahmenden Sätze haben jeweils David zum Subjekt – warum nicht auch der über die Liebe?

Anders ist es bei der Beziehung zwischen David und Jonatan. Hier wird mehrfach eindeutig gesagt, Jonatan habe David »geliebt wie sich selbst[278]« (1Sam 18,1.3; 20,17). Von der Erwiderung dieser Liebe durch

---

275 Vgl. die nach sorgfältiger Abwägung gefundene, ähnliche Einschätzung Naumanns 2003, 62f. Zum Thema »David und Liebe« im Ganzen Dietrich 2015 (Jahrbuch).

276 So spricht Polzin 1989, 178, von einer »opaque characterization of David. Jonathan gives anything to David ... whereas David is not reported as giving anything in return ... David's inner life and motivation are almost completely hidden.«

277 Sogar der sonst so subtile Fokkelman vereindeutigt hier ohne Zögern »Saul loved him dearly« und zieht daraus weitreichende Schlüsse auf das Saul-Bild der Erzählung (1986, 138f.).

278 Der hebräische Ausdruck *ke-nafschô* wird gern wiedergegeben

David wird nicht ausdrücklich erzählt. Freilich, beim erzwungenen Abschied von Jonatan zeigt auch David starke Emotionen: Beide »küssten einander und weinten umeinander« (1Sam 20,41). Und in dem Trauerlied 2Sam 1,18–27, das aller Wahrscheinlichkeit nach auf David selbst zurück geht, werden Saul und Jonatan als »die Geliebten und die Holden in ihrem Leben wie in ihrem Sterben« bezeichnet (2Sam 1,23). Wer ist das heimliche Subjekt des Liebens und des Hold-Findens? Es könnten alle Israeliten und Israelitinnen sein (vgl. 1,24), es könnten die beiden untereinander sein (die einander in Leben und Tod nahe blieben) – und es könnte David sein (der ihnen jetzt so zugetan ist wie zuvor). Wenig später ist die Klage zu vernehmen: »Es ist mir weh um dich, mein Bruder Jonatan. Du bist mir ein sehr Holder gewesen; wunderbarer war mir deine Liebe [oder: die Liebe zu dir?] als die Liebe der Frauen [oder: die Liebe zu den Frauen?]« (2Sam 1,26). Die Formulierungen lassen rätselhaft offen, wer wem »hold« war[279] und wer wem »Liebe« zuwandte[280]. Möglicherweise ist die sprachliche Unbestimmtheit beabsichtigt; denn bei echter

---

mit »wie sein eigenes Leben«. Oft aber ist *näfäsch* (früher fälschlich: »Seele«) einfach Umschreibung des Selbst.

279 Unbegründet eindeutig übersetzen Schroer/Staubli 1996, 19: »du warst mir eine große Lust« – abgesehen davon, dass die Wurzel *n'm* nirgendwo mit (sexueller) »Lust«, sondern mit »Freundlichkeit«, »Lieblichkeit« und eben »Huld« konnotiert ist, vgl. HALAT 666f.

280 *'ahabat* (im status constructus) mit nachfolgendem genitivus objectivus (statt, wie üblich, genitivus possesivus) begegnet auch an der schon erwähnten Stelle 1Sam 20,17: Jonatan empfand für David so große Liebe wie »die Liebe *zu sich selbst / zu seinem eigenen Leben*« (*'ahabat nafschô*). Vgl. auch Hos 9,15, wo ein Suffix nach einer Verbform von *'aheb* das Objekt des Liebens benennt (statt, wie üblich, das Subjekt).

»Huld« und »Liebe« ist kaum je klar zu unterscheiden zwischen Gebenden und Nehmenden, weil Geben und Nehmen gegenseitig sind.

Von Sauls Tochter Michal heißt es wiederum scheinbar eindeutig, sie habe David »geliebt« (1Sam 18,20.28) – eine in jener Zeit höchst ungewöhnliche Aussage. Liebte David Michal nicht? War sie ihm nur Vehikel, um weiter in die Königsfamilie einzudringen? Auszuschließen ist das nicht. Doch immerhin entrichtete er, um sie tatsächlich zur Frau zu gewinnen, einen enorm hohen und nur unter Lebensgefahr zu erbringenden Brautpreis: 200 Philistervorhäute (1Sam 18,27).[281] Und nach langen Jahren der (erzwungenen) Trennung (vgl. 1Sam 25,44) holte er seine erste Gattin an seine Seite zurück (2Sam 3,13–16): nur aus Berechnung oder auch aus Liebe?[282] Wenn es Liebe war, dann erlitt diese, immer der biblischen Darstellung zufolge, alsbald eine schwere Schädigung: Anlässlich der Überführung der Lade überwarfen sich die Saulstochter Michal und der König David; ihre Verbindung blieb fruchtlos (2Sam 6,16.20–23).

Es ist bewundernswert, wie sorgfältig die biblischen Erzähler einen scheinbar peripheren Erzählfaden wie den der Geschichte Michals durch die ge-

---

281   Der Erzvater Jakob, der um Rahel sieben Jahre dient, tut dies eindeutig aus Liebe (vgl. Gen 29,18: 'aheb).

282   Im Babylonischen Talmud (Sanh. 19b) gibt es zur Nachricht von Michals Rückkehr zu David eine längere Diskussion. Das Problem ist, dass in Dtn 24,1–4 verboten ist, eine geschiedene Frau zu heiraten. War aber Michal nicht mit Palti verheiratet, und David nahm eine Geschiedene? Die Rabbinen sparen nicht mit Auslegungskünsten, um Davids Gesetzestreue zu sichern: Palti habe im Bett zwischen sich und Michal ein Schwert montiert! So sei er nie wirklich »ihr (Ehe-) Mann« geworden, wie es in 3,16 steht, sondern nur »wie« ein Ehemann: fürsorglich und liebevoll – weiter nichts. Vgl. Valler 1994, 133 f.

samte Davidgeschichte hindurch verfolgt und immer wieder aufgenommen haben. So entstand ein zwar fragmentarisches, aber doch farben- und konturenreiches Frauenporträt, das nicht nur Exegetinnen und Exegeten[283], sondern auch Romanciers und Maler zu Einfühlung und Nachgestaltung eingeladen hat.

Grete Weils Roman »Der Brautpreis« hat stark autobiografischen Charakter. Die Autorin setzt sich mit ihren eigenen jüdischen Wurzeln auseinander, und sie sieht sich zugleich im Spiegelbild der Prinzessin Michal; durch den Bezug auf die biblische Frauengestalt wird das zeitgenössisch-persönliche Erleben reizvoll verfremdet. Mit den Augen Michals sieht und schildert Grete Weil, wie David als Musiktherapeut an den Hof ihres Vaters Saul kam. Hals über Kopf verliebte sie sich in den Jüngling, der sie verzauberte, bevor sie ihn auch nur gesehen hatte. Mit ihrem Bruder Jonatan lauschte sie nämlich vor der Tür, wie David erstmals vor ihrem kranken Vater musizierte, und sogleich war sie hingerissen: »Der Harfenton, jubilierend, anders als jemals zuvor vernommen, darüber eine helle Männerstimme … Sie fordert, sie schenkt, steigt zum Himmel, kehrt zur Erde zurück, voll Kampfeslust, doch auch voll Frömmigkeit. Ich beginne zu fliegen, dahinzugleiten durch Zeit und Raum, selbstverloren, selbstgefunden. Meine Ewigkeit.« Nach ihrer ersten (und einzigen) Liebesnacht mit dem jungen Sänger wird sie abrupt auf den Boden der Tatsachen zurückgeholt. Die Philister fallen ins Land ein; es kommt zu der militärischen Patt-Situation, in der der riesenhafte (aber, was damals niemand wusste: kranke) Goliat Furcht und Schrecken verbreitete. David besiegte ihn (freilich, wie später niemand

---

283   Vgl. den mehr literar-ästhetisch ausgerichteten Sammelband von Clines/Ezkenazi 1991 und die stärker literar-historische Arbeit von Willi-Plein (1997 =) 2002.

mehr wissen wollte: mit Jonatans tatkräftiger Mithilfe) – und schlagartig war der junge Musiker, den Michal liebte, zum Kriegshelden geworden. Voller Kummer vermeldet sie: »einen Helden bekam ich, die sich einen Sänger gewünscht hatte, schließlich zum Mann«. Nach dem triumphalen Sieg sieht sie sich einem ganz anderen Mann gegenüber. »Als ich David wiedersah, trug er noch immer das weiße, über und über mit Blut bespritzte Hemd ... Ich habe David nie mehr in Weiß gesehen. Er war ein Krieger geworden«. Zum Symbol für Michals Entfremdung von David wird der schreckliche »Brautpreis«, mit dem David sie zur Frau gewann (und der dem Roman den Namen gab). Körperlich lieben konnte sie diesen Mann nicht mehr; zwischen ihr und ihm stand das Grauen über seine blutigen Taten. Dann trieb Saul in seiner Wut und Eifersucht ihren Mann zur Flucht. »In der Zeit ... fing ich, Michal, an zu denken«; nachzudenken über die

Abb. 28: Kupferstich aus der Werkstatt der Gebrüder de Bry (16. Jh.): David schüttet vor Saul den »Brautpreis« für Michal aus; rechts im Bild wird die Beschaffung der Trophäen dargestellt

Männer, über ihren Hang zu Rücksichtslosigkeit, Brutalität und Mord. Am Ende empfindet sie für »David, den Strahlenden, Begabten, Jahwes Engel«, keine Liebe mehr – wohl aber für den Mann, dem Saul sie gegeben hatte. »Palthi war kein Held. Ich hatte von Helden genug. Palthi war ein Jude«. Eines Tages dann holt David sie wieder zu sich. Sie und Palthi folgen einfach dem Befehl; denn sie sind »zu unerfahren, um zu wissen, daß Neinsagen immer oder doch fast immer eine Möglichkeit und meistens die bessere ist«. Damit ist ein geheimer Nerv des Romans angesprochen: Nicht nur Michal und Palthi, die Jüdinnen und Juden allgemein haben zu wenig gelernt, Nein zu sagen – bis hin nach Auschwitz. Grete Weil zieht aus ihrem Leben das Fazit, dass Gegenwehr nötig ist: auch und gerade der Schwachen (und der Frauen) gegen die Mächtigen (die meist ja Männer sind).

2.1.2 David und Batscheba

Eine zweite große Frauengestalt in der Umgebung Davids, die in der Bibel relativ deutlich porträtiert und die später noch intensiver rezipiert worden ist als Michal, ist Batscheba. Sie tritt nur an zwei Stellen der Davidgeschichte auf, dort aber in prominenter Weise. In 2Sam 11 f. wird erzählt, wie sie zu Davids Frau und Salomos Mutter wurde, in 1Kön 1 f., wie sie beim Übergang der Macht von David auf Salomo eine entscheidende Rolle spielte.[284] Vieles spricht dafür, dass diese vier Kapitel literaturhistorisch zusammenhängen und in ihrer Grundform einen alten Kern der entstehenden Davidliteratur gebildet haben. Die

---

284 Diese Texte markieren in der biblischen Davidgeschichte gewissermaßen die Mitte und den Schluss. Schon oft hat man bemerkt, dass mit der Batscheba-Affäre in die Vita Davids ein düsterer Ton kommt; von nun an reiht sich ein Unglück ans andere. Zugleich aber ist jetzt der Thronfolger auf der Welt, mit dem die Geschichte einen positiven Ausklang bekommt.

in ihren Konturen noch gut zu fassende David-Bat-scheba-Salomo-Novelle[285] lässt auf die Vorgänge im Haus Davids und speziell bei der Geburt und der Machtergreifung Salomos schwere Schatten fallen.

In der Jetztfassung freilich ist über das Schlimme ein halbwegs versöhnlicher Schleier gebreitet: In 2Sam 11 f. wird die schwere Schuld, die David im Bat-scheba-Urija-Skandal auf sich geladen hat, immerhin aufgedeckt, und der Prophet Natan spricht dem reumütigen König Vergebung zu – wenn auch nicht völligen Straferlass; das im Ehebruch gezeugte Kind muss sterben, findet jedoch Ersatz in dem kleinen Salomo, von dem es ausdrücklich heißt, dass Jhwh ihn »liebte« (2Sam 12,24). In 1Kön 1 f. wird einiges getan, um die Einsetzung Salomos zum Nachfolger Davids vom Ruch einer dubiosen Palastintrige zu befreien und die von ihm ergriffenen Säuberungsmaßnahmen als gerechtfertigt hinzustellen.

Kritischer Analyse erweisen sich die positiven, David und Salomo in ein freundlicheres Licht rückenden Züge innerhalb von 2Sam 11 f. und 1Kön 1 f. als nachträgliche Retuschen. Sie stammen vermutlich von der Hand unseres »Höfischen Erzählers«. Dieser ersetzte nicht etwa das erschreckende David- und Salomobild seiner Vorlage durch ein glänzendes Propagandabild, sondern trug in das alte, düstere Bild – das er auf diese Weise der Nachwelt bewahrte! – lediglich einige hellere Farbstriche ein, die es ihm und seiner Leserschaft ermöglichten, in dem abgründigen Geschehen um die Geburt und die Machtübernahme Salomos letztlich doch Gottes Hand am Werk zu sehen. David war wohl ein großer Sünder, besaß aber, von Natan gestellt, auch die Größe, dies einzusehen und einzugestehen. Salomo

---

285 Vgl. dazu B.I.2.2.

stammte wohl aus einer fragwürdigen Liaison, doch eben der Gott, der diese Liaison nicht ungestraft ließ, »liebte« Salomo. Die Thronbesteigung Salomos erfolgte zwar im Zusammenhang mit etwas undurchsichtigen Vorgängen im Königspalast, und es verloren einige prominente Persönlichkeiten – immerhin der bisherige Kronprinz Adonija, Davids getreuer General Joab und sein Priester Abjatar – ihr Leben oder zumindest ihre Stellung; doch letztlich war es Gott, der Salomo als Nachfolger Davids wollte, und jene Säuberungen dienten nicht, wie man denken könnte, der bloßen Machtsicherung Salomos, sondern waren wohlbegründet und entsprachen dem Willen Davids (und Gottes).

Wie nun erscheint in dieser Darstellung die Gestalt Batschebas? Ihr Bild in 1Kön 1f. wirkt nicht unbedingt gewinnend. Es wird dort geschildert, wie der Prinz Adonija sich, ganz im Stile Abschaloms, als Thronprätendent geriert und schließlich ein großes Fest veranstaltet, zu dem er wichtige Notabeln, die judäischen Höflinge und sämtliche Prinzen einlädt – nur nicht Salomo, und mit ihm auch nicht den Propheten Natan[286] und den Kommandeur der Leibwache, General Benaja (1Kön 1,5–10). Daraufhin wird Natan aktiv: nicht als ernster, großer Strafprophet wie in 2Sam 12, sondern als ins politische Geschäft eingreifender Hofprophet, um nicht zu sagen: Hofintrigant. Bemerkenswerterweise wendet er sich an Batscheba, nicht etwa an Benaja oder Salomo oder David, was bereits einiges über die Position dieser Frau besagt. Ihr gegenüber interpretiert er das Tun Adonijas als offiziellen Machtantritt: »Hast du nicht gehört, dass Adonija, der Sohn der Haggit, König geworden ist – und unser Herr, David,

---

286 Natan wird schon in 2Sam 12,25 in enge Verbindung mit dem damals gerade geborenen Salomo gebracht.

weiß es nicht?« (1,11)[287] Die Reaktion Batschebas auf diese Nachricht wird nicht mitgeteilt, wohl aber der Rat, den Natan ihr gibt: »Auf, geh hinein zum König David und sage ihm: Hast nicht du, mein Herr König, deiner Magd geschworen: Dein Sohn Salomo soll König sein nach mir, und er soll auf meinem Thron sitzen? Und warum ist (dann) Adonija König geworden?« (1,13) Davids Schwur betreffs der Thronnachfolge Salomos steht unter einem dreifachen erzählerischen Vorbehalt: Natan habe gesagt, Batscheba solle sagen, dass David gesagt habe ... *Hat* David den Schwur geleistet? Niemand weiß es. Niemals zuvor war davon die Rede, und aus einem Nichts darf weder Positives noch Negatives geschlossen werden.

Batscheba macht sich auf zu David. Anscheinend hat ihr eingeleuchtet, dass sie, und nur sie, diesen Vorstoß unternehmen sollte. Warum? Meint sie, bei David besonders viel Einfluss zu haben? Hat sie Anlass, sich für besonders attraktiv oder geschickt zu halten? Nimmt sie für sich bereits die Rolle und Würde der künftigen Königsmutter in Anspruch? Bevor der Erzähler sie Davids Gemach betreten lässt, bemerkt er: »Und der König war sehr alt« (1,15). Von Senilität und Gedächtnisschwäche steht da nichts, also darf derlei nicht einfach unterstellt, kann aber auch nicht ausgeschlossen werden. Nach den obligaten höfischen Zeremonien bringt Batscheba ihr Anliegen vor. Dabei folgt sie Natans Ratschlag weitgehend – aber nicht völlig. Den (angeblich) einst gesprochenen Schwur zitiert sie wortwörtlich, doch im Vorspann dazu ver-

---

287 Adonijas Fest scheint schon in vollem Gange zu sein; dass der Prinz aber dort zum König ausgerufen worden wäre, vermeldet der Erzähler nicht. Geht Natan ein wenig großzügig mit der Wahrheit um oder denkt er nur weiter? Immerhin hatte ja Abschalom seinen Putsch.

schärft sie den Ton: Statt den König zu fragen (wenn
auch in einer rhetorischen Frage, wie von Natan vor-
geschlagen), *ob* er ihr nicht jenen Eid geleistet habe,
behauptet sie im Indikativ, *dass* er es getan habe, und
zwar, wie sie hinzufügt, »bei Jhwh, deinem Gott«
(1,17). Das klingt überzeugender als in der Formulierung Natans – und soll dies sicher auch.[288] Dann
wiederholt sie Natans Behauptung, Adonija sei ohne
Davids Wissen »König geworden« (1,18). Zum Beweis
berichtet sie, was die Lesenden schon wissen: dass
Adonija ein Fest veranstaltet, und wer dazu eingeladen ist und wer nicht.[289] Nun, so schließt sie, sei es
am König, seinen tatsächlichen Willen mitzuteilen;
alles Volk warte darauf, und speziell sie und Salomo
seien darauf angewiesen, denn sonst würden sie nach
seinem Tod als Schuldige dastehen (1,20f.). Diese letzten Sätze waren ihr von Natan nicht vorgegeben
worden – jedenfalls nicht, dass die Lesenden etwas
davon wüssten. Sie drängt damit David zur Eile, zur
raschen Entscheidung, weil andernfalls, nach Davids
Ableben, sie und ihr Sohn gefährdet seien.

Ist Batscheba also aus Angst um sich und ihren
Sohn aktiv geworden? Ironischerweise wird am Ende
Adonija gefährdet sein und sterben müssen: auf Befehl Salomos und nicht ohne Zutun Batschebas. Waren
derlei Exekutionen einfach üblich – oder schloss Batscheba vorgreifend von sich auf andere? Wie auch immer, als Salomo mit ihrer, Davids, Natans und Bena-

---

288 Später bestätigt dann David ausdrücklich, dass er den Eid
geleistet habe (1,29f.), doch ist dies möglicherweise ein Nachtrag, der gern die angedeutete Unsicherheit beseitigt haben
möchte.

289 Hier allerdings redet sie nur von Salomo, nicht Natan und
Benaja. Das wird Natan später in seiner Bestätigung der Rede
Batschebas nachholen (1,22–27).

jas Hilfe das Ringen um die Macht für sich entschieden hatte, wurde Adonija zunächst verschont (1Kön 1,50–53). Doch bald schon lieferte er selbst den Vorwand für seine Eliminierung. Davon erzählt der Abschnitt 1Kön 2,13–25: Adonija sucht Batscheba auf, um ihr eine Bitte vorzutragen, die sie dem König vorbringen möge, da er sie ja wohl nicht abweisen werde. Die Königsmutter also als mächtige Fürsprecherin, der man zutraut, selbst delikate Probleme lösen zu können. Adonija erklärt ihr, eigentlich habe das Königtum ihm zugestanden – eine vermutlich nicht sehr kluge Äußerung –, doch akzeptiere er die inzwischen geschaffenen (und von Gott gewollten!) Tatsachen. Nur einen einzigen Wunsch habe er: Er wolle Abischag von Schunem zur Frau – kein unbedingt harmloser Wunsch, wenn man bedenkt, dass Königsfrauen (und eine solche war Abischag in gewisser Weise, vgl. 1Kön 1,1–4.15) immer auch Symbole der Königsmacht sind.[290] Was tut Batscheba? Sie warnt Adonija nicht, sie rät ihm nicht ab, sie begibt sich alsbald zum König, ihrem Sohn, nimmt Platz auf dem Thron zu seiner Rechten – ein Symbol der Teilhabe an der Königsmacht – und trägt Salomo ohne große Umschweife Adonijas Bitte vor. Salomo reagiert prompt und hart: Warum sie ihn denn nicht gleich um das Königreich für Adonija bitte? Und dann gibt er Benaja den Exekutionsbefehl. Hat Batscheba dies vorausgesehen, voraussehen können? Kannte sie nicht ihren Sohn? Jedenfalls wird nicht berichtet, sie habe irgendetwas unternommen, um Adonija vor seinem Schicksal zu bewahren. Wieder erscheint sie, wie schon bei der Intervention in Sachen Thronfolge, als eher dienendes Glied in der Ereigniskette, überbringt eine ihr von einem Mann

---

290 Drastisch klar macht dies die Szene 2Sam 16,21–23.

aufgetragene Nachricht; und doch spielt sie auch diesmal eine wichtige Rolle, beeinflusst das Geschehen und bringt es voran. Sie erscheint als starke und aktive, freilich ein wenig undurchsichtig agierende Frau.

Geht man von diesem Ende der David-Batscheba-Salomo-Geschichte zu ihrem Anfang zurück, dann stellt sich sogleich die Frage, ob die Batscheba von 2Sam 11f. dieselbe ist wie die von 1Kön 1f. Darf man von einem einheitlichen Charakter(bild) ausgehen, oder hat man mit Entwicklungen und Veränderungen zu rechnen? Wer die Daviderzählungen liest, trifft zuerst auf die Batscheba von 2Sam 11, und diese bzw. die Geschichte über sie hat das Recht, zunächst für sich wahrgenommen zu werden, so als gäbe es die Fortsetzung in 1Kön 1f. nicht. Andererseits kann es niemandem verwehrt werden, die Davidgeschichten zweimal zu lesen, und dann ist die zweite Batscheba-Erzählung von der ersten kaum fernzuhalten. Die Frage ist deshalb von Bedeutung, weil die Batscheba von 2Sam 11f. eine erstaunlich wenig ausgestaltete Erzählfigur ist.[291] Man erfährt einiges über ihr Aussehen und ihr Ergehen, nichts jedoch über ihr Wesen und ihre Empfindungen; es wird ihr kein einziges Wort in eigener, direkter Rede zugestanden.[292] So stellt sich die Frage umso dringender: Wer ist diese Frau? Ist sie von Anfang an die, die sie am Ende sein wird?

Die erste Begegnung der Lesenden mit Batscheba erfolgt gleichsam indirekt, mit den Augen Davids. In subtiler Leserlenkung wird man zunächst in den königlichen Palast geführt, und zwar in das Schlaf-

---

291 Das betonen etwa Berlin 1982 und Naumann 2003.
292 Einzig der (oder die) Überbringer(in) der Nachricht von ihrer Schwangerschaft zitiert sie in 1. Person (2Sam 11,5). Man vergleiche damit die ausgefeilten Reden von Abigajil in 1Sam 25 oder Tamar in 2Sam 13 oder der Frau von Tekoa in 2Sam 14.

gemach des Königs. Man erblickt ihn auf dem Lager und merkt, dass er, obwohl es Abend ist, nicht recht zur Ruhe finden kann. Kein Wunder, seine Armee befindet sich im Krieg; er ist, wohl zur Erledigung von Regierungsgeschäften, zu Hause geblieben. Unruhig erhebt er sich vom Bett und begibt sich hinauf auf das Flachdach, um sich ein wenig in der Abendkühle zu ergehen. Sein Blick gleitet aus der Ferne hinunter zu den Häusern nahe seiner Residenz – und plötzlich ist sein Blick fixiert. Man folgt der Blickrichtung – und sieht sie dann auch: die Frau, die sich dort unten wäscht. Sie ist von sehr schönem Aussehen.

So macht der Erzähler mit einem einzigen, kunstvoll gestalteten Vers (2Sam 11,2) zusammen mit König David auch den Leser – vorzugsweise den männlichen – zum Voyeur.[293] Die Schilderung, die er bietet, ist derart knapp, dass der Phantasie viel Raum bleibt: Wo genau ist die Frau? Wie weit entfernt? Ist sie allein? Ist sie völlig unbekleidet? Wie, worin, womit wäscht sie sich? Wohin wendet sie sich? Was genau ist von ihr zu erkennen? So überrascht es nicht, dass die Künstler aller Zeiten sich das Bild von der sich waschenden Batscheba ausgemalt haben. In früheren Jahrhunderten war dies zudem eine willkommene Gelegenheit, gleichsam mit biblischer (und gar königlicher!) Rückendeckung einen weiblichen Akt zu präsentieren. Selbst im Mittelalter musste die Darstellung nicht immer sehr verschämt ausfallen.

---

293 So mit Naumann 2003, 67, der daran die Überlegung anschließt, das »Du bist der Mann« von 2Sam 12,7 treffe somit »nicht nur David, sondern auch den Leser, sofern er diesen Mann durch die Untiefen der Geschichte begleitet hat. Der Erzähler setzt auf die Sexualisierung des männlichen Blicks in seiner Ambivalenz zwischen Schaulust, Begierde und Scham« (67 f.).

Aufschlussreich ist es, zu sehen, welchen Standort die Maler wählen. Sie haben dazu grundsätzlich zwei Möglichkeiten. Entweder nehmen sie den »point of view« des Erzählers (und des Lesers) ein; dann sehen und malen sie die Frau gewissermaßen aus der Perspektive Davids, also eher aus der Ferne. Oder sie verlassen den vom biblischen Erzähler angewiesenen Platz und begeben sich in die Nähe der Frau, den königlichen Voyeur nur noch im Augenwinkel. Weniger voyeuristisch muss dies nicht sein. Zuweilen (etwa bei Rembrandt) ist der König dadurch mit im Bild, dass die Schöne einen Brief in der Hand hält: die Aufforderung, in den Palast zu kommen. Welchen Gesichtsausdruck gibt ihr der Maler in diesem Fall – und welchen hat sie auf anderen Bildern, wo sie sich unbeobachtet wähnt?

Doch woher weiß man, dass Batscheba meinte und wünschte, beim Waschen unbeobachtet zu sein? Ist es nicht denkbar, dass sie sich den Blicken des Königs bewusst aussetzte? Dieser Gedanke stachelt die (männliche) Phantasie aufs Neue an. Man(n) stelle sich vor, Batscheba hätte sich ob der kriegsbedingten Abwesenheit ihres Mannes gelangweilt oder an ihrem Gatten, aus welchem Grund auch immer, ohnehin nicht viel Freude gehabt; sie wäre erotischen Abenteuern nicht abgeneigt gewesen, schon gar nicht mit dem König persönlich (von dem man überdies wusste, dass er kein Frauenverächter war)?

Batscheba, die Verführerin: eine spannende Vorstellung. Sie kann sich sogar auf exegetische Erwägungen stützen, die namentlich mit dem Verhältnis von 2Sam 11 f. und 1Kön 1 f. zu tun haben. Wenn Batscheba dort eine geschickt und gezielt agierende Frau ist, die den König zu dem bringt, was sie will – warum nicht schon hier? Es gibt auch in 2Sam 11 Erzählzüge, die

Abb. 29: Die badende Batscheba
in der Bible moralisé (13. Jh.)

Abb.30: Die badende Batscheba
bei Rembrandt van Rijn (1654)

man(n) in dieser Richtung ausdeuten könnte und immer wieder ausgedeutet hat:[294] Warum wäscht sich eine Frau so nah am Palast und so, dass sie von dort gesehen werden kann? Und dies abends, wo zwar die Temperaturen in Jerusalem oft unangenehm niedrig sind, umso höher aber die Wahrscheinlichkeit, vom König wahrgenommen zu werden? Der Text in seiner Kargheit gibt solchen Phantasien Raum – legt sie freilich auch nicht betont nahe. Vielmehr lässt er alle nachfolgenden Aktivitäten von David ausgehen.[295]

Der König ist entflammt für die schöne Frau und möchte wissen, wer sie ist. Man antwortet ihm:[296] »Ist das nicht Batscheba, die Tochter Eliams und Gattin Urijas des Hetiters?« (2Sam 11,3) Damit ist nicht nur ihr Name bekannt, sondern auch, dass sie aus einer einflussreichen Familie stammt[297] und die Gattin eines Armeeoffiziers ist.[298] Vor allem dieses Letzte hätte für

---

294 Zum Folgenden siehe Nicol 1988.

295 Der Babylonische Talmud (Sanh. 107a) sucht David zu entlasten. Er habe den Ehebruch gar nicht aus freien Stücken unternommen, sondern Gott habe ihn dazu versucht und der Satan habe, als Batscheba sich hinter einem Vorhang (!) wusch, in Gestalt eines Vogels diesen Vorhang zerrissen – und damit sei es um David geschehen gewesen. Vgl. Valler 1994, 137.

296 Nach Bailey, der die Verbindung zwischen David und Batscheba für von beiden Seiten bewusst angebahnt hält, hat sich David diese Frage selbst beantwortet (1990, 85). Grammatisch ist das möglich, vom Kontext her aber nicht; denn ausdrücklich »schickt« David nach jemandem (*wajjischlach*), was wohl meint, dass er aus dem Palast jemanden herbeiholen lässt, der ihm Auskunft erteilen kann. Ihm war Batscheba also unbekannt.

297 Nach 2Sam 23,34 war Eliam ein Sohn Ahitofels, des hoch geachteten königlichen Ratgebers (vgl. 2Sam 15,12; 16,23).

298 Urija der Hetiter figuriert in 2Sam 23,39 als einer der »Dreißig«, einer Gruppe herausgehobener Krieger. Die Erzählung gibt auch einige Hinweise auf eine relativ hohe soziale Stellung Batschebas: Sie wohnt nahe dem Palast in einem eigenen Haus

David (und jeden anderen, der etwa ein Auge auf Batscheba geworfen hätte) eine Warnung sein müssen. Männer in Israel und erst recht Könige hatten sexuell erhebliche Freiheiten, doch in eine fremde Ehe einzubrechen, war niemandem erlaubt.[299] Die Erzählung indes fährt lapidar fort: »Und David schickte Boten und holte sie und sie kam und er lag bei ihr« (2Sam 11,4). Davids Handeln und seine Beweggründe sind leicht nachvollziehbar: Er will diese Frau, und er nimmt sie, rasch und bedenkenlos. Sie dagegen bleibt undurchschaubar. Was empfindet sie, als der König sie rufen lässt? Geht sie gern oder widerstrebend? Willigt sie ein in den Sexualakt, genießt sie ihn gar – oder wird sie dazu gezwungen? Die Meinungen der Auslegerinnen und Ausleger sind gespalten: Die einen wollen wissen, bei Batscheba sei alles freiwillig geschehen.[300] Die andern werten diese Behauptung als Versuch, einem Vergewaltigungsopfer die (Mit-) Schuld an seinem Unglück zu geben.[301] In der Tat: Die Versicherung aus Männermund ist wohlbekannt: »Sie hat mich verführt! Sie hat es selbst gewollt!« Ande-

---

(V. 4), und sie verfügt über Diener(innen), die sie schicken kann (V. 5).

299 Laut dem (ironisch gemeinten) »Königsrecht« in 1Sam 8 darf bzw. wird der König die Töchter Israels wohl »nehmen«, doch nicht zur Befriedigung seiner sexuellen Lust, sondern zum Kochen, Backen und Salbenmischen (1 Sam 8,13). Von einem »ius primae noctis« weiß der alte Orient nichts, und auf den Fall Batschebas passte es ohnehin kaum.

300 Nicol 1988; Bailey 1990, 88 (»she is here as well as throughout the narrative a willing and equal partner«; er schließt das aus dem Nebeneinander maskuliner und femininer Verbformen, und zwar jeweils im *Qal*-Modus).

301 Exum 1996. Die Autorin sieht Batscheba zweimal vergewaltigt: zuerst »raped by the penis« (nämlich Davids) und dann »raped by the pen« (nämlich der Ausleger). Diesen Angriff sucht Nicol 1997 zu parieren.

rerseits: Warum steht da nichts von Widerwillen oder Widerstand Batschebas – so wie wenig später in der Geschichte von der Vergewaltigung Tamars (2Sam 13)?[302] Ist der Erzähler am Männerkomplott beteiligt, oder ist Batscheba doch nicht so unschuldig?

Der Prophet Natan jedenfalls wird David als den Alleinschuldigen bezeichnen (»Du bist der Mann«, 2Sam 12,7), und David wird daraufhin nicht auf eine Mitschuld Batschebas verweisen, sondern seine eigene Schuld eingestehen (2Sam 12,13). Und gerade das Schicksal der von ihrem Halbbruder Amnon vergewaltigten Tamar (2Sam 13) weckt unwillkürlich die Assoziation: »Wie der Vater, so der Sohn«, also auch: wie Tamar, so Batscheba. Und doch bleibt der Unterschied in der Charakterzeichnung der beiden Frauen. Es ist kaum mehr zu erhellen, was die Erzähler dazu bewog: eigene Vorbefangenheit oder geschichtliche Gegebenheiten. Die Texte lassen es kaum zu, den Autoren und den von ihnen geschilderten Figuren ins Herz zu schauen.

Das hindert kühne Interpreten nicht, an den Texten (und notfalls auch ohne sie) gewagte Theorien darüber zu entfalten, wie es wirklich gewesen ist. Könnte nicht Batscheba den Verkehr mit David nicht nur gern hingenommen, sondern bewusst herbeigeführt haben?[303] Als wichtiges Indiz dafür gilt die unscheinbare Bemerkung, wonach sie sich gerade, als sie mit David zusammentraf, »heiligte von ihrer Unreinheit« (2Sam 11,4). Damit ist nicht etwa auf Verunreinigungen durch den Geschlechtsverkehr angespielt, son-

---

302 Das Argument sticht in Wirklichkeit nicht: Auch in Ri 19, der schrecklichsten Vergewaltigungsgeschichte der Bibel, wehrt sich das Opfer nicht – es stirbt still.
303 Vgl. zum Folgenden Bailey 1990, 84–90.

dern auf die Monatsblutung, die als rituell »unrein«
galt. Dieser Zustand der »Unreinheit« dauerte vom
Einsetzen der Menstruation an sieben Tage; danach
war die rituelle Reinigung zu vollziehen (vgl. Lev
15,19–24).[304] Also befand sich Batscheba, als David
»bei ihr lag«, nahe am optimalen Zeitpunkt für eine
Empfängnis. Sollte sie das nicht gewusst haben? Sollte
sie sich etwa gerade deshalb dem König so auffällig
dargeboten haben und dann ohne jeden Widerstand
zu ihm gegangen sein? Wollte sie von ihm schwanger
werden – und David wäre in eine Falle getappt?[305]
Aber sie war doch verheiratet!, möchte man ein-
wenden. Nun, dieser Umstand muss eine aufstiegs-
orientierte Frau nicht daran hindern, sich und ihre
Familie – und ihren jetzt zu zeugenden Sohn! – in eine
möglichst günstige Position zu bringen. Sollte sich
dabei Urija als Hindernis herausstellen, so würde man
gewiss einen Weg finden, ihn zu umgehen …

Abgründe tun sich auf. Nicht nur Ehebruch des Kö-
nigs mit einer verheirateten Frau und Mord an deren
Ehemann, sondern vor und über alledem das kühle
Kalkül und das volle Einverständnis der Ehefrau.[306]

---

304 Der Hinweis auf Batschebas Monatszyklus macht klar, dass
     eine jetzt eintretende Schwangerschaft nichts mit ihrem im
     Felde befindlichen Gatten zu tun haben kann.

305 Für eine solche Deutung ließe sich auch geltend machen, wie
     der Fortgang der Geschichte formuliert ist: »Und die Frau
     wurde schwanger. Und sie sandte hin und ließ David melden:
     Schwanger bin ich!« (2Sam 11,5) Täuscht der Eindruck, dass
     hier gleichsam von gleich zu gleich verhandelt wird (auch der
     König hatte zuvor zu ihr »gesandt«, 11,4) und dass die Mel-
     dung einen selbstbewussten, fast herausfordernden Klang hat?

306 Bailey (1990, 91–99) sieht den Mord an Urija als gemeinsame
     Aktion Davids und der Familie Batschebas: Zuerst wollte man
     ihn umbringen, indem man ihn zu seiner Frau lockte und dort
     tötete (vgl. 2Sam 11,6–13 – wobei die Tötungsabsicht dem Text

Was Exegeten vorsichtig zu begründen suchen, verkündet der Romancier als verbürgte Nachricht. Stefan Heym lässt den skrupellosen General Benaja ausmalen, was Batscheba ihrem Mann zu bedenken gab, als der aus dem Feld nach Jerusalem beordert worden war und sehr gerne der Aufforderung des Königs Folge geleistet hätte, nachts bei seiner Frau zu schlafen. »Uria, mein Lieber«, hätte sie gesagt, »du weißt, daß mir nicht viel übrigblieb, als bei dem König zu liegen. Jetzt aber, siehe, will der alte Lüstling … das Kind, welches ich im Leibe trage, als dein Kind erscheinen lassen, damit wir keine Ansprüche erheben können gegen ihn. Wenn du dich aber klug verhältst, Uria, mein Lieber, und heute Abend nicht hinabgehst in dein Haus, um bei mir zu liegen, so wird niemand bezweifeln können, daß das Kind von David ist, und du wirst aufsteigen im Dienst des Königs und an seiner Tafel sitzen unter den Großen im Königreich; und der kleine Prinz, der in mir ist, soll König sein über Israel.« Auf die Rückfrage, ob denn Batscheba nicht habe voraussehen können, dass David, allzu sehr bedrängt, Urija einfach beseitigen lassen würde, antwortet Benaja trocken: »Und wenn sie es vorausgesehen hätte?«[307]

Die Bibel erzählt, auf welche Weise Urija zu Tode gebracht wurde: Er hatte sein eigenes, von David ausgefertigtes Todesurteil dem General Joab zu überbringen, der ihn daraufhin in der Schlacht absichtlich umkommen ließ (2Sam 11,14–17). Das Motiv des »Urias-Briefs« ist in der orientalischen Erzähltradition recht verbreitet, und es ist immer Symbol für die ganz

kaum zu entnehmen ist), dann, als dies misslang, tat man es durch »tragischen Tod auf dem Schlachtfeld« (2 Sam 11,14–25).

307 Heym 1972, 176f.

außerordentliche Treulosigkeit und Gemeinheit eines Potentaten.[308] Nicht zu überbieten ist der Zynismus, mit dem David die Nachricht vom Tod Urijas und einiger weiterer, mit ihm gefallener Krieger kommentiert: »Das Schwert frisst bald so und bald so« (11,25). Batscheba dagegen reagiert korrekt: Sie hält Totenklage um ihren Gatten (11,26). Ahnt sie, weiß sie etwas von den dunklen Hintergründen seines Todes? Ist ihre Trauer echt oder vorgespielt? Wieder gewährt der Erzähler keinen Blick in ihr Inneres. Stattdessen berichtet er lapidar: »Und die Trauerzeit ging vorüber, und David sandte hin und ließ sie in sein Haus holen, und sie wurde seine Frau und gebar ihm einen Sohn« (11,27a).

Eigentlich ist es erstaunlich, dass der gewissenlose Ehebrecher und Mörder David die Frau, mit der er sich eingelassen hat, und das Kind, das er dabei gezeugt hat, bei sich haben will. Bis in neueste Zeit gibt es Beispiele dafür, dass mächtige Männer mit derartigen Affären ganz anders umgehen: Sie vertuschen, verschweigen, verdrängen, verleugnen die Liebschaft wie die Vaterschaft. Batscheba dagegen wird – so weit dies nach einer derart illegalen Vorgeschichte noch möglich ist – zur legalen Königsgemahlin[309] und ihr Sohn zum regulären Prinzen. Was hat David dazu bewogen? Batschebas Unwiderstehlichkeit?[310] Ein Hauch von Anständigkeit? Oder – Liebe?

---

308 Vgl. Naumann 2000.

309 Im Babylonischen Talmud (Sanh. 107a) findet sich eine Interpretation von Ps 38,18, wonach Batscheba schon von der Schöpfung an zur Gattin Davids ausersehen gewesen sei, vgl. Valler 1994, 138.

310 Nach Heym war es Batscheba, die sofort nach Eintreten der Schwangerschaft für ihr Kind das Ziel der Thronnachfolge in den Blick genommen habe (s. das obige Zitat). Bailey 1990, 90,

Der Psychoanalytiker Dallmeyer, der die gesamte biblische Davidgeschichte als eine Art Entwicklungsroman liest, sieht in der Begegnung mit Batscheba einen entscheidenden Wendepunkt in der inneren Entwicklung des Helden: War dieser bisher allein an Aufstieg und Erfolg, an Macht und Sieg orientiert und benutzte die Menschen zur Erreichung seiner persönlichen Ziele, so trifft er in Batscheba auf eine »Kontrastfigur« zu seiner bisherigen »kämpferischen Triebhaftigkeit«; indem er sich ihr öffnet, entfaltet er »entwicklungsfähige psychische Potenziale« in sich selbst – und wird ein anderer Mensch: In den nachfolgenden Familienkonflikten agiert David »weniger propulsiv-kämpferisch als vielmehr abwartend-aushaltend, offen für Ratgeber und vor allem: mit Gefühlen!«[311] Sicherlich ist sein Verhältnis mit einer verheirateten Frau und erst recht der Mord an deren Mann problembeladen und schuldbehaftet.[312] Gleichwohl »markiert« dieses Geschehen »die Schwelle des Rollenwechsels Davids vom Mann zum Vater«. Analoges gilt von Batscheba: »Durch David wird Batscheba Mutter[313].« So haben sie sich gegenseitig weitergeführt: »David lässt seinen Leidenschaften freien Lauf und entdeckt Batscheba. Letztere lässt zu,

---

postuliert sogar schon für die erste Liebesnacht das »agreement that her son will be the successor«; eben auf diese Abmachung bezögen sich die Andeutungen von einem diesbezüglichen Schwur Davids an Batscheba in 1Kön 1,13.17.29. Derlei Behauptungen sind so interessant wie unbeweisbar.

311 Dallmeyer/Dietrich 2002, 178.

312 Dallmeyer deutet Urija als *alter ego* des tüchtigen, kriegerischen, pflichtbewussten Mannes, wie David bisher auch einer war bzw. sein wollte. Doch dieser kämpferische Mann wird getötet (auch in David!), und nach der daraufhin fälligen Schuldbearbeitung – veranschaulicht im Auftritt des Propheten Natan – kann David an sich neue, bessere Seiten entfalten.

313 Mit feinem Sensorium hat Dallmeyer bemerkt, dass im Zusammenhang von Urijas Aufenthalt in Jerusalem immer nur dies die Frage ist, ob er zu seiner Frau, nie, ob er zu seinen Kindern geht. Offenbar hatte er keine.

von einem leidenschaftlichen Mann genommen zu werden ... und entflieht so ihrem (möglicherweise) lieblosengen Gefängnis und ihrer Einsamkeit«.[314] Demnach wäre die Geschichte von David und Batscheba nicht die empörend prickelnde Story von einer flachen Liebelei mit schlimmem Ausgang, als die sie (z. T. schon in der Bibel[315]) oft verstanden wurde, sondern die gewagt und dramatisch inszenierte Geschichte einer echten und tiefen, zunächst verbotenen und verheimlichten, dann aber eingestandenen und befreienden, alles zum Guten verändernden *Liebe*.

Im Zusammenhang mit David und Batscheba begegnet nirgendwo die hebräische Wortwurzel für »Liebe, lieben« (*'hb*), die in den Texten um David und Saul, Jonatan und Michal eine so hervorgehobene Rolle spielt (siehe B.III.2.1.1). Doch ist eher dies die Ausnahme; denn in der Regel sind hebräische Erzähler äußerst sparsam in der Benennung und Ausmalung von Gefühlen. So auch bei der bewegenden Szene vom Kampf Davids um das sterbende Kind; sie birst schier vor Emotionalität, und doch geben sich die Erzähler und gibt sich am Ende sogar David fast distanziert: Das Kind ist tot, man kann es nicht zurückholen (2Sam 12,14–23). Doch darauf folgt eine bemerkenswerte Fortsetzung: »Und David tröstete

---

314 Dallmeyer/Dietrich 2002, 182.

315 Die innerbiblische Wirkungsgeschichte legt großen Nachdruck darauf, dass Davids Sünde schwer war und er schwer dafür büßen musste. Darum der Einschub der Berichte vom Auftritt Natans und vom Tod des Kindes in 2Sam 12; darum die Szene vom »Nehmen« der Frauen Davids durch Abschalom in 2Sam 16,21 f; darum die Ausgestaltung von Davids Buße in Ps 51; darum die unversöhnliche Bemerkung über Davids Schuld »in der Sache mit Urija dem Hetiter« in 1Kön 15,5 und die etwas versöhnlichere, dass Gott ihm »seine Freveltat verzieh«, in Sir 47,11 (siehe B.I.4.1.).

Batscheba, seine Frau, und ging zu ihr und lag bei ihr, und sie gebar einen Sohn und gab[316] ihm den Namen Salomo. Und Jhwh liebte ihn.« (12,24) Dass David Batscheba »tröstete«, zeigt, dass *sie* traurig – und dass *er* fähig war, dies wahrzunehmen und darauf einzugehen. In den vorangehenden Davidgeschichten sucht man vergeblich nach Gefühlsäußerungen Davids. Das ändert sich von jetzt an.[317] Die Liebe und das Leid haben David – den literarischen David! – verändert. Ist es ein Zufall, dass nun doch vom »Lieben« (*'hb*) die Rede ist? Zwar ist es Gott, der liebt, doch er liebt die Frucht der Liebe Davids und Batschebas.[318]

---

316 In einer breiten und wohl ursprünglichen Texttradition gab – so wie es in vorexilischer Zeit allgemein der Fall war (vgl. Gen 30) – die Mutter den Namen, nicht der Vater. »Salomo« wurde und wird gern als Anklang an »Schalom/Frieden« verstanden, bedeutet aber wahrscheinlich »Sein Ersatz«, was sich sowohl auf das tote Kind als auch auf den toten Urija beziehen könnte.

317 Zum Beispiel 2Sam 15,30; 19,1. Allerdings setzt Bosworth 2011 hinter die Feinfühligkeit Davids bei der »Tröstung« Batschebas ein psychoanalytisch begründetes Fragezeichen.

318 Der Film »David« von Jonathan Price und Leonard Linoy (in Zusammenarbeit u.a. mit RAI, ARD und dem französischen Fernsehen produziert von Lorenzo Minoli nach einem Drehbuch von Larry Gross und unter der Regie von Robert Markowitz) treibt diese Sicht auf die Spitze. Er schildert die Beziehung zwischen David und Batscheba als eine einzige große Liebesgeschichte geradezu in Hollywood-Manier. Die durchaus bibelnahe und anschaulich ausgestaltete Wiedergabe von 2Sam 11 f. nimmt überproportional viel Raum ein. Und danach wird von Batscheba und Salomo nicht, wie in der Bibel, geschwiegen, bis es um die endgültige Thronnachfolge geht. Vielmehr wird David von den beiden durch die gesamten, in 2Sam 13–20 geschilderten Irrungen und Wirrungen begleitet. So hat er bei der Flucht aus Jerusalem oder beim Aufenthalt in Mahanajim stets diese wunderbare, kluge Frau und ihr herziges, von ihm innig geliebtes Söhnchen zur Seite und gewinnt daraus Trost und Kraft. Der König mit dem großen, nach politischen Gesichtspunkten zusammengestellten Harem und

2.2 Der leidende Starke

Soeben wurde behauptet, David sei nach der Affäre und der Heirat mit Batscheba ein anderer geworden als zuvor. Dies gilt es jetzt näher auszuführen. Es ist speziell der große Erzählzusammenhang 2Sam 13–20 und 1Kön 1–2,[319] der als Lehrbeispiel für David als »leidenden Starken« verstanden werden kann.[320] In diesen Kapiteln ist zu sehen, wie der bisher so erfolgreiche König einen schleichenden Niedergang seines Einflusses und seiner Kräfte hinzunehmen hat. Das betrifft nicht nur seine Physis, sondern auch seine politische Fortüne, insbesondere im Umgang mit Problemen im Königshaus. Gleichwohl findet David aus allen Nöten heraus und kommt seine Geschichte

---

den zahlreichen Söhnen unterschiedlichster Mütter mutiert zum treuen Gatten und fürsorglichen Vater einer süßlich-spätbürgerlichen Kleinfamilie... Gleichwohl (oder gerade wegen solcher Adaptionen der Davidgeschichte an den Geschmack eines breiteren Publikums) ist die Betrachtung dieses recht gut gemachten Films durchaus anregend.

319 Es ist dies das Kernstück der von der Wissenschaft lange Zeit mit Zuversicht postulierten »Erzählung von der Thronnachfolge Davids«, die angeblich aus der Salomozeit stammen sollte, die es aber als eigene literarische Quelle nicht gegeben hat (vgl. Dietrich 2000 = 2002).

320 In gewisser Weise könnte man auch den David von 1Sam 19–30 als Leidenden bezeichnen: Er erleidet die – aus Sicht der Erzähler grundlose – Verfolgung durch Saul, das ungewisse und gefährdete Dasein eines Flüchtlings und Bandenführers, das Schicksal eines ins Exil Getriebenen, einmal sogar beinahe das eines von den eigenen Leuten Gesteinigten (1Sam 30,6). Bei alledem ist er aber noch kein wirklich »Starker«, kein etablierter Herrscher, sondern ein im Aufstieg Begriffener. Dass ein solcher unter Anfeindungen zu leiden hat, ist weniger ungewöhnlich als das Leiden eines großen und hoch geachteten Königs, der David (nochmals sei es betont: der literarische David!) spätestens seit 2Sam 7f. war.

doch zu einem guten Ende. Insofern ist er ein Leidender und zugleich ein Starker.[321]

Schon in der Erzählung von der Batscheba-Urija-Affäre erscheint David einerseits als der, der das Heft in der Hand hat, der eine Frau nimmt, wenn sie ihm gefällt, und ihren Mann beseitigt, wenn er sich nicht in seinen Willen fügt. Auf der anderen Seite ist er ein Getriebener: von seiner eigenen Leidenschaft, von den sich verwickelnden und seinen Ruf bedrohenden Geschehnissen, vielleicht sogar von einer zielstrebig agierenden Frau. Von einem Propheten einer Schandtat überführt zu werden, ist für einen Potentaten gewiss eine Demütigung – erstaunlich, wie David sie hinnimmt und sich unter die Verurteilung beugt (2Sam 12,1–14). Was dann folgt, ist eine bewegende Leidensgeschichte: Das Kind aus der Verbindung mit Batscheba wird schwer krank (2Sam 12,15–23). Natan hatte angekündigt, es werde um der Sünde des Vaters willen sterben müssen (12,13). David kämpft dagegen an, hadert und ringt mit Gott derart, dass die Bediensteten fürchten, er könne sich selbst ein Leid antun. Warum dieser Kampf? Hat der Vater Mitleid mit dem Kind? oder mit der Mutter? oder mit sich selbst, dem durch den Tod des Kindes seine eigene Schuld und Machtlosigkeit vor Augen geführt würde? Letztlich kann er nicht verhindern, dass genau dies geschieht. Danach zeigt er zwar erstaunliche Selbstheilungskräfte, gleichwohl trägt der Erfolgsverwöhnte eine schwere Blessur davon: Er ist ein Vater, der sich sein Kind wegnehmen lassen musste.[322] Es sollte nicht das letzte sein.

---

321 Es gibt dafür m. W. in (auto-)biographischen Berichten über altorientalische Könige keine Parallele.

322 Dass auch die Mutter ein Kind verloren und dass auch das

Gleich die nächste Erzählung handelt von der seelischen Zerstörung einer Tochter und der physischen Vernichtung des ältesten Sohnes Davids (2Sam 13). Es ist ein schauerliches und meisterlich erzähltes Drama von Geschwisterliebe, Vergewaltigung und Brudermord. Amnon verliebt sich in seine Halbschwester Tamar, wagt sich aber nicht an sie heran, da sie noch Jungfrau ist und unter dem Schutz ihres Vollbruders Abschalom steht. Ein schlauer Ratgeber verrät ihm, wie er zum Ziel kommen kann: Er stellt sich krank, woraufhin ihn – ganz der treu sorgende Vater – David besuchen kommt. Der »Kranke« bittet ihn, er möge doch Tamar zu ihm schicken, damit sie ihm etwas Gutes backe und so zu seiner Genesung beitrage. Die List verfängt: David tut, was Amnon von ihm wünscht. Spürt er nicht die Gefahr? Könnte er nicht wissen oder zumindest ahnen, dass bei Amnon noch anderes im Spiel ist als bloße Gesundheitsfragen? Warum handelt der Vater so arglos und liefert seine Tochter ihrem Vergewaltiger aus? Eine Antwort könnte darin verborgen liegen, dass es zwischen der David-Batscheba- und der Amnon-Tamar-Geschichte einige sehr enge, sachliche wie auch sprachliche Berührungen gibt. So wie Batscheba »von schönem Aussehen« war (11,2), ist auch Tamar »schön« (13,1 – mit einem anderen hebräischen Wort); so wie David zu Batscheba »sandte« und diese dann zu ihm »hineinging« (2Sam 11,4), so »sendet« er jetzt zu Tamar, wor-

---

Kind gelitten hat, wird nicht weiter thematisiert. Übrigens ist hier offenbar nicht an einen »plötzlichen Kindestod« gedacht, bei dem das Kind unerwartet tot aufgefunden worden wäre, sondern an ein wohl durch Geburtsschäden oder genetische Fehler verursachtes, mehr oder weniger langsames Sterben.

aufhin sie kommt und »hineingeht« in Amnons Zimmer (13,7.10); so wie David bei Batscheba »lag« (11,4), soll Tamar bei Amnon »liegen« (13,11) und »liegt« Amnon gegen ihren Willen bei ihr (13,14).[323] Es wäre psychologisch gut nachvollziehbar, dass David, falls ihm die Fixierung Amnons auf Tamar merkwürdig vorgekommen sein sollte, seine Bedenken rasch unterdrückt hätte: Wer lässt schon gern an seine Wunde rühren?[324]

Wir unterstellen, dass David nicht ahnte, was der »kranke« Amnon anrichten würde: Er vergewaltigte nicht nur seine Halbschwester, sondern warf sie dann auch noch hasserfüllt – vermutlich war es Selbsthass – aus dem Haus. Die Unglückliche lief schreiend zu Abschalom, doch der zeigte kein Verständnis für sie. »Und Tamar saß zerstört im Haus ihres Bruders Abschalom. Und König David hörte alle diese Dinge und wurde sehr zornig.« (2Sam 13,20b.21) Nach der hebräischen Textüberlieferung ist das alles: David zürnt – aber unternimmt nichts. Warum? Die griechische Textüberlieferung fügt hier ein: »Er wollte seinem Sohn Amnon nichts zuleide tun, weil er ihn liebte; denn er war sein Erstgeborener«[325]. Das wäre

---

323 Es ist übrigens interessant, dass die Begrifflichkeit der beiden hier verglichenen Szenen auch in der Natan-Parabel vom reichen Mann, der dem Armen sein einziges Schäfchen wegnimmt, vorkommt (2Sam 12,1–4): Das Schäfchen »liegt« im Schoß seines Besitzers, es ist ihm »wie eine Tochter« (so wie Tamar Davids Tochter ist), es »isst« von seinem Teller (wie dann Amnon von der Hand Tamars isst, 13,5.6.8.11.14) – bis der reiche Nachbar es »wegnimmt« (wie David Batscheba »nimmt«, 11,4).

324 Noch bedrückender wäre die andere Erklärung: dass David, möglicherweise unbewusst, ein tiefinneres Verständnis für die Begehrlichkeit seines Sohnes gehabt hätte.

325 Zum Teil wird diese Textversion durch die Samuel-Rolle aus

ein Motiv: Der Erstgeborene ist der geborene Thronfolger, und der soll geschont werden. (Ob es klug wäre, ihn so zu schonen, steht dahin.) Ein anderes Motiv könnte ein eher unbewusstes gewesen sein: dass immerhin David selbst Tamar zu Amnon geschickt hatte, dass ihn also objektiv eine Mitschuld traf und ihm dies die Hände lähmte. Ein drittes Motiv wäre mehr tiefenpsychologischer Natur: Angesichts der Parallelität der Affäre Amnons mit Tamar zu seiner eigenen mit Batscheba wäre eine Verurteilung Amnons einer Selbstverurteilung gleichgekommen. So unternahm David nichts. Es ist nicht leicht zu sagen, was die schwerere Niederlage war: die Untat des Königssohnes oder die Untätigkeit des Königs. Und es sollte noch schlimmer kommen.

Nach zwei Jahren feiert Abschalom ein Schafschur-Fest. Er lädt alle Königssöhne und dann auch ausdrücklich den König ein. Dieser lehnt ab: Er wolle dem Sohn nicht zur Last fallen (2Sam 13,23–25). Der Erzähler verrät nicht, wie diese Weigerung einzuschätzen ist: als ehrlich, höflich oder hellsichtig. Der nächsten Bitte Abschaloms widersteht David nicht so strikt: dass doch Amnon mitkommen möge. Zwar fragt er – neugierig oder misstrauisch? –, warum dies denn nötig sei, doch als Abschalom insistiert, willigt er ein: »Und er sandte mit ihm Amnon und alle Königssöhne« (13,27). Wieder »sendet« David: diesmal nicht nach einer Frau, damit sie zu ihm bzw. zu seinem Sohn komme, sondern Amnon – in den Tod. Erneut stellt sich die Frage: Wie kann er das tun? Spürt er nicht die Gefahr? Ist ihm nicht hinterbracht

---

Qumran gestützt. Eine genaue Analyse des Textpassus bei Dietrich 2012 (BWANT 201), 212–216.

worden, dass Abschalom seit der Entehrung seiner Schwester kein Wort mit Amnon gewechselt hat (13,22)? Ist ihm nicht bewusst, dass es zwischen seinen beiden ältesten Söhnen nicht nur um Fragen der Ehre, sondern auch der Erbfolge gehen könnte? David – und wieder einmal sei betont: der literarische David – könnte all das nicht bedacht, er könnte das heraufziehende Unheil nicht bemerkt haben. Schon das wäre kein Ruhmesblatt für ihn: nicht für den Vater und auch nicht für den König. Es könnte aber auch ganz anders gewesen sein: David ist seinem Ältesten noch immer zutiefst gram; er ist selber unzufrieden damit, dass er dem Burschen das arme Mädchen in die Hände gespielt und ihn dann für seine Tat nicht bestraft hat; von Abschalom weiß er, dass er einer ist, der weiß, was er will, und der nicht schnell vergisst; eine kleine Abreibung, könnte er gedacht haben, könne Amnon nicht schaden. Dass Abschalom Amnon dann ermordete (2Sam 13,28 f.) – das wird David (hoffentlich) nicht geahnt haben. Hilflos ist er den Gerüchten und schließlich der Nachricht von dem Brudermord ausgesetzt, und wieder kann er nicht reagieren, diesmal, weil der Täter sich ins benachbarte Ausland abgesetzt hat (13,30–38).

Der Schriftsteller *Torgny Lindgren*[326] weiß, dass all dies sehr wohl vorausgesehen, bedacht und gar geplant worden ist: allerdings nicht von David, sondern von – Batscheba. In der Hand dieser Frau war der König wie Wachs. Damals, am Anfang ihrer Liaison, hatte er ihr seinen Willen aufgezwungen. Dann aber war sie wach geworden und hatte beschlossen, das, was ihr da zugefallen war, nach Kräften für sich zu

---

326 Lindgren 1987.

nutzen. Nach und nach erwies sie sich als dem König in allen Belangen überlegen, begann, ihn nach ihrem Bild zu formen. Sie verstand es, seinem Willen den ihren zu unterlegen, ja ihn damit zu überlagern. Sie dachte, plante, befahl, regierte und intrigierte für ihn. Schon früh fasste sie den Plan, ihren Salomo auf den Thron zu bringen. Darauf arbeitete sie zielstrebig hin. Die älteren Brüder, die Salomo im Wege standen, mussten also beseitigt werden. Dafür sorgte Batscheba geduldig und listig, zäh und skrupellos. Amnons Schandtat kam ihr gerade recht. Sie war es, die Abschalom gegen ihn aufhetzte; sie war es, die David riet, ihn zum Schafschur-Fest Abschaloms zu schicken (und beide wussten, dass sie ihn damit ans Messer lieferten). Der Nächste war Abschalom. Batscheba war es, die dafür sorgte, dass er aus dem Exil heimkehrte und die Gelegenheit zum Aufstand bekam; sie war es, die den rücktrittswilligen David zum Durchhalten und zum taktischen Rückzug aus Jerusalem trieb; sie war es, die den falschen Ratgeber Huschai bei Abschalom platzierte; sie war es, die den Heeresaufbau und die Logistik für den Kampf gegen Abschalom organisierte; sie war es, die David davon abhielt, mit in den Kampf zu ziehen (und Abschalom zu schützen). Damit war Abschaloms Schicksal besiegelt. Blieb Adonija. Batscheba war es, die ihn zum Putsch animierte; sie war es, die Natan dazu brachte, beim König zu intervenieren (nicht umgekehrt, wie in der Bibel!). Sie hielt dann schließlich als eine Art Zwischenregentin Salomo den Thron frei.

Die Geschichte Batschebas, wie Torgny Lindgren sie erzählt, ist die Geschichte einer starken Frau an der Seite eines immer schwächer werdenden Mannes. Die Bibel sieht Davids Schwächen und sein Schwächerwerden auch, kompensiert sie aber nicht durch die Stärke einer Frau,[327] sondern lässt den König beides sein: schwach und stark. Genau so agiert er auch in der Abschalomgeschichte. Der Brudermörder (und Kronprinz!) Abschalom ist ins Exil geflohen (2Sam 13,37). Was tut David? Anscheinend nichts. Ist das wieder die gleiche Handlungsschwäche wie nach der schweren Verfehlung Amnons? Haben wir hier den Beleg dafür, dass David die Abstrafung des Vergewaltigers tief im Herzen doch gebilligt hat? Oder scheute er nur den Einsatz militärischer Mittel, dessen es unter den gegebenen Umständen bedurft hätte, um Abschaloms habhaft zu werden?[328] Immerhin war ja der Brudermörder jetzt sein Ältester und damit der Kronprinz! Wie auch immer: Es ist ein zweites Verbrechen im Königshaus passiert, das (vorerst jedenfalls) ohne Konsequenzen für den Verbrecher bleibt.

Drei Jahre gehen ins Land, bis einer die Initiative ergreift: General Joab. Er will, aus welchen Gründen auch immer, Abschalom zurück haben in Jerusalem. Den König meint er dafür durch eine List gewinnen zu müssen. Er schickt eine Frau zu ihm,[329] die ihm – wie einst schon Natan – einen fingierten Rechtsfall vorträgt. Diesmal spricht er nicht, wie einst vor Natan, ein hartes Strafurteil, das dann gegen ihn gekehrt

---

327 Batscheba kommt, wie vorhin festgestellt, nach 2Sam 12 und vor 1Kön 1 nicht vor.

328 Allerdings ermöglicht der nicht eindeutig formulierte Satz 2Sam 13,39 auch eine Lesart, wonach David damals »ausrückte gegen Abschalom«; zumeist aber versteht man den Satz so, dass er »zu Abschalom hinausgehen«, d. h. ihm entgegenkommen wollte. Auch die Formulierung von 2Sam 14,1 ist doppeldeutig: Entweder war Davids Herz »gegen Abschalom« eingestellt oder es war »auf Abschalom« ausgerichtet.

329 Wieder »sendet« ein mächtiger Mann nach einer Frau (2Sam 14,2), die ihm Mittel zu einem Zweck sein soll!

werden konnte (2Sam 12,5–7a), sondern ein mildes Begnadigungsurteil, das sich dann aber gleichfalls gegen ihn selbst bzw. seine Härte gegenüber Abschalom richtet (2Sam 14,2–17). Zwar bemerkt David nachträglich die Finte und macht dann gute Miene zum vermeintlich guten Spiel (14,18–23) – aber wieder hat er sich täuschen lassen. Abschalom darf nach Jerusalem kommen, dem König aber nicht unter die Augen treten (14,24). Nach weiteren zwei Jahren ist es dann an Abschalom, zu einer List zu greifen (einer ziemlich groben!), die ihm den Weg zu Joab und über diesen zum König bahnt – und David lässt es geschehen (14,25–33). Als er seinen Sohn nach fünf Jahren zum ersten Mal wiedersieht, »küsst« er ihn (14,33). Ob er den Brudermord noch einmal zur Sprache gebracht hat? Kaum.

Dann geschieht etwas höchst Erstaunliches: Unter den Augen Davids bereitet Abschalom jahrelang[330] einen Aufstand vor, ohne dass ihn jemand hindert (2Sam 15,1–6). Ist der Rebell so geschickt zu Werk gegangen? Oder war Davids Polizei unfähig? Oder war schon die gesamte Umgebung des Königs unterwandert? Oder – war der Vater blind für diesen seinen wahrhaft kraftvollen Sohn? Jedenfalls hat David die Zügel nicht so in der Hand, wie es von einem starken Herrscher zu erwarten wäre. Und als Abschalom ihn um Erlaubnis bittet, in Begleitung von 200 Leuten und gewiss seiner 50-köpfigen Leibwache nach Hebron gehen und dort ein Gelübde einlösen zu dürfen, gewährt ihm dies der König ebenso anstands- wie arglos (2Sam 15,7–9). Dabei war er einst selbst in Hebron

---

330 Nach der griechischen Textfassung von 2Sam 14,7: vier Jahre; nach der hebräischen Version wäre Abschalom damals vierzig Jahre alt gewesen.

gekrönt worden; und Abschalom hatte schon einmal eine ähnliche Gelegenheit zu rabiaten Taten genutzt.

So ist es auch diesmal. Die Erzähler schildern nicht, was in Hebron geschieht, sondern wie die Nachricht darüber Jerusalem erreicht. David erfährt, dass sich »das Herz der Männer Israels Abschalom zugewandt« habe (2Sam 15,13). Nicht nur einen rebellischen Sohn und einige Mitverschwörer hat er also gegen sich, sondern – sein Volk.[331] Eine katastrophalere Bilanz kann einem Herrscher kaum ausgestellt werden. Und tatsächlich zieht David die Konsequenz: Er dankt nicht ab, doch er verlässt fluchtartig die Hauptstadt. Dabei nun spielen sich Szenen ab, die an eine Passion erinnern: »Das ganze Land weinte lauthals« (2Sam 15,23). »Und David stieg den Weg zum Ölberg hinauf, unentwegt weinend, das Haupt verhüllt und barfuß. Und das gesamte (Kriegs-)Volk, das bei ihm war: alle hatten das Haupt verhüllt und stiegen weinend hinauf« (15,30). Als zu allem Unheil David auch noch gemeldet wird, sein bester Ratgeber, Ahitofel – Batschebas Großvater! – sei zu Abschalom übergelaufen, da bleibt ihm nur ein Stoßgebet: »Vereitle doch den Rat Ahitofels, Jhwh!« (15,31)

In wirkungsvollem Kontrast zur Traurigkeit und Hilflosigkeit, die über dem Bericht von Davids Rückzug aus Jerusalem liegt, steht die Umsicht, mit der er Vorkehrungen für eine Wendung des Geschicks trifft: Eine aus philistäischen Kriegern bestehende Truppe nimmt er mit (15,18–22); eine Fünfte Kolonne schleust er in die Stadt ein (15,24–29); seinen Gefolgsmann Huschai schiebt er Abschalom als Berater unter

---

331 Schon der Krönungsort Hebron, spätestens dann aber die Szene 2Sam 19,42–4 macht klar, dass es sich nicht nur um die Nordisraeliten, sondern auch um die Judäer handelte.

(15,32–37). Vielleicht kommt das Ineinander von Leid und Stärke am eindrücklichsten in der Szene von Davids Begegnung mit Schimi zum Ausdruck (2Sam 16,5–16). Dieser Saulnachkomme nutzt Davids verzweifelte Situation zur Abrechnung mit ihm und schreit ihm unter Flüchen ins Gesicht: »Geh nur, geh nur, du Blutmensch, du Nichtswürdiger! Jhwh bringt über dich all das Blut des Hauses Sauls, an dessen Stelle du König geworden bist. Jhwh hat das Königtum Abschalom, deinem Sohn, gegeben – und du, siehe, du steckst in deinem Unglück, weil du ein Blutmensch bist!« Dazu wirft Schimi mit Steinen und Erde nach David und seinen Leuten – Zeichen heftiger Verachtung einerseits und tiefer Demütigung ande-

Abb. 31: Marc Chagall (1887–1985):
Davids Flucht aus Jerusalem

270

rerseits. Natürlich könnte David den unangenehmen Schreier mundtot machen lassen, und Abischai ben Zeruja erbietet sich auch dazu. Doch David – es sei wieder betont: der literarische David – wehrt mit den bemerkenswerten Worten ab: »Siehe, mein Sohn, der aus meinen Lenden hervorgegangen ist, trachtet mir nach dem Leben – wie viel mehr jetzt der Benjaminit! Lasst ihn fluchen, denn Jhwh hat es ihn geheißen. Vielleicht schaut Jhwh [eines Tages] mit meinen Augen[332] und gibt mir Gutes zurück anstelle dieses Fluchens heute.« Könnte es ein besseres Bild von Stärke in der Schwäche geben?

Mittlerweile hat Abschalom das von David preisgegebene Jerusalem in Besitz genommen. Seine erste Amtshandlung dort hat dem biblischen Bericht zufolge mit zehn Nebenfrauen zu tun, die David zurückgelassen hat, um das Haus zu hüten (2Sam 15,16). Angeblich auf Ahitofels Rat hin lässt Abschalom auf dem Dach des Palastes ein Zelt aufschlagen und die Frauen dorthin bringen; dann »geht« er in aller Öffentlichkeit zu ihnen[333] (2Sam 16,21 f.) – ein gezielter Schlag gegen den Stolz des Mannes und Königs David. Dieser kann sich dagegen nicht wehren, sondern nur, später, nach seiner siegreichen Rückkehr, das Gesicht zu wahren versuchen, indem er die armen Frauen einschließt und sich ihrer enthält (2Sam 20,3).

Die schwerste Niederlage Davids ist indes sein Sieg über Abschalom; denn indem er die Schlacht gewinnt, verliert er den Sohn. Alles Erdenkliche hat er getan,

---

332 Einige Textversionen, darunter die griechische, lesen hier: »... hat Jhwh Einsicht in mein Elend«.

333 Prätentiös könnte man auch verstehen, dass Abschalom zu ihnen »eingegangen« wäre – im Sinne sexueller Inbesitznahme. Doch so viel Obszönität (und Virilität) mag man dem Manne gar nicht zutrauen.

Abb. 32: Deckengemälde aus Schloss Eggenberg
bei Graz (1666–1673): Schimi beschimpft David
und bewirft ihn mit Steinen

um das eine zu erreichen, ohne das andere erleiden zu
müssen. Die Armeeführer hat er unmissverständlich
angewiesen: »Geht mir behutsam um mit dem jungen
Mann, mit Abschalom!« Alle Soldaten sind über den
Befehl des Königs orientiert (2Sam 18,5). Und dann
passiert doch, was auf keinen Fall geschehen durfte.
Der Keim des Unheils liegt schon darin, dass David –
auf ausdrückliche Bitte seiner Soldaten – nicht mit in
die Schlacht zieht und damit das Kampfgeschehen
nicht beeinflussen kann (18,2–4). Sodann trifft Abschalom das wahrhaftig nicht häufige Schicksal, sich
mit Kopf und Haaren[334] im Geäst eines Baumes zu ver-
fangen und, als das Reittier weitergelaufen ist, hilflos

334 Wie von ungefähr hatten die Erzähler viele Kapitel vorher
     die außergewöhnliche Haarpracht Abschaloms beschrieben
     (2Sam 14,26), die ihm am Ende zum Verhängnis werden sollte.

zwischen Himmel und Erde zu hängen (18,9). Das Dritte und Entscheidende ist, dass von diesem Vorgang ausgerechnet Joab erfährt, der Abschalom jahrelang am nachhaltigsten gefördert, seinen Aufstand aber nicht mitgemacht hat und jetzt sein erbittertster Feind ist. Kann er nicht die Loyalität zu seinem König am besten dadurch beweisen, dass er dem Gegenkönig den Garaus macht? Und so geschieht es (18,10–17).

Viel Sorgfalt verwenden die Erzähler darauf darzustellen, wie David über seinen Sieg, der in Wahrheit eine Niederlage war, in Kenntnis gesetzt wurde. Joab machte sich Sorgen um den Boten, der die Nachricht überbringen sollte; denn ihm war klar, dass sie den König schwer treffen würde, und zu welch eruptiven Reaktionen er fähig war. David jedoch vermag, als er begriffen hat, nur noch eines: davonzulaufen und um seinen Sohn zu schreien: »Mein Sohn Abschalom, mein Sohn, mein Sohn Abschalom! Wäre ich doch an deiner Stelle gestorben! Abschalom, mein Sohn, mein Sohn!« (2Sam 19,1) Die Expressivität, mit der hier Schmerz und Trauer zum Ausdruck gebracht werden, suchen in der Bibel ihresgleichen. Wem die Worte noch nicht genügen,[335] der höre die tieftraurigen Vertonungen des »Absalom, Absalom, fili me« durch Josquin Desprez (ca. 1440–1521) oder durch Heinrich Schütz an (1585–1672) – letztere für Solobass mit vier Posaunen! –, und er wird, still und erschrocken wie

---

335 Es ist kein Glanzlicht der Forschungsgeschichte, wenn neuerdings ein Exeget behauptet, hier solle David in ein negatives Licht gerückt werden: Seine Trauer sei übermäßig und unvernünftig, wogegen der General Joab – ausgerechnet er! – mit seiner Zurechtweisung des Königs (19,2–8) vollkommen im Recht sei (Seiler 1998, 180–185).

Abb. 33: Max Hunziker (1906–1976):
Der klagende David

das Kriegsvolk, neben einen gebrochenen Mann treten. Ecce homo!

Der biblischen Darstellung zufolge war David wohl
stark genug, Abschalom im Kampf zu schlagen, aber
zu schwach, ihm das Leben zu retten. So verlor er mit
ihm einen Sohn – vielleicht den ihm ähnlichsten und
liebsten –, gewann aber zugleich gegen ihn den Königsthron zurück. Nach einigen Querelen kehrte er
im Triumph in die Hauptstadt zurück und nahm
die Zügel wieder in die Hand.[336] Wie lange diese
Spätphase seiner Herrschaft dauerte, erfahren wir
nicht. Am Anfang von 1Kön 1 wird er uns als sehr
alter, kaum mehr aktionsfähiger Mann geschildert.

---

336 Sichtbarster Ausdruck dafür ist die Schnelligkeit und Härte,
mit der er den Scheba-Aufstand, der sich aus dem Abschalom-
Aufstand entwickelt, niederwerfen lässt (2Sam 20).

Dies geschieht in Form einer kleinen und doch ausdrucksstarken Anekdote: Dem vor Kälte zitternden und nicht mehr warm werdenden Alten bringt man das schönste Mädchen des Landes. »Und sie diente ihm. Doch der König erkannte sie nicht« (1Kön 1,4). Der Mann, der in seinem Leben so viele Frauen »erkannt« hat, ist dazu nicht mehr in der Lage. Eine ähnliche, bildhaft-klare und doch diskret-feine Darstellung eines großen Herrschers, den seine Kräfte verlassen haben, gibt es wohl kaum noch einmal. Sie hat Rainer Maria Rilke (1875–1926) zu einem zarten Gedicht animiert, in dem alles Schwül-Erotische beiseite bleibt und alle Aufmerksamkeit dem Empfinden des jungen Mädchens gilt.

Abisag

Sie lag. Und ihre Kinderarme waren
von Dienern um den Welkenden gebunden,
auf dem sie lag die süßen langen Stunden,
ein wenig bang vor seinen vielen Jahren.

Und manchmal wandte sie in seinem Barte
ihr Angesicht, wenn eine Eule schrie;
und alles, was die Nacht war, kam und scharte
mit Bangen und Verlangen sich um sie.

Die Sterne zitterten wie ihresgleichen,
der Duft ging suchend durch das Schlafgemach,
der Vorhang rührte sich und gab ein Zeichen,
und leise ging ihr Blick dem Zeichen nach.

Aber sie hielt sich an dem dunklen Alten
und, von der Nacht der Nächte nicht erreicht,
lag sie auf seinem fürstlichen Erkalten
jungfräulich und wie eine Seele leicht.

Kaum weniger eindrücklich ist ein Gedicht des zeitgenössischen israelischen Dichters Yehuda Amichai,
das nicht aus der Position des Beobachters formuliert,
sondern als Ich-Rede Abischags gestaltet ist. Das Bild
dieser sanften, liebevollen Frau verschmilzt dabei in
subtiler Weise mit demjenigen Batschebas, der großen
Liebe Davids.[337]

Ich habe ihn erwärmt und habe gestreichelt
all seine Kriegsnarben und seine Liebesnarben.
Ich habe ihn mit Öl gesalbt, nicht zum Königtum,
      sondern zur Heilung.
Ich habe ihn weder spielen noch singen hören, doch
      habe ich seinen Mund abgewischt,
den zahnlosen, nachdem ich ihm süßen Brei eingegeben
      hatte.
Ich habe seine Hände nicht im Kampf gesehen, doch
      habe ich geküsst
seine alten und weißen Hände.

Ich bin das Schäfchen des Armen, warm und voller
      Erbarmen.
Ich bin zu ihm gekommen von der Weide,
wie er zum Königtum gekommen ist von der Weide.
Ich bin das Schäfchen des Armen, das aus dem Gleichnis
      erstanden ist,
und ich bin dein, bis der Tod uns scheidet.

---

337 In Amichais Gedichtband »Offen – geschlossen – offen« (Tel
     Aviv 1989) findet sich ein Zyklus von sieben David-Poemen
     (S. 51–55), dessen erstes oben bei B.III.1.1. zitiert wurde. Die
     fünf darauf folgenden besingen die Liebe zwischen David
     und Batscheba, das sechste zeigt Davids Frauen im Bild von
     Tora-Rollen, das siebte schließlich handelt von Abischag. Zu
     seiner Wiedergabe bediene ich mich der Übersetzung von Frau
     Prof. Gabrielle Oberhänsli-Widmer (Freiburg i. Br.), welche sie
     mir freundlicherweise überlassen hat.

Bald wird der so lange stark Gewesene und jetzt schwach Gewordene sterben – nicht ohne im letzten Augenblick das entscheidende Wort zu seiner Nachfolge gesprochen (1Kön 1,28–35) und dem Thronfolger letzte Ratschläge zum Umgang mit Feinden und Freunden des Königshauses erteilt zu haben (1Kön 2,5–9). Es ist wie eine letzte Kraftaufwallung, die den scheidenden König sein Haus in Ordnung bringen lässt. Dem voraus geht nach dem jetzigen Text freilich die fromme Aufforderung an Salomo, in den Wegen und Geboten Gottes zu wandeln, um sich und seinem Haus göttlichen Beistand zu sichern (1Kön 2,1–4). Hier legt das beginnende Judentum dem sterbenden König sein wichtigstes Anliegen in den Mund.

3. David der Künstler und Dichter

3.1 Der hebräische Orpheus

3.1.1 David als musizierender Hirte

Das Bild von David als dem Herrscher mit der Harfe hat sich in das kollektive Bewusstsein unserer Kultur tief eingeprägt. Herrscher hat es viele gegeben, Musiker und Poeten ebenfalls, dass aber ein Herrscher zugleich Musiker und Poet ist: Das ist selten, in solch herausgehobener Weise sogar einmalig. So kann man fast sicher sein: Wo immer man dem Abbild eines Mannes begegnet, der eine Krone und zugleich eine Harfe (oder ein anderes Musikinstrument) trägt, hat man es mit David zu tun. So zum Beispiel auch über dem Haupteingang des Münsters zu Bern in der Schweiz: In den Archivolten hoch über dem Haupteingang findet sich eine Reihe lebensgroßer Figuren; es sind Propheten des Alten Testaments und dazu

Abb. 34: David – Herrscher mit der Harfe:
über dem Portal des Berner Münsters (15. Jh)

Esra und – der König David mit Krone und Harfe.
Dem gegenübergestellt sei eine Malerei Marc Chagalls, die den musizierenden David mit seiner Harfe
geradezu verschmelzen lässt.

Welches sind die biblischen Fundamente der Vorstellung von David als Musiker und Poet? Die allererste Erzählung von ihm – die von seiner Salbung
durch Samuel (1Sam 16,1–13) – teilt über ihn nur mit,
dass er der jüngste von acht Brüdern und mit dem
Hüten des Kleinviehs der Familie beauftragt war;
von Musik ist nichts zu hören. Doch die nächste Erzählung bereits rückt David als Musiker ins Bild: Er,
der »des Saitenspiels kundig« ist, soll den von einem
»bösen Geist« befallenen König Saul beruhigen (1Sam

Abb. 35: David – Herrscher mit der Harfe:
in einem Gemälde von Marc Chagall (20. Jh.)

16,14–23). Die Phantasie der Ausleger hat die beiden
Erzählungen rasch zusammengeführt: Wenn David
hier bereits zu musizieren vermag, so muss er sich
zuvor darin geübt haben – und das konnte nur während seiner Hirtentätigkeit geschehen sein. Also saß
David bei der Herde und spielte auf der Leier. Und
Herdentiere sind nicht allein: Es gibt Hunde, auch Vögel, Schlangen, gelegentlich Raubtiere auf der Suche
nach Beute.[338] Vor ihnen allen hat David musiziert –

---

338 Davon spricht David später, als er sich Saul für den Kampf
     gegen Goliat empfiehlt, ausdrücklich: Er habe als Hirte auch
     mit Löwen und Bären zu tun gehabt und sei mit ihnen fertig
     geworden: 1Sam 17,34 f.

und unwillkürlich stellt sich das Bild von Orpheus ein, dem Musiker und Sänger im griechischen Mythos, der nicht nur die Unterwelt, sondern auch die Tierwelt in den Bann seiner Musik zu ziehen vermochte. Die Autoren der Samuelbücher hatten diese Assoziation noch nicht; zu ihrer Zeit war die griechische Kultur im Orient noch nicht allgemein geläufig. Doch nachdem die beiden Kulturkreise in enge Berührung gekommen waren, nahm David alsbald Züge des Orpheus an.

Ganz verdeckt geschieht dies noch im 151. Psalm, den die Septuaginta über die 150 Psalmen des hebräischen Kanons hinaus hat und in dem David in der Ich-Form aus seiner Jugend erzählt:

> Der Kleinste war ich unter meinen Brüdern
> und der Jüngste im Haus meines Vaters.
> Ich hütete die Schafe meines Vaters.
> Meine Hände hatten ein Organon gemacht,
> meine Finger brachten ein Psalterion zum Klingen.

Der Text fährt damit fort, dass Gott (nicht ausdrücklich die Tiere!) das ihm zugedachte Lob hört und daraufhin seinen Boten (Samuel) schickt, David zu salben, worauf dieser aufbricht in die Schlacht gegen die Philister und Goliat tötet.

Stehen in Ps 151[LXX] das Schafehüten und das Musizieren noch scheinbar unverbunden hintereinander, so baut die Qumran-Fassung des Psalms die Beziehung in Richtung des Orpheus-Motivs aus:[339]

---

339 Die Textwiedergabe folgt Kleer 1996, 207 f. Dort 207 auch der hebräische Text, 208–226 eine formale Analyse und 227–243.249–256 eine inhaltliche Interpretation des Psalms; zwischendurch (244–281) informiert ein ausführlicher Exkurs über

Kleiner war ich als meine Brüder
    und geringer als die Söhne meines Vaters.
Und er setzte mich ein als Hirten für sein Kleinvieh
    und als Herrscher über seine Zicklein.
Meine Hände hatten einen/den *Ugab* gemacht
    und meine Finger eine/die Tragleier,
damit ich Jhwh die Ehre gebe.
    Und ich hatte gesagt, ich, in meiner Seele:
»Die Berge, nicht legen sie Zeugnis ab für ihn;
    und die Hügel, nicht verkünden sie.
Es haben sich aufgerichtet die Bäume bei meinen Worten
    und das Kleinvieh bei meinen Werken ...«

Noch immer sind die Anspielungen auf Orpheus zurückhaltend. Verräterisch sind indes Elemente, die nicht in den biblischen Daviderzählungen, wohl aber in der antiken Orpheus-Tradition ihre Gegenstücke haben. Dass »Bäume und Tiere ... seiner Musik lauschen und ihm sogar folgen« und dass der Künstler »in freier Natur, zumeist auf Bergen und Hügeln, seine Kunst ausübt«: Das ist typisch für Orpheus.[340] Natürlich aber hätte es Orpheus fern gelegen, durch die Naturverzauberung »Jhwh die Ehre zu geben«. So könnte man im Blick auf Ps 151 von David als *jüdischem* Orpheus reden.

In späteren Zeiten haben sich die Bezüge zum antiken Mythus deutlich vermehrt. So weiß der Kirchenvater Isidor (ca. 560–636) vom jungen David zu berichten:[341] »Ipsas quoque bestias, nec non & serpentes, volucres atque delphinos ad auditum suae modula-

---

    die Aufnahme des Orpheus-Mythus im frühen Judentum und Christentum.
340   Kleer 1996, 249.
341   Siehe bei Bruggisser-Lanker 2003, 620 Anm. 26.

Abb. 36: David als Orpheus: auf einem Wandfresko
der Synagoge von Dura Europos (3. Jh.)

Abb. 37: David als Orpheus: in einer Psalterillustration
(Barberini Psalter, 11. Jh.)

tionis Musica provocat«.[342] Und auch die frühjüdische und frühchristliche Bildwelt gestaltet die Andacht der Tier- und Pflanzenwelt beim Hören von Davids Musik ganz im Stile der Orpheus-Mythe aus.

3.1.2 David als Musiktherapeut

Die in der biblischen Abfolge nächste Szene – bzw. in Wirklichkeit ja die erste –, in der David mit der Musik in Verbindung gebracht wird, ist diejenige von seiner Berufung als Musiktherapeut an den Hof Sauls (1Sam 16,14–23). Dem gequälten König möchten seine Bediensteten Linderung verschaffen, indem sie einen Mann suchen, der sich aufs Musizieren versteht. Jemand kennt »einen Sohn des Betlehemiters Isai, der des Saitenspiels kundig ist« (16,18) und der zudem ein tüchtiger Krieger, ein wortgewandter Mann und von gutem Aussehen sei. Saul lässt den jungen Mann holen, findet Gefallen an ihm[343], behält ihn bei sich, macht ihn zu seinem Waffenträger – »und es geschah immer, wenn der Gottesgeist bei Saul war, dass David seine Leier nahm und sie mit seiner Hand schlug. Und dann bekam Saul wieder Luft und es ging ihm gut, weil der böse Geist von ihm wich« (16,23).

Dies ist die wohl früheste literarische Beschreibung einer erfolgreichen Musiktherapie. Sie hat in der Folge immer wieder als Beispiel für die wunderbaren Wirkungen von Musik auf seelisch und sogar körperlich kranke Menschen gegolten.

---

342 »Selbst die Raubtiere sowie auch die Schlangen, Vögel und Delphine bringt er dazu, seinen musikalischen Modulationen zu lauschen«.

343 Über Sauls »Liebe« zu David (oder Davids zu Saul: 1Sam 16,21) siehe B.III.2.1.1.

Rex David in Saule sedavit demonis iram
Ostendens cithara virtutem carmine miram.
(Der König David dämpfte in Saul des Dämons Wut.
Sein Lied erweist die Wunder, die eine Harfe tut.)[344]

Dies ist ein Merkspruch aus dem »Complexus effectum«, den Johannes Tinctoris in den späten 1470-er Jahren verfasst hat. In diesem Werk, das der musikbegeisterten Prinzessin Beatrix von Aragonien zugedacht war, werden zwanzig Wirkungen (»effecta«) der Musik beschrieben,[345] darunter die folgenden, die gut auf den »Fall Saul« passen:

musica tristiciam depellit (»vertreibt die Traurigkeit«)
musica duriciam cordis resolvit (»lockert die Härte des Herzens«)
musica diabolum fugat (»schlägt den Teufel in die Flucht«)
musica homines letificat (»erfreut die Menschen«)
musica ergotos sanat (»heilt die Kranken«).

Wird hier der Musik etwas viel zugetraut? Nach der biblischen Darstellung konnte Davids Musik Saul nicht dauerhaft heilen, vielmehr hat der Patient später sogar seinen Therapeuten wiederholt direkt angegriffen (1Sam 18,10 f.; 19,9 f.). Das biblische Bild, wenngleich sehr dramatisch, entspricht in manchem heutigen Einsichten in die Möglichkeiten und Grenzen musikalischer Therapie.[346] Das Phänomen, dass

---

344 Vgl. Bruggisser-Lanker 2003, 592. Dort auch die Information, dass an dieser Stelle eine noch ältere »Summa musicae« eines Johannes de Muris zitiert wird.
345 Die gesamte Reihe findet sich bei Bruggisser-Lanker, 2003, 593–597.
346 Vgl. dazu die fachkundigen Ausführungen von Hoffmann-Axthelm 2003, 578–582.

Musik auf das Seelenleben, auf psychische Leiden und psychosomatische Beschwerden von Menschen einen heilsamen Einfluss ausüben kann, ist gut erforscht und wird in vielfältigen Zusammenhängen therapeutisch genutzt. Allerdings weiß man auch, dass Musik zwar in akuten seelischen Turbulenzzuständen lindernd wirken, dass sie aber für sich allein nicht vollständig heilen, sondern allenfalls einen Heilungsprozess unterstützen kann.

In gründlicher und gelehrter Manier ist der Thematik ein Schweizer Arzt und Naturforscher namens Johann Jacob Scheuchzer (1672–1733) nachgegangen. In seinem letzten Lebensjahr veröffentlichte er die so genannte »Kupfer-Bibel«: keine vollständige Bibelausgabe, sondern eine biblische Anthologie, die mit eigens in Auftrag gegebenen Kupferstichen reich illustriert ist und »In welcher Die PHYSICA SACRA Oder Geheiligte Natur-Wissenschafft Derer In heil. Schrifft vorkommenden Natürlichen Sachen Deutlich erklärt und bewährt« wird.[347] Es geht darin um eine moderne, aufgeklärt-liberalem Denken verpflichtete Auslegung solcher Stellen der Bibel, an denen naturwissenschaftlich interessante und erklärbare Phänomene geschildert werden. Dazu gehört auch die Musiktherapie an Saul.

Scheuchzer führt dazu aus: »An dem Melancholischen Saul haben wir einen wunderlichen Patienten, an David einen seltsamen Artzt, an der Music ein ungewöhnliches Mittel.« Saul sei ein »Mann, in welchem

---

347 So die Titelei des 1733 in Augsburg und Ulm erschienenen Werkes, von dem mir Herr Pfarrer i.R. Klaus Bäumlin, Bern, liebenswürdigerweise das ihm gehörende Exemplar zu näherem Studium ausgeliehen hat. Die folgenden Auszüge sind den Seiten 73–76 entnommen.

die gute und böse Gemüths-Bewegungen immerfort gegeneinander zu Felde gelegen; ... bald war er niedrig, bald hoch: bald hoch – bald demüthig, woferne seine Demuth nicht vielmehr den Namen einer Gleißnerey, Lacheté und Feigheit verdienet; freudig, zornig, hertzhafft, traurig, endlich desperat und verzweifelnd«. Der Arzt Scheuchzer sieht in »diesem ersten und unglückseligen König über Israel ... einen armseligen Patienten, mit deme es sich bald gebessert, bald gebösert und verschlimmert hat.« Die Musiktherapie Davids an Saul bringt er in Verbindung mit einem zu seiner Zeit berüchtigten Phänomen: »Nichts aber ist so überzeugend, als was sich bey denen *Tara-tantis* zuträget, die in Apulien von einer Spinne, *Tarantula* genannt, gestochen, in Aberwitz und allerhand tollsinnige Bewegungen gerathen, davon aber anderst nicht, als durch Music, wieder hergestellet werden, mithin die *Musici* daselbsten *Medici* sind, wovon gantze Bücher zu lesen.« Die »von der Tarantel Gestochenen« empfinden Ablenkung und Linderung, wenn sie unter dem Einfluss entsprechender Musik in einen wilden Tanz ausbrechen, der in der Suitenmusik der damaligen Zeit den sprechenden Namen »Tarantella« trägt.[348]

Seinem Selbstverständnis als neuzeitlicher Mediziner entsprechend, erklärt Scheuchzer anschließend die Einwirkung der Musik auf den Menschen »mit der heutigen *Mathematischen Philosophie* und *Mechanischen Medicin*«. Es sei bekannt, »daß der Ton eine zitternde Bewegung der Lufft seye, welche alle, auch vesteste Cörper zitternd machet; daß ferner bey einer Music alle Zäsern des menschlichen Leibes in eine *propor-*

---

348 Der Name des aus Suiten wohlbekannten Tanzrhythmus erklärt sich von dort.

tionirliche oder angemessene Zitterung kommen; daß unser Leib anders nichts seye, als eine aus gespannten holen Saiten bestehende, oder zusammengesetzte Kunst-*Machine*; daß weiters die Gesundheit eigentlich in einer mässigen Spannung bestehe, bey welcher alle unsere Säffte ihren ordentlichen Creiß-Lauff, und die sinnliche Geister ihren Einfluß haben können; daß die Kranckheiten anders nichts als allzuluckere oder allzuharte Spannungen seyen; daß die Music je nach ihrer Verschiedenheit, die Zäsern unsers Leibes entweder stärcken anspannen, oder nachlassen und luckerer machen könne; daß endlich zwischen unserm Leib und Gemüthe eine dermaßen genaue Verbindung seye, daß die Gemüths-Kranckheiten gemeiniglich ihren ersten Ursprung von dem Leibe herführen, und von dessen Beschaffenheit ... Wir lassen uns vor dißmal begnügen, daß der Ton einer lieblichen, hieher besonders tauglichen Music die rasende Geister des Sauls habe zur Ruhe gebracht, und eine allzuharte Spannung der Haut-Nerven mildern können«.

Wie bei Scheuchzer, so muss auch bei Johann Kuhnau (1660–1722) David kein Wort sagen und keinen Psalm »absingen«, wenn er sich als Musiktherapeut um Saul bemüht. Kuhnau fühlte sich als Komponist von dieser Szene angezogen und gestaltete aus ihr eine eigene Klaviersonate.[349] Sie trägt den Titel »Der von David vermittelst der Music curirte Saul«, und die beiden ersten Sätze sind überschrieben mit

---

349 Unter B.III.1.2.1. wurde bereits einmal auf Kuhnaus »Musicalische Vorstellung Einiger Biblischer Historien / In 6 Sonaten / Auff dem Claviere zu spielen / Allen Liebhabern zum Vergnügen« von 1700 Bezug genommen. Dort ging es um eine Sonate zum Thema »David und Goliat«.

»Sauls Traurigkeit und Unsinnigkeit« und »Davids erquickendes Harffen-Spiel«. In der Vorrede zu dieser Triosonate beschreibt Kuhnau, wie er sich den vom »bösen Geist« befallenen Saul vorstellt: »Die Augen verkehren sich / und springet / so zu reden / ein Feuer Funcke nach dem andern heraus: Das Gesichte siehet zerzerret / daß man die wenigen Reliquien menschlicher Gestalt fast nicht mehr erkennet: Das Hertz wirfft als ein ungestümes und wütendes Meer den Schaum durch den Mund aus. Mißtrauen / Eiffer / Neid / Haß und Furcht stürmen hefftig auff ihn zu«, kurzum: »Wo GOtt abwesend / und der böse Feind gegenwärtig ist / da muß freylich eine Behausung alles Übels sein.« »Dieweil aber GOtt bißweilen durch Menschen Wunder zu thun pfleget; So schicket er ihm einen herrlichen Musicum / den vortrefflichen König David / und leget auff sein Harffen-Spiel eine ungemeine Krafft. Denn wenn Saul / so zu reden / in der heissen Bad-Stube der Traurigkeit schwitzet / und David nur ein Stückgen musiciret / so wird der König gleich wieder erquicket / und zur Ruhe gebracht.« Interessant ist nun, wie Kuhnau nicht nur David, sondern auch Saul musikalisch porträtiert. Dessen zerrissenes Wesen drückt sich in zerhackten Akkorden und synkopischen Tonfolgen aus, während David durch überaus harmonische, sich immer und immer wiederholende, gleichmäßig dahinperlende Klangbilder dargestellt wird.

Der Partitur kaum anzusehen und auch auf einem modernen, »wohltemperierten« Klavier nicht nachzuahmen ist die höchst unterschiedliche Klangfärbung der beiden Sätze. Zur Zeit Kuhnaus war das »Clavier« mitteltönig gestimmt, d. h. alle großen Terzen waren absolut rein gestimmt, was über die Oktaven hinweg eine zunehmende Verzerrung ergibt. Dieser Effekt

Abb. 38 und 39: Ausschnitte aus der Partitur von Johann
Kuhnaus Klaviersonate »Der von David vermittelst der
Music curirte Saul« (1700): oben der »wilde« Saul,
unten der beruhigende David

verstärkt sich noch bei Tonarten mit vielen Vorzei-
chen. So klingt die »Saul-Musik« streckenweise quä-
lend unrein, fast disharmonisch, die »David-Musik«
hingegen heiter und anheimelnd, übrigens in gewisser
Weise auch lauten- oder leierartig. Anscheinend hatte
Kuhnau die Vorstellung, derart müsse Musik be-
schaffen sein, mit der man auf ein zerrissenes und ge-
quältes Gemüt besänftigend und reinigend einwirken
könne.

Andere Komponisten haben die Szene anders ima-
giniert und nachgestaltet. Georg Friedrich Händel
(1685–1759) schuf im Jahr 1738 – damals war er gerade
von einer schweren Depression genesen! – sein Oratorium »Saul«. Für ihn scheint völlig klar gewesen zu
sein, dass David vor Saul nicht nur musiziert, sondern
auch gesungen hat. Er (bzw. sein Librettist Charles
Jennens) lässt David keinen Psalm, sondern sozusagen ein selbstverfasstes, einfaches Gedicht vortra-
gen. Dabei singt er im Altus, also nicht einer Männer-,
sondern einer Knabenstimme, worin sich sein jugend-
liches Alter andeutet. Sein Lied wird begleitet: nicht
durch eine Harfe, auch nicht eine Laute oder Leier
oder ein ähnlich klingendes »Clavier«, sondern durch
einen reinen Streichersatz: ohne jeden Bläser, ohne
Continuo. Diese Besetzung ist im gesamten Saul-Ora-
torium einmalig und klingt wunderbar rein, sanft und
hell. Der Text besteht aus zwei Strophen, die in sich
jeweils eine Mittelzäsur enthalten. Der Komponist
folgt dieser Struktur, indem er die betont schlichte, beruhigende Melodie jeweils an der Zäsur in die Domi-
nante, am Strophenende in die Grundtonart F-Dur
ausklingen lässt. In der Begleitung dominieren stille,
besänftigende Terz- und Dezimen-Parallelen. Das
Ganze weckt unausweichlich die Assoziation eines
Wiegenlieds.[350] Dessen Text nun wendet sich nicht an
Saul, sondern an Gott. David betet gewissermaßen
über Saul oder für Saul zu Gott. Dabei verschweigt er
den schlimmen und bedrohlichen Zustand des Königs
nicht, redet sogar sehr deutlich von dessen Sünden
und Gebotsübertretungen. Doch dies hat gar nichts
Belehrendes oder gar Verurteilendes, sondern etwas

---

350   Vgl. Hoffman-Axthelm 2003, 583 f.; auf 585 f. eine Wiedergabe
      der Partitur.

ruhig Feststellendes – und vor allem wird es durch die Überzeugung aufgefangen und überstrahlt, dass Gottes Güte ohne Ende, dass immer noch Gelegenheit zur Umkehr und zur Heilung ist:

> O Lord, whose mercies numberless
> O'er all the works prevail:
> Though daily Man thy laws transgress
> Thy patience cannot fail.
>
> If yet his sins be not too great,
> The busy fiend control;
> Yet longer for repentance wait,
> And heal his wounded soul.

> O Herr, deine Güte ist ohne Ende
> und setzt sich gegen alle Taten durch.
> Wenn einer auch täglich deine Gebote übertritt
> Wirst du s doch an Geduld nicht fehlen lassen.
>
> Solange seine Sünden nicht all zu groß sind,
> bändige den rastlos bösen Geist!
> Warte noch weiter auf seine Umkehr
> und heile seine verwundete Seele!

Wieder anders setzen André Morax und Artur Honegger in ihrem modernen Oratorium »Le Roi David«[351] die Szene von Davids Musiktherapie an Saul um. Auch sie lassen David singen, und zwar Sätze aus dem 11. Psalm. Aus dem Wechselspiel zwischen diesem vorgegebenen Text und der vorgestellten Situation resultiert eine große Hintergründigkeit:

---

351 Näheres bei Lichtenhahn 2003 bes. 735 f. 740–743.

Fürchte dich nicht und hoffe auf ihn, den Ewigen!
Warum sagt ihr zu mir: Flieh, wie der Vogel in die Berge
    flieht?
Der Böse spannt seinen Bogen, und sein Pfeil wird
    schwirren.
Denn im Dunkeln hat er auf den Unschuldigen
    geschossen, der reines Herzens ist.
Fürchte dich nicht und hoffe auf den Ewigen!

Ein weiteres, modernes Musikbeispiel sei noch angeführt. Darius Milhaud hat in den 1950er Jahren eine Oper »David« zu den 3000-Jahr-Feierlichkeiten der Stadt Jerusalem komponiert.[352] Er (bzw. sein Librettist Armand Lunel) legt David in der Musiktherapie-Szene Psalm-Worte in den Mund, aber nicht aus einem einzigen Psalm, sondern eine Collage aus dem 119., dem 25. und dem 27. Psalm. Die Textstücke sind so arrangiert, dass sich ein Aussagebogen von demütiger Unterwerfung über die Bitte um Vergebung und Hilfe zu abschließendem Gotteslob ergibt:

Heureux celui qui ne prend son plaisir que dans la loi!
Eternel! J'élève mon àme jusqu'à toi!
Car ce n'est qu'en toi que j'espère.
Seigneur! Souviens-toi de tes graces qui sont éternelles.
Et daigne oublier les fautes de ma jeunesse.

Ne te souviens de moi que selons ta miséricorde
et pour l'amour que j'ai de toi:
pardonne, si grande soitelle mon iniquité.
Eternel tire-moi du filet! Délivre-moi.
Efface me péchés!
Vois la multitude de mes ennemis!

---

352   Vgl. auch dazu Lichtenhahn 2003.

Eternel! Sauve moi. Sauve moi o mon Dieu,
et rachète Israel dans sa détresse,
dans sa détresse.
Et face à l'ennemi, le front haut,
je célèbre le Seigneur, je célèbre le Seigneur!

Dies ist eine sehr kluge Textmischung, wenn man sich
die Situation – ein von einem wilden Geist Zerrissener
und zu Schlimmem Fähiger soll zur Besinnung gebracht werden – vor Augen hält. Besonders bewegend
nun ist, dass in diesem Fall Saul, nachdem er David
längere Zeit zugehört hat, am Ende selber singt. Das
zweite »dans sa détresse« singt nicht David, sondern
Saul. In Basslage führt er die Tenorstimme Davids
fort, leise, still, getröstet. Und danach stimmen beide
gemeinsam das Lob Gottes an: »Je célèbre le seigneur.«
Der Getröstete mit seinem Tröster im Gottvertrauen
geeint: ein wunderbares Bespiel gelungener geistli-
cher Musiktherapie!

Weit weniger fromm als in der musikalischen geht
es in der modernen literarischen Rezeptionsgeschichte
von 1Sam 16,14–23 zu. Grete Weils Roman »Der Brautpreis« wurde oben bereits vorgestellt[353] und dabei
auch der Passus zu Davids Musiktherapie zitiert.
Diese ist zwar Saul zugedacht, doch sie wirkt vor allem auf dessen Tochter Michal, die lauschend hinter
der Tür steht und sich Hals über Kopf in den jungen
Sänger verliebt.

In einem im Jahr 1907 verfassten Gedicht Rainer
Maria Rilkes (1875–1926), »David singt vor Saul«[354],

---

353 Siehe B.III.2.1.1.
354 Ich verdanke den Hinweis darauf und den Text des Gedichts
     Regine Hunziker-Rodewald (2005, 126). Sie stellt dort anschlie-
     ßend eine Vertonung des Gedichts durch Karl Michael Komma

geht es um die Beziehung Davids nicht zu Michal,
sondern, näher liegend, zu Saul. Der junge Musiktherapeut räsoniert über seine Aufgabe und gelangt
dabei zu höchst überraschenden Einsichten:

I

König, hörst du, wie mein Saitenspiel
Fernen wirft, durch die wir uns bewegen:
Sterne treiben uns verwirrt entgegen,
und wir fallen endlich wie ein Regen,
und es blüht, wo dieser Regen fiel.

Mädchen blühen, die du noch erkannt,
die jetzt Frauen sind und mich verführen;
den Geruch der Jungfraun kannst du spüren,
und die Knaben stehen, angespannt
schlank und atmend, an verschwiegnen Türen.

Daß mein Klang dir alles wiederbrächte.
Aber trunken taumelt mein Getön:
Deine Nächte, König, deine Nächte –,
und wie waren, die dein Schaffen schwächte,
o wie waren ihre Leiber schön.

Dein Erinnern glaub ich zu begleiten,
weil ich ahne. Doch auf welchen Saiten
greif ich dir ihr dunkles Lustgestöhn? –

II

König, der du alles dieses hattest
und der du mit lauter Leben mich
überwältigest und überschattest:
komm aus deinem Throne und zerbrich
meine Harfe, die du so ermattest.

(geb. 1913) vor, worauf ich hier nur empfehlend verweisen
möchte.

Sie ist wie ein abgenommner Baum:
durch die Zweige, die dir Frucht getragen,
schaut jetzt eine Tiefe wie von Tagen
welche kommen –, und ich kenn sie kaum.

Laß mich nicht mehr bei der Harfe schlafen;
sieh dir diese Knabenhand da an:
glaubst du, König, daß sie die Oktaven
eines Leibes noch nicht greifen kann?

III

König, birgst du dich in Finsternissen,
und ich hab dich doch in der Gewalt.
Sieh, mein festes Lied ist nicht gerissen,
und der Raum wird um uns beide kalt.

Mein verwaistes Herz und dein verworrnes
hängen in den Wolken deines Zornes,
wütend ineinander eingebissen
und zu einem einzigen verkrallt.

Fühlst du jetzt, wie wir uns umgestalten?
König, König, das Gewicht wird Geist.
Wenn wir uns nur aneinander halten,
du am Jungen, König, ich am Alten,
sind wir fast wie ein Gestirn das kreist.

Im ersten Teil des Gedichts (I) geht es um Davids
Versuch, den König zu trösten: nicht mit Psalmen und
frommen Worten, sondern mit Harfenmusik und der
Erinnerung an Sauls große, schöne Vergangenheit –
und zwar nicht als Kriegs-, sondern als Liebesheld.
Doch dann (II) spürt der junge Sänger, wie ihn der Mut
verlässt: Er ahnt die vergangenen Wonnen des An-
dern, kann sie aber doch nicht wirklich fassen. Der alte
König wird ihm übergroß. Am Ende freilich (III) findet
David zu einem neuen Ton: Er vermag den großen

Alten in den Bann seiner Kunst zu schlagen, braucht aber auch dessen rätselhaft-abweisende Nähe. So haben sich die beiden ineinander verbissen, sind aufeinander angewiesen, bilden zusammen ein alt-junges Doppelgestirn. Aus diesem Text sind alle Schwarz-Weiß-Töne vom »bösen«, gottverlassenen und gar vom Teufel besessenen Saul und dem »guten«, von Gott geliebten David gewichen. Hier erhebt sich nicht der Kommende über den Gehenden, die Zukunft nicht über die Vergangenheit. Hier ist beides ineinander verwoben: schmerzhaft und heilsam zugleich.

Natürlich hat auch die darstellenden Künstler die Szene des vor Saul musizierenden David fasziniert.[355] Es mag genügen, wenn hier nur zwei, besonders eindrückliche Darstellungen nebeneinander gestellt werden.

Abb. 40: Lucas van Leyden, David vor Saul (1509)

355 Zu der dramatischen Seite der Szene, dem Spießwurf Sauls auf David, siehe B. III.1.1.

3.2 Der Psalmist ohne Psalmen

3.2.1 Davids Poesie

Die Bibel präsentiert uns David nicht nur als Musiker, sondern auch als Dichter. Schon gleich zu Beginn, als dem König Saul der ihm noch unbekannte David empfohlen werden soll, wird er gerühmt als einerseits »des Saitenspiels kundig«, andererseits aber auch »des Wortes mächtig« (1Sam 16,18). In den nachfolgenden Erzählungen wird er uns immer wieder als einer präsentiert, der seine Worte wohl zu setzen weiß: so etwa, wenn er mit Saul oder auch mit Abigajil geschliffene und dabei doch bewegende Dialoge führt[356] oder wenn er gegenüber seinem Lehensherrn

Abb. 41: Arthur Boyd (1920–1999), David and Saul

356 1Sam 24,10–16 und 26,17–20 sowie 25,32 f.; die grobe Drohung gegen Nabal in 25,22.34 hingegen ist ein Ausrutscher.

Achisch von Gat listig seine Worte setzt[357]. Doch mehr noch: An zwei Stellen weist sich David als regelrechter Poet aus. Zwei Trauerlieder sind es, die ihm ausdrücklich zugeschrieben werden: das eine eher knapp, das andere ausgeführt und ausgefeilt.

Als Davids Feldherr Joab seinen Kontrahenten Abner, den Feldherrn Sauls und Eschbaals, meuchlings ermordet hat, zeigt David alle Anzeichen des Entsetzens, ordnet ein Staatsbegräbnis an, folgt bei der Leichenprozession persönlich der Bahre des Ermordeten und stimmt ein Klagelied an:

> Musste, wie ein Tor stirbt, Abner sterben?
> Deine Hände waren nicht gebunden
> und deine Füße nicht in Ketten geschlagen.
> Wie das Fallen vor Schurken, so bist du gefallen
> (2Sam 3,33f.).

Die gehobene Sprache macht die Erfassung der Aussage nicht leicht. Die erste, rhetorische Frage erklärt, dass Abner gestorben sei wie ein »Tor«, wie ein *nābāl*. Bekanntlich war dies der Name des Gatten der Abigajil, der auf jämmerliche Weise umkam (1Sam 25,37f.). Auch wenn hier eher an das Appellativum »töricht« gedacht ist, soll in jedem Fall gesagt sein, dass Abner in einer ihm, der weder Nabal noch ein Tor war, nicht angemessenen Art starb. Der nächste Doppelstichos scheint diese Aussage zu vertiefen: Niemand ist Abners je habhaft geworden; als freier

---

357 1Sam 29,8: David drückt sich hier so aus, dass Achisch denken muss, er wolle treu an seiner Seite in die Schlacht gegen Saul ziehen, der Leser aber auch denken kann (und soll), er werde sich in der Schlacht zugunsten seines »Herrn, des Königs« gegen die Philister wenden.

Mann und aus freien Stücken war er zu staatspolitischen Verhandlungen nach Hebron gekommen, als freier Mann war er wieder gegangen (2Sam 3,21) – wie konnte dieser freie, starke Mann jetzt tot sein? Es waren »Schurken« – wörtlich: »Söhne der Bosheit« –, »vor« denen er fiel. Die Formulierung ist unbestimmt: Fiel Abner *wie* ein Schurke[358] oder sank er, von der Hand von Schurken getroffen, *vor* diesen hin? Vielleicht möchte David Joab nicht direkt, aber doch verdeckt als Mörder anprangern?

Die andere Totenklage, die David verfasst haben soll, ist diejenige auf Saul und Jonatan in 2Sam 1,19–27. Sie sei hier in der kantig-wuchtigen, dem Hebräischen betont nahe bleibenden Übersetzung Martin Bubers[359] wiedergegeben:

Ach, die Zierde Jisraels[360] auf deinen Kuppen[361]
durchbohrt!
Weh, daß die Helden fielen!

Vermeldets nimmer in Gat,
berichtets nimmer in Askalons Gassen,
sonst freun sich die Töchter der Philister,
sonst jubeln die Töchter der Vorhäutigen.

---

358 In seltenen Fällen kann die Präposition *lifnē* die Bedeutung »in der Art von« annehmen, vgl. HALAT 889, Bedeutung *g* – wo aber unsere Stelle nicht aufgeführt wird. Auch ist ja nicht ausgemacht, dass »Söhne der Bosheit« immer *sterben* müssen.

359 Buber/Rosenzweig 1969, 248f. An wenigen, bezeichneten Stellen wird um der Verstehbarkeit willen Bubers Übersetzung leicht abgewandelt.

360 Altertümlich und befremdlich die Formulierung Bubers: »Ach, der Zier, Jisrael …«.

361 Buber schreibt hier, für heute unverständlich, »Koppen«. Gemeint sind die Anhöhen des Gebirges Gilboa, die vom Dichter imaginär direkt angesprochen werden.

Berge von Gilboa,
nimmer Tau, nimmer Regen über euch …[362]!
Denn dort wurde der Schild der Helden besudelt,
Schauls Schild wie eines mit Öl Ungesalbten,
vom Blut der Durchbohrten, vom Fett der Helden.

O Bogen Jonatans –
nie wich er rückwärts,
o Schwert Schauls –
nie kehrte es beuteleer heim.

Schaul und Jonatan,
die Geliebten, die Gefreundeten,
in ihrem Leben, in ihrem Tod nicht getrennt,
leichtfüßig sie vor Adlern,
heldenstark sie vor Löwen!

Töchter Jisraels,
weinet um Schaul,
der zu Prunke euch kleidete in Karmesin,
der goldne Pracht darüber, eurem Kleid über zog!

Weh, daß die Helden fielen inmitten des Kampfs!
Jonatan auf deinen Kuppen durchbohrt!

Bang ist mir um dich,
mein Bruder, Jonatan!
gefreundet warst du mir sehr,
wundersam war mir deine Liebe
über Liebe der Fraun.

Weh, daß die Helden fielen,
das Rüstzeug des Kampfes entschwand!

---

362 Hier folgt ein im Hebräischen unverständlicher Passus, den
Buber wiedergibt als »Gefilde ihr solcher Hebe!« Schon die
griechischen Übersetzer hatten hier Mühe und schrieben:
»deine Anhöhen sind Berge des Todes«.

Die schwermütige Schönheit des Liedes kommt noch in der Übersetzung zur Wirkung. Erkennbar gliedern drei refrain-artige Doppelzeilen das Ganze in zwei ungleich lange Strophen. In der zweiten, kürzeren, beklagt David sehr persönlich den Verlust seines ihm in »Liebe« verbundenen »Bruders« Jonatan.[363] Die Klage um Saul hat er zuvor, im letzten Abschnitt der ersten, längeren Strophe, den »Töchtern Israels« aufgetragen; deren Verlust ist ebenfalls groß, denn Saul hat ihnen kostbare Kleider verschafft (d. h. er hat Wohlstand in das Land gebracht). Den israelitischen Frauen spiegelbildlich gegenüber stehen, zu Beginn der ersten Strophe, die philistäischen Frauen; sie sollen keinen Grund zum Jubeln haben, darum dürfen sie von der Niederlage Israels auf Gilboa nichts erfahren. Noch unsympathischer als die Philisterfrauen sind dem Dichter eben diese Berge von Gilboa, die das Blut der Krieger Israels aufgesogen haben; sie sollen vertrocknen! Es folgt die Rühmung der Toten und ihrer Taten – Kernstück aller Leichenlieder. Saul und Jonatan werden nicht als zivile Herrscher, sondern als Krieger gezeigt, charakterisiert durch ihre stets siegreichen Waffen. Dazu waren sie »leichtfüßig« und »stark« und hielten auf Gedeih und Verderb zusammen – auch dies beides wichtig bei Kriegern.[364]

---

363 Näheres dazu unter B.III.2.1.1.

364 Der Psychotherapeut Dallmeyer, der an sich der »Fähigkeit zu trauern« große Bedeutung für die Reifung eines Menschen zuschreibt und dies auch in der biblischen David-Gestalt exemplifiziert sieht, wundert sich, wie wenig distanziert sich David in diesem Trauerlied gegenüber dem König – der ihn immerhin jahrelang verfolgt hat – und auch gegenüber dessen Sohn äußert (Dallmeyer/Dietrich 2002, 146–150). Vielleicht aber ist dies der Gattung und dem Anlass geschuldet: »De mortuis nil nisi bene« (über die Toten nur Gutes), wussten auch die Römer; und einem judäischen Söldnerführer, der in

Auffällig häufig, nämlich viermal, begegnet die hebräische Wortwurzel *gbr*, die Buber, noch in einer gewissen Unbefangenheit, mit »Held« wiedergibt. Es geht um nicht mehr und nicht weniger als um männliche Stärke. Davon besaßen Saul und Jonatan ein erhebliches Maß – doch rettete ihnen dies letztlich nicht das Leben. Es ist, als gebe hier der Krieger David der Erkenntnis Raum, dass kriegerische Tugenden ein großer, aber kein letzter Wert sind.

Auffälligerweise fällt in diesem wie in dem anderen Klagegesang Davids der Gottesname nicht. Anscheinend war dies in Totenklagen nicht zwingend nötig. Sie geben dem Schmerz Ausdruck, die der Verlust geschätzter und geliebter Menschen für die Hinterbliebenen bedeutet. In dieser Hinsicht sind Davids Lieder, so sehr sie einer ganz bestimmten Situation verhaftet und auf bestimmte historische Personen konzentriert sind, zeitlose Paradigmen ernster Trauer.

So hat sie auch der eigenwillig-tiefsinnige Kleriker und Philosoph Peter Abaelard (1079–1142) verstanden. Er schuf nach alttestamentlichen Vorlagen in lateinischer Sprache sechs sog. »Planctus«, zwei davon nach den beiden Klageliedern Davids.[365] Die kurze Klage um Abner wird unter Abaelards kunstfertiger Hand zu einer regelrechten Elegie; aus vier Zeilen werden fast fünfzig, freilich sehr kurze und jeweils paarweise gereimte. Hier der Beginn des lateinischen

---

Diensten eben der Macht stand, die Israel besiegt und den israelitischen König getötet hatte, stand es gewiss gut an, den Landsleuten im Norden tiefes Mitgefühl zu bekunden (vgl. ebendort Dietrich, 150–152).

365 Die anderen sind Klagen um Jakobs Tochter, um seine Söhne, um Simson und um Jiftachs Tochter. Zum Leben und Werk Abaelards siehe Podlach 1990, speziell zu den »Planctus« 231 ff.

Originals[366] und dann eine etwas größere Passage in deutscher Übersetzung:

Abner fidelissime,
Bello strenuissime,
Amor ac deliciae
Militaris gloriae,
Quod vis non praevaluit,
Dolus in te potuit;
Per quem peris perditus
Par ejus sit exitus

Abner, du höchst Ehrenwerter, im Krieg höchst Tapferer, Liebling und Wonne militärischen Ruhms: Was Kraft nicht vermochte, tat List dir an. Durch den du ausgelöscht wurdest, sein Ende sei (deinem) gleich! ... Eine fluchwürdige List, ein bejammernswerter Tod zwingt selbst den Feind zu unausgesetzten Tränen ... Großartiger Mann, Israels starke Mauer: Sieh, bei mir ist ein Feind – du warst ein sehr guter Freund. Soldaten der Armee, den so großen und jetzt niedergestreckten Führer beklagt unter Weinen! ...

In Abaelards Nachdichtung tritt gleichgewichtig neben die Rühmung Abners die Anprangerung Joabs. Auch wenn dieser nicht mit Namen genannt wird, sind Davids Anklagen gegen ihn überaus deutlich, und vor allem: Sie werden öffentlich geäußert.

Abaelard hat ebenso die Klage auf Saul und Jonatan nachgestaltet. Auch hier seien zunächst die ersten lateinischen Zeilen und danach einige Strophen in deutscher Übersetzung geboten:

---

366 Es gibt von den »Planctus« ein Manuskript in Oxford und eines in Rom, nach dem im Folgenden zitiert wird: Vatikan, Reg. lat. 288.

Dolorum solatium,
Laborum remedium,
Mihi mea cithara,
Nunc quo major dolor est,
Justiorque moeror est
Plus est necessaria.

Trost in Schmerzen, Heilmittel in Mühen ist mir meine Leier.
Nun, wo der Schmerz noch größer und die Trauer noch
angebrachter ist, ist sie mir umso unentbehrlicher. – Die
schwere Niederlage des Volkes, der Tod des Königs und
seines Sohnes, der Sieg der Feinde, die Verlassenheit der
Führer, die Verzweiflung des Volkes erfüllen alles mit
Trauer. ... Es verhöhnt die Gläubigen das ungläubige Volk;
zu höchster Ehre kommt der feindliche Pöbel, zum Gespött
aller wird die göttliche Sache. ... Der, den er ihnen als Ersten gab: besiegt ist der König und tot. So gerät die Erwählung zum Hohn, so die Weihung durch den großen
Seher. – O Saul, tapferster der Könige, unbesiegte Tapferkeit
Jonatans! Der euch nicht besiegen konnte, durfte euch töten. – Als wäre er nicht mit dem Öl, dem göttlichen, gesalbt,
wird er vom Schwert in verbrecherischer Hand abgeschlach-
tet im Kampf. – Mehr als ein Bruder warst du mir, Jonatan,
seelisch eins mit mir. Was für Sünden, was für Verbrechen
haben unser Innerstes zerschnitten! ... Um dich nun, Jonatan, muss ich mehr weinen als um alles. Zwischen allen
Freuden wird immer eine Träne sein. ... Durchbohrt glei-
chermaßen (wie du), wäre ich glücklich gestorben. Denn
was die Liebe täte: Größeres gäbe es nicht. – Und nach dir
noch zu leben, das ist wie ständiges Sterben; nicht zum Leben genug ist eine zerteilte Seele. – Erwiderung der Freundschaft: einzig das hätte ich geben müssen zum Zeitpunkt
höchster Bedrängnis: – als Teilhaber am Triumph oder als
Begleiter im Untergang, dass ich entweder dich herausge-
rissen hätte oder mit dir unterlegen wäre – so für dich das

Leben beendend, das du so oft gerettet hast, damit auch der Tod uns verbinde, statt dass er uns trenne. – Eines unglücklichen Siegs bin ich stattdessen teilhaftig geworden. Was für leere, was für kurze Freuden habe ich dabei gewonnen! … Das Saitenspiel beende ich – ich wollte, ich könnte es mit dem Klagen und dem Weinen genauso tun! Verletzt vom Saitenschlag die Hände, heiser vom Klagen die Stimme, geht nun auch der Atem aus.

Das Gedicht Abaelards besitzt dank der raffinierten Kargheit seiner Sprache, wohl auch dank des schlichten Wohlklangs seiner im Stil der Gregorianik zu denkenden Vertonung und vor allem dank der anspruchsvollen Tiefe seiner Empfindungen eine erhebliche Ausstrahlung. Kunstvoll wird am Schluss der Bogen geschlossen, der am Anfang mit der Selbstvorstellung des Klagenden eröffnet wird: David nimmt die Hörenden mit hinein in sein Leid. Mit teilweise den gleichen Bildern, aber fast noch exzessiver als im biblischen Original verleiht er dem Schmerz über das Geschehene Ausdruck. Anders als dort kommt bei Abaelard die religiöse Dimension der Katastrophe zum Vorschein: Der Gott Israels scheint besiegt; denn schließlich war er es, der Saul eingesetzt hatte. Auch wenn gegenüber dem biblischen Vorbild die strenge Aufteilung in zwei Strophen zugunsten eines wogenden Ineinanders der Themen aufgegeben ist, spitzt sich wie dort am Ende alles auf die Beziehung zwischen David und Jonatan zu. Der vielleicht als missverständlich empfundene Vergleich zwischen Freundes- und Frauenliebe bleibt zwar beiseite, doch brechen sich die Einsamkeit und Trostlosigkeit, ja die Lebensmüdigkeit, die Jonatans Tod in David auslöst, Bahn. Neu gegenüber der Vorlage sind die ausgedehnten Selbstanklagen des Klagenden:

Neben Jonatan[367] hätte er in der Schlacht stehen sollen, mit ihm siegen oder untergehen, statt sich ein schales Weiterleben ohne ihn zu sichern. Hier zeigt Abaelard ein feines Gespür für die Untiefen des biblischen Berichts wie für die Abgründigkeit der menschlichen Seele.

3.2.2 Davids Psalmenmusik

Die Intensität, mit der Peter Abaelard die beiden Klagelieder Davids aufnahm, sollte eine Ausnahme bleiben.[368] Demgegenüber erfuhren die Lieder und Gebete des Psalters, die ja schon bald und vollständig David zugeschrieben worden waren,[369] eine ungleich stärkere Rezeption. Auf diesem Weg vor allem wuchs David der Ruf des unsterblichen Dichters zu. Nun sind aber die Psalmen nicht nur Texte, sondern sie geben sich durch mancherlei Regieanweisungen zumindest teilweise als gesungene und durch Instrumentalmusik begleitete Lieder zu erkennen. So stellte man sich den königlichen Poeten und Musiker David gern umgeben von anderen, in den Psalmen erwähnten Dichtern und Sängern vor:

Diese Vorstellungen können sich auf verschiedene biblische Nachrichten stützen. Neben den Psalmen selbst ist hier vor allem die Chronik zu nennen. In

---

367 Sicher ist bei diesem Passus eher an Jonatan gedacht als an Saul; sprachlich wird das nicht so deutlich, in der Sache dann zunehmend mehr.

368 Erwähnen ließe sich hier noch Pierre de la Rue (1450–1518), der als Musiker am burgundischen Hof und Mitglied der Grande Chapelle in den Diensten Philipps des Schönen, Maximilians I. und Margarethes von Österreich stand. Von ihm stammt die vierstimmige Motette »Considera Israel«, eine eindrückliche Nachgestaltung und Vertonung von 2Sam 1,19–26.

369 Siehe B.I.3.3.

Abb. 42: Psalterillustration (vermutlich Mailand Ende 9. Jh.):
David mit den vier Musikern Asaf, Heman, Etan und Jedutun

ihrer Darstellung Davids legt sie großen Nachdruck
auf seine Verdienste um den Tempelgesang.[370] Und
aus Anlass einer Neueinweihung des Tempels durch
König Hiskija bezieht sie sich ausdrücklich auf die
einst angeblich von David eingerichtete Tempelmu-
sik: »Er (Hiskija) ließ die Leviten beim Haus Jhwhs
sich aufstellen mit Zimbeln, Harfen und Lauten gemäß der Anweisung Davids … Und die Leviten stellten sich auf mit Davids Instrumenten« (2Chr 29,25 f.).

---

370   Vgl. besonders 1Chr 25 sowie B.I.3.2.

Jesus Sirach schließlich wurde bereits mit dem Satz zitiert: »Saiteninstrumente zur Liedbegleitung für den Altar und die Psalmenmelodie zu Standleiern formte er.«[371]

Solche Hinweise waren den Späteren Anlass genug, alle frommen Bemühungen um schöne Musik mit dem König David in Verbindung zu bringen. Gekrönte christliche Häupter ließen gern vom Licht des kunstsinnigen alttestamentlichen Königs etwas auf sich selber fallen. So heißt es von Kaiser Maximilian I. (1493–1519) in dem autobiografischen (und natürlich reichlich geschönten) Roman »Weisskunig«:

Auf ein zeit gedacht er an kunig Davit ... und las den psalter, darynnen er gar oft fand: »lob got mit dem gesang und in der herpfen« ... und als er kam in sein gewaltig regirung, hat er am ersten in dem lob gottes nachgefolgt dem kunig Davit, dann er hat aufgericht ain soliche canterey mit ainem solichen lieblichn gesang von der menschn stym, wunderlich zu hören, und soliche lieblich herpfen von newen werken und mit suessen saytenspil, das er alle kunig ubertraf ... und prauchet dieselb canterey allein zu dem lob gottes, in der cristenlich kirchen.[372]

Interessierte Kreise bestärkten die gekrönten Häupter in derlei Ambitionen. So rühmt der Wolfenbütteler Hofkapellmeister und Komponist Michael Praetorius im Jahr 1619 den Kunstsinn des Königs David:

Der König David hat nicht allein ein berumbte / wolbestalte vnd Volckreiche Capellen zu Jerusalem angeordnet / sondern auch viele Instrumenta erfunden / vnd auß Heben-

---

371 Sir 47,9; vgl. dazu B.I.4.1.
372 Das Zitat findet sich bei Baumgärtner 2003, 6.

holtz / so auß Ophir gebracht vnd vor diesem in Palaestina nicht gesehen worden / machen lassen / welches denn Besaytete Instrumente gewesen / weil sie geschlagen worden / 2. Chronic.c.29.v.27. vnter diesen ist auch die Harffe … so mit den Fingern gegriffen … Vnd das David viel Instument erfunden / auch machen lassen / bezeuget die heilige Schrifft«.

Und der evangelische Superintendent Christoph Frick hielt in seinem »Music-Büchlein« von 1631 das gesamte, in den Psalmen sichtbar werdende Instrumentarium eines althebräischen Orchesters der Erfindungsgabe Davids zugute:[373]

… darauff gedenckt er der Trometen vnnd Posaunen / Psalm 81. gedencket er der Paucken / Psalm 150. sagt er von Posaunen / Psalter / Harpffen / Paucken / Seiten / Pfeiffen / hellen Cymbeln vnd wolklingenden Cymbeln / etc.

Doch es blieb nicht bei den antiken Instrumenten. In seinem Artikel »Die Vielzahl der Attribute des musizierenden und ›springenden‹ David«[374] belegt Walter Salmen aus David-Abbildungen der westlichen und besonders auch der ostkirchlichen Tradition folgende Instrumente in der Hand des Königs David: Leier, Rotte, Crowd, Harfe, Harfenpsalter, Psalterium, Laute, Organon, Organistrum, Cymbala, Monochord, Tripos, Viellator, Lira de Braccio, Lirone, Rebec. So wurde David im Bewusstsein der Nachwelt zum Inbegriff des Künstlers auf dem Thron.

---

373 Das vorige und das folgende Zitat bei Salmen 2003, 689.
374 Salmen 2003.

Abb. 43: Huth Psalter (13. Jh.):
David am Glockenspiel mit Fidler und Tänzer

Abb. 44: Ulrich Schreier (15. Jh.):
Initiale »B«, David mit Triangel

4. David als Mensch vor Gott

Bisher wurde eine Seite des biblischen Davidbildes noch ausgespart, die in den Texten von großer Bedeutung ist: sein Verhältnis zu Gott. In den jüngeren Quellen steht dieser Aspekt dominant im Vordergrund. Die Chronik sieht in David den frommen Stifter des Jerusalemer Tempels und des dortigen Kultes, insbesondere der gottesdienstlichen Musik.[375] Der Psalter zeigt ihn als den, der Gott im Gebet anruft, vor ihm klagt und mit ihm ringt, der ihm aber auch dankt und ihn rühmt.[376] Die Samuelbücher sind in dieser Hinsicht dezenter, lassen aber ebenfalls keinen Zweifel an der besonders engen Beziehung Davids zu Gott. Schon, wie dieser die Erzählbühne betritt, ist aufschlussreich. Gott will nach Sauls Versagen einen neuen König salben lassen; dazu sendet er Samuel nach Betlehem zu Isai, »denn ich habe mir unter seinen Söhnen einen zum König ersehen«. Als Samuel gleich den Ersten und Größten salben will, wird er belehrt: »Nicht das, was der Mensch sieht (ist entscheidend); denn der Mensch sieht, was vor Augen ist, Jhwh aber sieht das Herz an« (1Sam 16,1.7). Schließlich findet Samuel David heraus und salbt ihn. Diesem also hat Gott ins »Herz« gesehen[377] und ihn als einen Mann nach seinem eigenen Herzen befunden,[378]

---

375 Vgl. B.I.3.2. Ben Sira hebt im »Lob der Väter« diese Seite ebenfalls stark hervor, vgl. B.I.4.1.

376 Vgl. B.I.3.3.

377 Das »Herz« ist in der biblischen Anthropologie nicht Sitz der Emotionen, sondern des Willens und des Verstandes – wir würden dazu vielleicht »Charakter« sagen.

378 So ausdrücklich 1Sam 13,14, wo Samuel nach Sauls Verwerfung diesem ankündigt, Jhwh werde sich »einen Mann nach seinem Herzen suchen« – womit natürlich David gemeint ist.

den er sogleich und auf Dauer mit seinem »Geist«
ausstattet (1Sam 16,13). In der Folge betonen die Erzähler immer wieder, wie Gott »mit David« gewesen
sei.[379] Regelmäßig habe sich dieser in bedrohlichen Situationen mit Orakelanfragen an Gott gewandt, und
jedes Mal habe Gott ihn einer Antwort gewürdigt
und ihn auf diese Weise vor Unheil bewahrt.[380] Eine
kleine, unscheinbare Szene ist symptomatisch: David
muss sich vor Abschalom aus Jerusalem zurückziehen und dann noch erfahren, dass Ahitofel, sein klüg-
ster Ratgeber, zur Gegenseite übergelaufen ist; da
entringt sich ihm das Stoßgebet: »Vereitle doch den
Rat Ahitofels, Jhwh!« – und prompt kommt ihm jener Huschai entgegen, mit dessen Hilfe er Ahitofels
Rat vereiteln wird (2Sam 15,31 f.). Auf mehr oder
minder subtile Weise also wird in den Samuelbüchern
die große Nähe und Vertrautheit zwischen Gott und
seinem Erwählten hervorgehoben.

Was im Folgenden bedacht werden soll, ist indes
nicht diese, die gewissermaßen »heile« Seite eines pro-
blemlos intakten Gottesverhältnisses, die im Alten
Orient so gut wie jedem Herrscher nachgesagt wurde.
Vielmehr soll es um außergewöhnliche Formen und
gar um Trübungen der Gottesbeziehung gehen, wie
sie so in der orientalischen Königsliteratur kaum oder
gar nicht vorkommen. Und es ist bezeichnend, dass
gerade diese Züge im Davidbild die Aufmerksamkeit
der Rezipienten und insbesondere der Künstler auf
sich gezogen haben.

---

379 1Sam 16,18; 17,37; 18,12.28; 2Sam 8,6.14.
380 1Sam 22,5; 23,1–5.12; 2Sam 2,1; 5,17–25; 21,1. Es ist auffällig,
   dass Davids Vorgänger Saul bei eben solchen Versuchen regelmäßig scheitert: 1Sam 14,18 f.37; 28,6.

4.1 Der eigensinnige Fromme

In 2Sam 6 wird erzählt, wie David die heilige Lade in seine neue Residenz Jerusalem überführt hat. Es war dies ein kastenförmiger, tragbarer Kultgegenstand, der in früherer Zeit den israelitischen Stämmen als Kriegspalladium gedient hatte: Auf ihm glaubte man den unsichtbaren Gott Jhwh anwesend, der gegen die Feinde helfen und den Sieg geben werde.[381] Die Lade war ihres Nimbus dadurch beraubt worden, dass die Philister sie bei einem Sieg über Israel hatten entführen können. Irgendwo im Grenzland drohte sie in Vergessenheit zu geraten, wäre nicht David auf den Gedanken gekommen, mit diesem alten Symbol wehrhafter Frömmigkeit seine Herrschaftsansprüche gerade auch auf die nordisraelitischen Stämme zu unterstreichen. Zugleich konnte er sich so als eifriger Diener des über der Lade thronenden Gottes profilieren. Ein erster Versuch, den heiligen Gegenstand in einer großen Prozession in die Stadt zu führen, scheiterte indes kläglich: Beim Transport geriet die Lade ins Wanken, ein Priester versuchte sie zu stützen – und fiel tot um. Der Vorgang bleibt einigermaßen rätselhaft. Der »Zorn Gottes«, heißt es, sei über den Priester entbrannt, und im Gegenzug sei wiederum David über Jhwh erzürnt gewesen (2Sam 6,7f.). Offenbar wollen die Erzähler einen Dissens zwischen Gott und König darüber andeuten, wie einer den anderen zu behandeln habe. Zu Beginn der Erzählung verlautet nichts davon, dass David seine fromme (und zugleich wohlberechnete) Tat zuvor mit der Gottheit abgestimmt hätte. Soll er als allzu eigen-

---

381 Vgl. die anschauliche Erzählung 1Sam 4, die freilich schildert, wie genau diese Erwartung enttäuscht wurde.

mächtig hingestellt werden – und Jhwh als überaus impulsiv? Jedenfalls: »David fürchtete Jhwh an diesem Tag« (6,9) – und entschloss sich, das Unternehmen fürs erste abzubrechen: Die Lade wurde an Ort und Stelle bei einem philistäischen Beisassen namens Obed-Edom abgestellt. Als diesem daraus nicht Schaden, sondern vielmehr Segen erwuchs, deutete man dies als Anzeichen für die Besänftigung der Gottheit und als deren Einverständnis mit der Übersiedlung nach Jerusalem.

Die Frömmigkeit des Königs hatte zu einem Konflikt mit Gott geführt. Das ist angesichts der spürbaren Tendenz der biblischen Erzähler, David in bestem Einvernehmen mit Gott zu zeigen, bemerkenswert. Gott lässt sich erst den zweiten Versuch zur Einholung der Lade gefallen.[382] Der kultische Aufwand, der aus diesem Anlass betrieben wird, ist enorm. Hekatomben von Opfern lässt der König darbringen, und über die Maßen reichlich beschenkt er die feiernde Gemeinde (2Sam 6,13.19). Doch ist den Erzählern etwas anderes fast noch wichtiger: Während der feierlichen Prozession »springt« David »mit aller Kraft

---

382 Eine interessante Analogie dazu findet sich gleich im nächsten Kapitel, 2Sam 7: David will Jhwh in seiner neuen Residenz Jerusalem einen Tempel bauen, doch Jhwh verhindert dies. Das ist im Alten Orient einmalig: Es gehörte zu den dringlichsten Pflichten der Könige, die Götter für sich und ihr Volk gnädig zu stimmen: auch und gerade durch die Stiftung von Heiligtümern und Kulten. Dass der Gott Jhwh auf solchen Diensteifer dankend verzichtet haben sollte, ist altorientalischem Denken fremd. Es ist bezeichnend, dass in der Bibel mit solcher Unverrechenbarkeit Gottes gerechnet wird. Zugleich freilich tragen die Schriftsteller dabei der Tatsache Rechnung, dass eben nicht schon David, sondern erst Salomo den Jhwh-Tempel in Jerusalem errichtet hat (1Kön 5–8); dort verlautet denn auch nichts mehr von Bedenken Gottes.

314

vor Jhwh« und ist dabei (nur?) mit einem »linnenen Efod«, einem kurzen Priesterschurz, bekleidet (6,14). Was ihn zu seinem Tun bewegt hat, bleibt offen: Fröhlichkeit, Begeisterung, frommer Eifer, Ekstase? Die Prinzessin Michal jedenfalls findet es unangebracht, wie da »der König David vor Jhwh tanzt und springt« (6,16), und stellt ihn anschließend zur Rede. Voller Hohn teilt sie ihm mit, er habe »Ehre eingelegt als König Israels«, indem er sich »vor den Augen der Mägde seiner Knechte entblößt hat, wie sich nur ein haltloser Mensch entblößt« (6,20). David indes gibt zurück, er wolle auch künftig »vor Jhwh fröhlich sein« und sich dabei »erniedrigen« und bei den »Mägden zu Ehren kommen« (6,22). Eine fürwahr bemerkenswerte Facette im biblischen Bild des Königs David!

Das Motiv des Tanzes vor der Lade hat auf die Nachwelt großen Eindruck gemacht. Dass ein Monarch sich nicht würdevoll und gemessenen Schritts bewegt, sondern vor seinem Gott und vor den Augen seiner Untertanen »springt« und »tanzt«: das hat offenbar nicht nur Michal höchst ungewöhnlich gefunden. Rudolf von Ems hebt in seiner »Weltchronik« (um 1250) den auffälligen Vorgang ausdrücklich hervor:

David vor der arche sprang
mit allirhande vroide spil ...[383]

Bildkünstler haben die denkwürdige Szene immer wieder ins Bild gesetzt. Dabei gaben sie, wie selbstverständlich, David noch ein Instrument in die Hand (wovon 2Sam 6 nichts sagt). In der Regel begnügten sie sich damit, seine tänzerische Bewegung nur diskret

---

383   Zitiert bei Salmen 2003, 721.

Abb 45: David »springt« mit der Harfe: Juniper-Stilp,
Masice/Kroatien, Holzschnitzerei am Chorgestühl
der Antonius Kirche (1765/74)

anzudeuten: Schon das erschien in höfischem Milieu
offenbar als höchst auffällig.[384]

Aus den Darstellungen des Tanzes Davids vor der Lade hebt
sich diejenige im sog. Winchcombe-Psalter heraus.[385] Sie
zeigt den König nicht in milder, sondern in wilder Bewegung. Es handelt sich um eine Miniatur zum ersten Buch-
staben des ersten Wortes im Psalter, dem »B« von »Beatus«
(»*glücklich* der Mann« …). Links im Bild ist die heilige Lade
zu erkennen, rechts die gestreng dreinblickende Michal. Alle
Aufmerksamkeit aber zieht ein Mann auf sich – David –, der
eine artistische Übung vollführt: einen Salto rückwärts, wie
ihn nur sportlich geübte Personen beherrschen. Im Mittelalter war solches den Gauklern vorbehalten: einem fahren-
den Völkchen, das beim gemeinen Volk gern gesehen war,
weil es etwas wie unangepasste Ausgelassenheit und un-

---

384 Das, was Prinzessin Michal wohl noch viel mehr gestört hat –
Davids spärliche Bekleidung –, wagen die Künstler nicht einmal anzudeuten!
385 Vgl. zum Folgenden Julia Zimmermann 2003.

Abb 46: David »springt« mit der Harfe:
Domenico Zampieri, Wandgemälde in der Kuppel
der Cappella Bandini, Rom (1625/29)

gebärdige Lebensfreude verkörperte. Die Oberen indes
und speziell die Geistlichkeit begegneten den Gauklern mit
Misstrauen, waren sie doch nur schwer in die öffentliche
und kirchliche Ordnung zu integrieren, und standen ihre
Darbietungen doch im Ruf einer bedenklichen moralischen
Oberflächlichkeit und verführerischen Körperlichkeit. Die
Illustration des ersten Buchstabens im Winchcombe-Psalter
aktualisiert die Geschichte vom »springenden« David auf
verblüffende Weise: Er, der verehrte Dichter und Beter der
Psalmen,[386] wird zum Sinnbild volksnaher Fröhlichkeit, die

---

386   Vgl. B.I.3.2 und B.III.3.2.

Abb. 47: Illustration aus dem Winchcombe Psalter (12. Jh.):
David »springt« als Gaukler vor der Lade

ihn tadelnde Michal hingegen zur Repräsentantin klerika-
ler Sittenstrenge. Den Mönchen, denen diese Psalterhand-
schrift zugedacht war, wurde gleich am Anfang ihres wichtigsten Gebetbuches eine besondere Lehre zuteil: Vor Gott
muss man nicht immer in demutsvoller Andacht verharren,
man darf vor ihm auch einmal außer sich geraten und gar
die Regeln des Anstands vergessen – so wie es David einst
in den Augen Michals tat.

4.2 Der vorbildliche Sünder

Dafür, dass David bei der Überführung der Lade anscheinend gegen die Regeln höfischer Etikette verstoßen hat, bringen die biblischen Erzähler viel Verständnis auf (und entsprechend wenig für Michals Kritik daran). Bei der Affäre um Batscheba und Urija dagegen hat er gegen die Regeln gesellschaftlicher Moral verstoßen, und darauf reagieren die Erzähler mit unverhohlener Kritik (bzw. machen sich die Kritik des Propheten Natan zu eigen). Über einen vielleicht etwas zügellosen Tanz lässt sich streiten, über Ehebruch und Mord nicht. Mit einer subtilen narrativen Technik lassen die Erzähler ihre Hörerinnen und Leser nachvollziehen, wie sich alles anbahnte: Der Blick des Königs vom Dach, sein Gewahrwerden der schönen, sich waschenden Frau, sein Wunsch, sie zu besitzen, die Vereinigung der beiden. Von Schuld ist nicht ausdrücklich die Rede, und auch die Schuldanteile werden nicht klar verteilt,[387] und doch wird spätestens mit den Vertuschungsversuchen deutlich, dass diese Liaison schuldhaft ist und unheilsschwanger. Als es nicht gelingt, Batschebas Gatten die Frucht des Ehebruchs unterzuschieben, folgt der Mord: doppelt heimtückisch durch das Motiv des »Uriasbriefs« und durch die Tarnung als militärisches Missgeschick. Danach dann scheint alles legalisiert: David nimmt die schwangere Witwe zur Frau, und sie gebiert ihm (s)einen Sohn.

Obwohl bis zu diesem Punkt – fast am Ende des Kapitels 2Sam 11 – noch keinerlei explizites Urteil über das Geschehen gefällt ist, lässt die Erzählung keinen Zweifel an der Verwerflichkeit von Davids Tun.

---

387   Vgl. B.III.2.1.2.

Schon das verdient Beachtung, sucht doch die altorientalische Literatur im Allgemeinen Kritik an Königen zu vermeiden und ist das Davidbild der Bibel im Besonderen doch überaus positiv. Diesen hoch verehrten König als Ehebrecher und Mörder bloßzustellen, ist an sich schon eine geistig-moralische Großtat.[388] Doch dann folgt – vermutlich auf einer späteren Stufe der Textentstehung – noch ein theologischer Paukenschlag: »Und die Sache, die David getan hatte, war böse in den Augen Jhwhs« (2Sam 11,27b). Nicht nur gegen die grundlegenden Normen der israelitischen (und wohl jeder) Gesellschaft hatte der König verstoßen, Gott selbst hatte er herausgefordert.

Und wie reagiert Gott? Nicht mit Blitz und Donner oder sonstigen Anzeichen himmlischen Zorns, sondern durch das Senden eines Menschen, der gegen den König nur eines aufbieten kann: Worte. Der Prophet Natan trägt David einen Rechtsfall vor: von einem Reichen, der einem Armen dessen Liebstes (das einzige Schaf) weggenommen hat. David fällt, wie von einem moralisch gesinnten Menschen nicht anders zu erwarten, prompt ein hartes Urteil: vierfache materielle Sühne und obendrein die Todesstrafe! Unvermittelt schleudert ihm daraufhin Natan das berühmte »Du bist der Mann!« entgegen. Dann lässt er David wissen, dass ihm seine heimlichen Untaten wohl bekannt sind, und kündigt ihm schwere Strafen an (2Sam 12,7–12). Auch dies wieder ist höchst ungewöhnlich: der heilige Mann, von Gott gesandt, als Ankläger und Unheilskünder vor dem König.

---

388 Sie wurde, wie wir sahen (B.I.2.2), schon von dem Verfasser einer postulierten und wohl sehr alten »Batscheba-Salomo-Novelle« vollbracht, die dann der »Höfische Erzähler« in sein Werk integrierte.

Und wie reagiert der König? Nicht mit dem Ruf nach den Wachen oder sonstigen Anzeichen königlichen Zorns, sondern mit dem zwar knappen, aber doch alles sagenden Schuldbekenntnis: »Ich habe gefehlt gegen Jhwh« (12,13a). Das nun ist das Ungewöhnlichste an der Geschichte: wie sich ein König vor einem Propheten beugt – die Macht vor dem Recht. David anerkennt, dass über ihm ein Höherer ist, dessen Setzungen auch er, der König, zu befolgen hat. Nicht oft bricht sich bei Mächtigen diese Erkenntnis Bahn.

Freilich, ohne Sühne konnte Davids Schuld nicht bleiben. Natan verkündet ihm, dass er zwar selbst nicht sterben muss (obwohl er dies, nach seinem eigenen Urteil, eigentlich verdient hätte), wohl aber das Kind, das aus dem Ehebruch hervorgegangen ist. Diesen Entscheid nimmt David nicht ergeben hin, sondern führt, als das Kind krank wird, mit Gott einen Kampf auf Leben und Tod. Dazu legt er Trauergewänder an, schläft nur noch auf dem Boden, isst nicht mehr. Mit solchen Akten der Selbstminderung nimmt David gleichsam den Tod symbolisch vorweg: nicht aus eigener Zerknirschung, sondern zum Zeichen der Solidarität mit dem bedrohten Kind und als Appell an das Mitleid Gottes. Der Kampf währt sieben Tage, dann stirbt das Kind. Selbst von einem Erwählten also lässt Gott sich zur Gnade nicht pressen. Doch in dem Augenblick, da er vom Tod des Kindes und damit von seiner Niederlage erfährt, legt David alle Zeichen der Trauer ab und kehrt zum normalen Leben zurück. Die Leute finden das unbegreiflich, und er erklärt ihnen, gegen den Tod lohne sich nur zu kämpfen, solange er nicht eingetreten sei; danach habe man sich ihm zu fügen (2Sam 12,15b–23). Es ist dies wieder einer der ungewöhnlichen Züge, deren der biblische David so

Abb. 48: Walter Habdank (1930–2001): David und Natan

viele zeigt. Zu beidem ist er fähig: sich wider jede Vernunft mit unbesiegbaren Gegnern anzulegen – mit Gott und dem Tod –, dann aber auch in kühler Vernunft ihre Unbesiegbarkeit anzuerkennen.

Der König als Büßer: Diese Facette des biblischen Davidbildes hat auf die Späteren eine starke Faszination ausgeübt. Ein zeitgenössischer Holzschnitt von Walter Habdank zeigt David, auf seinem Thron sitzend, erschüttert seinen Kopf in den Händen bergend, und vor ihm, im Gestus der Anklage, den Propheten Natan.

Ganz ähnlich eine in unverkennbar byzantinischem Stil gehaltene Miniatur des sog. »Griechischen Psalters« aus dem 10. Jahrhundert: In der linken Bildhälfte ist David zu erkennen, wie er sich betroffen an den Kopf fasst; rechts über ihm erhebt Natan seine Anklage. Auf der anderen Bildseite sieht man, wie David – nota bene: nach wie vor mit Heiligenschein –

sich um Verzeihung bittend zu Boden geworfen hat; hinter ihm steht eine weibliche Gestalt: nicht etwa Batscheba, sondern »Metanoia«, die Buße!

Solche Bilder stehen in einer langen, nicht nur kunstgeschichtlichen Tradition. Konstantinopel, wo der »Griechische Psalter« entstand, war der Sitz der byzantinischen bzw. oströmischen Kaiser, die sich seit Konstantin dem Großen (324–337 n. Chr.) als christliche Regenten verstanden. Einer von ihnen, der sich um die Kirche besondere Verdienste erworben hat, war Theodosius I. (379–395), und dessen Zeitgenosse wiederum der bedeutende Mailänder Bischof Ambrosius (374–397). Der Kaiser hatte auch eine Residenz in Mailand, und so entstand zwischen ihm und dem Bischof ein enger Kontakt. Wie hoch Ambrosius Theodosius schätzte, zeigt ein Satz aus der Trauerrede, die er nach dessen Tod hielt: »Ich habe diesen Mann

Abb. 49: Byzantinische Miniatur (10. Jh.): David und Natan

323

geliebt.« Die Begründung indes lässt aufhorchen: Theodosius sei einer gewesen, »der mehr dem Tadler als dem Schmeichler beipflichtete. Er legte allen königlichen Schmuck ab, den er zu tragen pflegte, beweinte öffentlich in der Kirche seine Sünde, die ihn auf das trügerische Zureden anderer übermannt hatte, und flehte unter Seufzen und Tränen um Vergebung. Wessen gewöhnliche Leute sich schämen, dessen schämte sich der Kaiser nicht: öffentlich Buße zu tun.«[389] Der Bischof spielt hier auf eine wahrhaft denkwürdige Begebenheit aus dem Jahr 390 an. Damals hatte der Kaiser, nachdem bei Unruhen in Thessaloniki ein hoher kaiserlicher Offizier ermordet worden war, den Soldaten freie Hand gegeben zu einer blutigen Vergeltungsaktion an der städtischen Bevölkerung; eine große Zahl unbeteiligter Zivilisten wurde massakriert. Ambrosius schrieb daraufhin einen Brief an den Kaiser, in dem er ihn scharf kritisierte und ihm mitteilte, er könne ihm die Kommunion erst wieder erteilen, wenn er öffentlich Buße getan habe. Dazu verweist er den Kaiser ausdrücklich auf David als Vorbild:

»Oder schämst du dich, Kaiser, zu tun, was David, der König und Prophet, der Stammvater Christi dem Fleische nach, getan hat? Ihm ist gesagt worden, dass ein Reicher, der mehrere Herden hatte, wegen der Ankunft eines Gastes das einzige Lamm eines Armen raubte und schlachtete; und weil er erkannte, dass er selber beschuldigt wurde, da er es selber getan hatte, sagte er: Ich habe vor Gott gesündigt. Sei des-

---

389 Ambrosius, Trauerrede auf Theodosius, in: Bibliothek der Kirchenväter, Bd. 3, Kempten / München 1917, 387–423, hier 411 (= De obitu Theodosii, Patrologia cursus completus, Series Latina, Bd. 16, 1396).

halb nicht unfähig zu ertragen, Kaiser, wenn dir gesagt wird: Du hast ebenso getan, was dem König David vom Propheten gesagt worden ist. Denn wenn du dir dies aufmerksam anhörst und dann sagen würdest: Ich habe vor Gott gesündigt ..., so soll auch dir gesagt werden: Weil es dich verdrießt, vergibt dir der Herr deine Sünden, und du wirst nicht sterben.«[390]

Und tatsächlich: Kaiser Theodosius tat im Dom zu Mailand öffentlich Abbitte, und Bischof Ambrosius ehrte ihn dafür über seinen Tod hinaus.[391]

Schon im biblischen Psalter erscheint David als vorbildhafter Büßer. Der 51. Psalm, der wohl eindrücklichste Bußpsalm der Bibel, trägt die Überschrift »Ein Psalm Davids, als der Prophet Natan zu ihm kam, nachdem er mit Batscheba verkehrt hatte.« In Ps 51,6a wiederholt »David« das Schuldbekenntnis aus 2Sam 12,13a, diesmal freilich direkt an Gott gewandt (»Gegen dich allein habe ich gefehlt ...«), um sich gleich anschließend noch das Urteil des Erzählers aus

---

390 Ambrosius, Epistolae, Corpus scriptorum ecclesiasticorum Latinorum 82.10 Bd. 3, Wien 1982, 214 (= Patrologia ... Latina, Bd. 16, 1161). Ich verdanke die Textnachweise cand. theol. Ueli Zahnd, der 2001 in Bern eine herausragende Seminararbeit zum Thema eingereicht hat (und inzwischen Assistenzprofessor für Philosophie in Basel ist).

391 An sich ist dies ein wohltuendes Beispiel dafür, wie die Erinnerung an die Bibel und speziell an David Gutes wirken kann. Doch mischen sich in den Freudenbecher auch einige Wermutstropfen: Ambrosius hatte in einem früheren Brief, ebenfalls unter Verweis auf die David-Natan-Szene, Kaiser Theodosius dafür attackiert, dass er einen Bischof dazu hatte zwingen wollen, eine niedergebrannte Synagoge wieder aufbauen zu lassen. Noch problematischer ist es, wenn im Mittelalter Päpste aus rein machtpolitischen Gründen Kaiser zu Bußakten zwingen und dabei nicht nur mit Exkommunikation, sondern mit Absetzung drohen.

Abb. 50: Illustration im »Stundenbuch« des
Jean Bourdichon (15. Jh.)

2Sam 11,27b zu eigen zu machen (»… und habe das
Böse in deinen Augen getan«). Diese Sätze bilden den
Kern einer in Gebetform gefassten Lehre von Sünde
und Vergebung:[392] Von Natur aus neigt der Mensch

---

392 Damit wäre Ps 51 eine Art Midrasch zu den genannten Kern-
    stellen aus 2Sam 11 f. Dafür lässt sich geltend machen, dass der
    Psalm als ganzer laut Zenger (2000, 48) nachexilisch ist und
    redaktionell bewusst an die Spitze des David-Psalters Ps 52–72
    gestellt wurde (30).

Abb. 51: Illustration im »Stundenbuch« des
Duc de Berry (15. Jh.)

dazu, sich schuldig zu machen (V. 5.7) und damit den
Zorn des heiligen und gerechten Gottes auf sich zu
ziehen (V. 6b.8). Helfen kann ihm nur, dass er Gott um
Verschonung (V. 13) und um Verzeihung (V. 3f.9.11)
und um ein »reines Herz« und einen »neuen, gewissen Geist« (V. 12) bittet. Daraus erwächst ihm neue
Zuversicht (V. 10.14), er muss sich nicht mehr fürchten (V. 16), kann sogar anderen Sündern auf den rechten Weg helfen (V. 15). So werden denn die begna-
digten Sünder den gnädigen Gott preisen (V. 17) –

woran diesem viel mehr gelegen ist als an rituellen Opfern (V. 18f.).[393]

Auch das Oratorium »Le Roi David«[394] von André Morax und Arthur Honegger aus dem Jahr 1921 bringt die Erzählung 2Sam 11f. und den 51. Psalm miteinander zu Gehör. Zuerst rekapituliert der Sprecher in knappen Linien die Geschichte von Davids Sündenfall und Bestrafung:[395] »Von ihrer Nacktheit hingerissen, begehrte er sie und nahm sie in sein Haus und ließ Urija töten. Der Zorn Jehovas aber fällt auf sein geliebtes Kind, das ihm Batscheba schenkte. Es stirbt, und laut klagt David seinen Schmerz dem Herrn«. Darauf folgen die beiden Eingangsverse des 51. Psalms: »Sei mir gnädig, o Gott, nach deiner Güte, nach deinem großen Erbarmen tilge meine Verfehlung. Wasche mich rein von meiner Missetat, reinige mich von meiner Sünde.« Dies singt nicht ein Solist, sondern der Chor. David ist als Beter und Büßer neben die getreten, die Leid tragen um ihre Schuld und Gott dafür um Vergebung bitten. Den großen König dabei an seiner Seite zu wissen, macht gewiss darin, dass niemand frei ist von Schuld, dass Gott aber auch niemanden zurückstößt, der sich reuevoll zu ihm wendet. Eben dies ist die stille Botschaft der mancherlei Abbildungen in Psaltern oder Andachtsbüchern, die König David als Büßer zeigen.

---

393 Diesem letzten Gedanken, dass an die Stelle von Opfern Buße und Gotteslob treten sollten, meinte ein Ergänzer hinzufügen zu müssen, dass Gott an rechtem Opferdienst sehr wohl Gefallen habe (V. 20f.). Zum sekundären Charakter dieser (und nur dieser!) Verse vgl. Zenger 2000, 45.

394 Näheres dazu bei Lichtenhahn 2003.

395 Diese Nacherzählung wird neckisch garniert durch einen Abschnitt aus dem Hohenlied, welchen eine Dienerin der schönen Batscheba zu Gehör bringt.

C. AUSWEITUNG

Der David redivivus im Spiegel der Wirkungsgeschichte

Derjenige Textabschnitt der Samuelbücher, der die vielleicht gewaltigste Wirkungsgeschichte ausgelöst hat, ist die sog. Natan-Weissagung 2Sam 7,11b–16. David hat dem Propheten mitgeteilt, er wolle Jhwh einen Tempel bauen; er erhält die überraschende Auskunft, nicht er solle Jhwh ein »(Gottes-)Haus«, sondern Jhwh werde ihm ein (Königs-)Haus errichten:[396]

(1)		Jhwh verkündet dir:
	(2)	Ein Haus wird Jhwh dir machen.
(3)		Wenn sich deine Tage erfüllen und du dich zu deinen Vätern legst,
(4)		will ich deinen Samen nach dir aufrichten,
	(5)	der aus deinen Lenden hervorgehen wird,
(6)		und werde sein Königtum befestigen.
	(7)	Der wird meinem Namen ein Haus bauen.
	(8)	Und ich werde den Thron seines Königtums auf immer fest gründen.
(9)		Ich werde ihm zum Vater und er wird mir zum Sohn werden.
(10)		Wenn er sich verschuldet, werde ich ihn mit Menschenruten und mit menschlichen Schlägen zurechtbringen.
(11)		Aber meine Solidarität soll nicht von ihm weichen,
	(12)	wie ich sie habe weichen lassen von Saul,
	(13)	den ich vor dir habe weichen lassen.

---

396 Die unterschiedliche Einrückung der Satzziffern deutet eine Schichtungsfolge des Textes an.

(14)	Und Bestand haben wird dein Haus und dein
	Königtum auf immer vor mir[397]
(15)	und dein Thron wird fest gegründet sein auf immer.

Hier wird David nicht nur ein Nachfolger, sondern eine ganze Dynastie zugesprochen, die aus ihm hervorgehen soll. Ihr besonderes Merkmal wird sein, dass Jhwhs Güte nie von ihr weichen wird. Keineswegs werden immer nur gute, gottwohlgefällige Gestalten den Davidthron innehaben; doch auch die fragwürdigsten unter ihnen wird Gott höchstens »menschliche Schläge« spüren lassen, nicht seinen vollen Zorn. Er wird sich ihnen gegenüber verhalten wie ein Vater, der es über sich bringen mag, seine Söhne zu züchtigen, nicht aber, sie zu vernichten. Die »adoptianische« Aussage in Satz 9 wagt sich bis an die Grenze dessen, was von einem unsichtbar-transzendenten Gott noch gesagt werden kann. Die Pharaonen Ägyptens galten als gottgezeugt, die Davididen immerhin als von Gott an Sohnes Statt angenommen.[398] Dies garantiert der Dynastie Bestand »auf immer«. Der hebräische Ausdruck 'ad 'ôlām, herkömmlich gern wiedergegeben mit »in Ewigkeit«, muss nicht Unendlichkeit meinen, bezeichnet aber doch eine unabsehbar lange Zeitstrecke. Es wird damit die fast ein halbes Jahrtausend umfassende Geschichte des davidischen Königtums in den Blick genommen –

---

397 So mit einigen Handschriften und den Versionen statt der Formulierung »vor dir« des masoretischen Textes.

398 Vgl. die ganz ähnliche, ebenfalls auf dem Boden der judäischen Königsideologie gewachsene Aussage von Ps 2,7. Es gilt zu bedenken, dass die den Davididen zugesicherte grundsätzliche Milde zugleich eine Bestandszusage an das von ihnen regierte Volk bedeutet. Der Bestand der Dynastie ist die Garantie für den Bestand Judas.

auch unter langlebigen Dynastien ja eine Ausnahmeerscheinung. Mehr noch: Als im Jahr 586 v. Chr. der davidische Staat aufgehört hatte zu existieren, vermochte die Natan-Weissagung, wie gleich zu zeigen sein wird, Hoffnungen auf eine »Zeit danach« freizusetzen.

Der zitierte Abschnitt 2Sam 7,11–16 ist kaum aus einem Guss.

– Als Kernstück lässt sich ein »dynastisches Königsorakel«[399] herausschälen, das schon bald nach der frühen Königszeit, also nach der sog. Reichsteilung 926 v. Chr., entstanden sein mag und folgende Bestandteile enthielt: Einleitung (1) – Ankündigung einer aus David hervorgehenden Dynastie (3, 4, 6) – Zusage eines väterlichen Verhältnisses Jhwhs zu den Mitgliedern dieser Dynastie (9, 10, 11) – abschließende Zusage eines dauerhaften Königtums an David (14, 15). Möglicherweise war dies ein feststehendes liturgisches Element im Jerusalemer Königszeremoniell, das bei geeigneten Anlässen[400] von prophetischen Sprechern proklamiert wurde.

– Der Höfische Erzähler[401] hat es in sein Erzählwerk über die frühe Königszeit integriert und es damit gleichsam historisiert. Jetzt kommt das Orakel aus dem Mund Natans, des ja aus anderen Erzählungen wohlbekannten prophetischen Zeitgenossen Davids,

---

399 Pietsch 2003, 31. Die folgende Rekonstruktion ebenfalls nach Pietsch.

400 Laut Dietrich 1992, 122 f. (dort freilich eine andere Textabgrenzung) waren dies die Krönungsfeiern. Dazu ist es aber nötig, V. 17b hinzuzunehmen (»So hat Natan zu David gesprochen«); damit wäre das Orakel schon immer Natan zugeschrieben gewesen und als sein Vermächtnis weiter tradiert worden. Pietsch erklärt dies für »nicht nachweisbar« (2003, 32).

401 Siehe B.I.2.1.

und es richtet sich an den Dynastiegründer selbst. Es wird noch genauer situiert, indem nach rückwärts auf Saul verwiesen wird, von dem sich Gott abgewandt habe (12, 13),[402] und nach vorwärts auf Salomo, der aus Davids »Lenden« noch »hervorgehen« werde (5).[403]

– Am Ende hat noch der deuteronomistische Historiker[404] in den Text eingegriffen. Er wollte klarstellen, dass zum Dank dafür, dass Jhwh David ein Haus »machen«[405] würde (2), dessen Nachfolger »dem Namen Jhwhs[406] ein Haus« bauen werde (7, 8).[407] In der nachfolgenden deuteronomistischen Darstellung der

---

402 Klein 2002, 72–75, sieht die Aussage von 2Sam 7,12f. auf einer Ebene mit 1Sam 10,7 und 13,13f., wo der gleiche Verfasser (!) schon erklärt hat, dass und warum Saul im Unterschied zu David kein Königtum »auf immer« beschieden war.

403 Durch diesen kleinen Hinweis lässt der Erzähler aufmerksam Lesende schon jetzt wissen, dass Salomo, von dessen Geburt erst in 2Sam 12,24f. berichtet wird, David beerben wird – und *nicht* Amnon, Abschalom oder Adonija, die zum Zeitpunkt der Natanweissagung bereits auf der Welt sind (2Sam 3,2–4).

404 Siehe B.I.2.3.

405 Der Ausdruck ist auch im Hebräischen nicht besonders elegant.

406 Die Theologie des »Namens« ist erst in dtn-dtr Zeit aufgekommen.

407 Der Satz 8 dürfte von DtrH zur Einfügung des Satzes 7 in Wiederaufnahme von Satz 6 formuliert sein. Es sei hervorgehoben, dass das oft gerühmte Wortspiel zwischen »(Königs-) Haus« und »(Gottes-)Haus« sich dem deuteronomistischen Historiker verdankt! Er hat denn auch die Tempelbaufrage zuvor zwischen David und Natan diskutiert sein lassen (2Sam 7,1–5a), um jetzt die gültige Antwort zu geben: Salomo, nicht David, wird den Tempel bauen. Ein späterer Deuteronomist (DtrN) hat dies aufgenommen und zu einer Grundsatzdebatte über die Frage »Tempel – ja oder nein?« ausgebaut (2Sam *7,5b–10), worin sich die Probleme der frühnachexilischen Zeit spiegeln.

Geschichte Israels von der frühen Königszeit bis in die Exilszeit werden sowohl das »Haus Jhwhs« als auch das »Haus Davids« eine herausragende Rollen spielen.

Die biblischen Geschichtsschreiber stehen damit in einem breiten Traditionsstrom, der die politische und geistige Geschichte Judas auf Jahrhunderte hinaus bestimmt hat und an verschiedenen Stellen auch im Alten Testament sichtbar wird. So hat anscheinend der Prophet Jesaja in der bedrohlichen Situation des syrisch-efraimitischen Krieges (734/33 v. Chr.) den damaligen Inhaber des Davidthrons, Ahas, ermutigend an die Zusage vom »festen Bestand« des Davidhauses erinnert – und ihn zugleich davor gewarnt, sich auf militärische Abenteuer einzulassen, statt sich an Jhwh »festzumachen« (Jes 7,9).[408] Namentlich in der exilischen und nachexilischen Zeit hat die Prophetie Israels sich immer wieder auf die Davidverheißung bezogen: sei es in positiver Aufnahme und neu aufkeimender Königshoffnung[409] oder in kritischer Distanz und »demokratisierender« Neuaktzentuierung.[410] Einiges hiervon ist oben bei der Präsentation der bib-

---

408 Das geniale Wortspiel vom »Glauben« oder »Nicht-Bleiben« spielt mit dem gleichen hebräischen Verb (*'mn*), mit dem in 2Sam 7,16 der »feste Bestand« des Davidhauses angesagt ist. Dass die gesamte Perikope Jes 7,1–9 vor dem Hintergrund der Natanweissagung zu verstehen sei, ist die These Würthweins (1970).

409 Vgl. B.I.3.1 die Ausführungen zu den sog. messianischen Weissagungen.

410 In Am 9,11 f. wird die Wiederaufrichtung der eingestürzten »Hütte Davids« angesagt, in Jes 55,1–5 dagegen die »Solidaritätserweise« Jhwhs gleichsam umgewidmet von der erwählten Dynastie auf das erwählte Volk. Vgl. zum Ganzen das Kapitel bei Pietsch »Die Nathanverheißung in der prophetischen Überlieferung« (2003, 54–101).

lischen Quellen über David schon zur Sprache gekommen.[411] Die Zusage bleibenden Bestandes für sein Königtum hat indes einen noch viel größeren Reichtum an Deutungen und Erwartungen hervorgebracht, etwa in der sog. zwischentestamentlichen Literatur. Aus ihr sollen hier einige exemplarische Texte vorgestellt werden.

Im ersten Kapitel des Jubiläenbuchs, einer jüdischen Schrift aus dem 2. Jh. v. Chr.,[412] findet sich, fiktiv in der Sinai-Szenerie verankert, eine lange Rede Gottes an Mose, in der er ihm sein Verhältnis zu Israel schildert. Er weiß schon jetzt, was er mit diesem Volk alles erleben, wie er ihm alles zugute tun und wie es sich ihm gegenüber undankbar erweisen wird. Daraufhin wird Mose schon einmal vorgreifend als Fürbitter tätig:

Hoch sei, Herr, dein Erbarmen über deinem Volk!
Schaff ihnen einen rechten Sinn!
Des Beliar Geist beherrsch sie nicht, um sie vor dir dann
    zu verklagen
und sie von allen Wegen der Gerechtigkeit zu locken,
damit sie fern von deinem Angesicht verderben!
Sie sind ja doch dein Volk und Erbe ...
Da sprach der Herr zu Mose:
Ich kenne ihren Widerspruch und bösen Sinn
wie auch ihre Halsstarrigkeit.
Sie hören auch nicht –
bis sie ihre Sünden und die ihrer Väter erkennen.
Dann kehren sie zu mir um ...
Und ihre Seelen folgen mir und allen meinen Geboten
und sie erfüllen meine Gebote;

---

411   Siehe B.I.4.
412   Vgl. hierzu und zum Folgenden Pietsch 2003, 193–196.

334

ich werde dann ihr Vater sein und sie meine Kinder.
Und sie alle heißen Kinder des lebendigen Gottes
und alle Engel und Geister wissen,
ja sie wissen dann,
dass sie meine Kinder sind
und ich ihr Vater in Wahrhaftigkeit und Gerechtigkeit
und dass ich sie liebe. (Jub *1,20–25)[413]

Unverkennbar ist hier auf die Natan-Weissagung angespielt. Es werden jedoch aus ihr keine neuen Königshoffnungen abgeleitet; vielmehr ist an die Stelle der erwählten Dynastie das erwählte Volk getreten. Dabei wird die ernste Seite von 2Sam 7,11–16, die Drohung mit »Ruten« und »Schlägen«, nicht übergangen; Israel ist so wenig ideal wie die Könige aus dem Davidhaus. Doch wie diesen in Natans Weissagung eine unverbrüchliche Vater-Sohn-Beziehung zu Jhwh zugesagt war, so jetzt Israel; jede Jüdin, jeder Jude sind »Kinder« Gottes und als solche von ihm »geliebt«.

Solchen »demokratisierten« Rezeptionen der Davidverheißung stehen andere gegenüber, in denen dezidiert königlich-messianische Hoffnungen laut werden. So etwa in den »Testamenten der zwölf Patriarchen«, einer Schrift, die im 2. Jh. n. Chr. in christlichen Kreisen ihre Endgestalt erhielt, deren Grundbestand aber jüdisch sein und aus dem 1. Jh. v. Chr. stammen dürfte. Sie lässt jeden der zwölf Stammväter Israels eine Abschiedsrede halten, in der zuerst Leben und Wesen des betreffenden Ahnherrn geschildert, dann von ihm Paränesen an die Leserschaft gerichtet und schließlich die Geschicke der Gemeinde in der Endzeit vorausgesagt werden.[414] Im Schlussteil des

413 Übersetzung aus Riessler 1966, 541 f.
414 Vgl. Hollander 2005, 175 f.

Testamentes Judas – David war Judäer! – wird auf 2Sam 7 Bezug genommen. Nachdem zunächst namentlich nicht genannte Herrscher – ursprünglich vielleicht die (nicht-davidischen!) Hasmonäer – scharf kritisiert und mit hartem Gericht bedroht worden sind, folgt die Verheißung:

… bis das Heil Israels kommt, bis zur Ankunft des Gottes der Gerechtigkeit, so dass Jakob in Frieden ruhen kann und alle Völker. Und er selbst wird die Macht meines Königtums bewahren bis in Ewigkeit. Denn mit einem Eid schwor mir der Herr, dass mein Königtum nicht weichen wird von meinem Samen alle Tage, bis in Ewigkeit. (Test XII Jud 22,2 f.)[415]

Juda wird also am Ende der Zeit wieder Könige aus Davids Geschlecht haben, die ihrem Volk Heil und Frieden bringen.

Die essenische Gemeinschaft von Qumran hat die Davidverheißung ebenfalls in diesem Sinn aufgenommen. In dem um Themen der Eschatologie kreisenden Midrasch 4Q174 wird 2Sam 7,11–14 zuerst zitiert und danach interpretiert:

»Und Jhwh kündet dir, dass er dir ein Haus bauen wird; und ich werde aufrichten deinen Samen nach dir; und ich werde den Thron seiner Königsherrschaft fest hinstellen für immer. Ich werde ihm Vater sein, und er wird mir Sohn sein.« Dies ist der Spross Davids, der auftritt mit dem Erforscher der Tora, den [er aufrichten wird] in Zi[on in] der letzten Zeit. (4Q174,10–12)[416]

---

415 Übersetzung nach Pietsch 2003, 206.
416 Übersetzung nach Pietsch 2003, 214 (wobei die eckigen Klammern Textergänzungen andeuten).

Der »Spross Davids« – eine Formulierung, die wohl auf die messianische Weissagung Jes 11,1 anspielt und in Qumran Chiffrewort für den ersehnten endzeitlichen Heilsherrscher aus davidischem Geschlecht ist – wird hier an die Seite des »Erforschers der Tora« gestellt. Damit könnte der Führer der Qumran-Bewegung selber gemeint sein, der sonst oft »Lehrer der Gerechtigkeit« heißt, möglicherweise aber auch eine eschatologische, d. h. für die Endzeit erwartete priesterliche oder prophetische Gestalt.[417] In jedem Fall treten hier eine politische und eine religiöse Leitfigur nebeneinander. Wenn gottgegebene Herrschermacht und gotterleuchtete Weisheit sich verbünden, ist dies der Anfang des neuen Äon.

»Unter den jüdischen Texten der hellenistisch-römischen Zeit enthält PsSal 17 das ausführlichste Zeugnis der Erwartung eines königlich-davidischen Gesalbten und seiner Herrschaft.«[418] Die Psalmen Salomos, achtzehn ursprünglich hebräische Psalmdichtungen aus dem 1. Jh. v. Chr., lassen einen pharisäischen Hintergrund erkennen. Offenbar hegten auch diese Frommen eine tiefe messianische Hoffnung. Zwar setzt PsSal 17 mit einem Bekenntnis zum Königtum *Gottes* über Israel ein (»Herr, du selbst bist unser König für immer und ewig«). Doch dann wird an die Davidverheißung erinnert: »Du, Herr, hast David erwählt zum König über Israel, und du hast ihm geschworen über seinen Samen in Ewigkeit, dass sein Königtum vor dir nicht aufhören soll.« Diese Zusage zerbrach indes an der Sündigkeit Israels und seiner Herrscher, die

---

417 Pietsch 2003, 217.
418 Pietsch 2003, 225. Die dort 228–230 gegebene Übersetzung des Textes wird im Folgenden verwendet. Vgl. daneben Thoma 2003, 223.

dazu führte, dass schlimme »Sünder« ins Land einfielen und die Juden vertrieben.[419] Doch nun ertönt die Bitte: »Sieh doch, Herr, und richte ihnen auf ihren König, den Sohn Davids, zu der Zeit, die du bestimmt hast, Gott, damit er herrsche über Israel, deinen Knecht; und umgürte ihn mit Kraft, ungerechte Herrscher zu vernichten, Jerusalem zu reinigen von den Heiden, die es niedertreten ins Verderben... Und er wird ein heiliges Volk sammeln, das er führen wird in Gerechtigkeit, und er wird richten die Stämme des Volkes, das vom Herrn, seinem Gott, geheiligt worden ist; und er wird nicht zulassen, dass Ungerechtigkeit in ihrer Mitte weiterhin wohnt, und kein Mensch wird unter ihnen wohnen, der Böses kennt.«[420] Es folgt eine lange, bewegende Schilderung dessen, was der Messias aus Davids Haus verändern und verbessern, wie er aller Not und Fremdherrschaft, aller Gemeinheit und Lüge ein Ende bereiten, wie er seine Herrschaft nicht auf Kriegsmacht, sondern auf Weisheit und Glauben gründen, und wie Gott ihn und durch ihn sein Volk segnen wird. Der Text schließt mit einer Bitte und einem Bekenntnis: »Gott beeile sich mit seinem Erbarmen über Israel, er befreie uns von der Unreinheit gottloser Feinde. Der Herr selbst (ist) unser König für immer und ewig.«[421] Die Königsherrschaft Gottes also (an die auch Jesus glaubte!) ist der Ausgangs- und der Endpunkt der ersehnten Friedensherrschaft des Messias.

Die Hoffnung auf den Messias blieb im Judentum lebendig. Dabei konnte die Bedingung, dass er aus

---

419 Ob mit den »Sündern« in PsSal 17,4f. die Babylonier oder die Römer gemeint sind, bleibt unklar – eine wohl gewollte Unschärfe.
420 PsSal 17,21f.26f.
421 PsSal 17,45f.

Davids Geschlecht stammen müsse, aufgeweicht werden in die, dass er nach Davids Art zu sein habe. Flavius Josephus etwa, der den Hohepriester-Fürst Johannes Hyrkan I. (134–104 v. Chr.) als messianische Gestalt sah, wusste wohl, dass dieser kein Davidide war; dafür hatte ihm Gott »drei große Gnaden verliehen: die Herrschaft über sein Volk, die hohepriesterliche Würde und die Gabe der Weissagung.«[422] Auch David war nach der Tradition König, Priester und Prophet! So konnte in der Folgezeit mancher als Messias gelten oder sich als solcher geben, der nicht davidischer Herkunft war, aber ein *neuer David* zu sein schien oder zu sein beanspruchte. Ein prominentes Beispiel ist Bar Kochba, eigentlich Simeon bar Kosiba, der 132 n. Chr. den letzten Aufstand der Juden gegen Rom anführte. »Seine Anhänger hielten ihn für den Messias. Auch Rabbi Akiba hatte ihn als königlichen Messias anerkannt. Er sah in ihm die Weissagung vom Stern aus Juda nach Num 24,17 erfüllt. Man änderte seinen Namen in Bar Kochba (Sternensohn) in Anspielung auf diese Bibelstelle. Neben Bar Kochba erwähnen die Quellen (v. a. Münzinschriften) noch einen Priester namens Eleasar«.[423] Es deutet sich damit ein ganz ähnliches Nebeneinander von politischem und geistlichem Führertum an wie in Qumran.

Der Aufstand Bar Kochbas endete in einem Desaster für das Judentum. Doch die messianische Idee war damit nicht ausgelöscht. Das Achtzehn-Bitten-Gebet fand seine Schlussform in der damaligen Aufstandszeit, bis heute aber haben es gläubige Juden täglich zu beten. Seine 14. Bitte (*berakha*) hat den Wortlaut:

---

422 Flavius Josephus, Altertümer, 179.
423 Sasse 2004, 332.

Erbarme dich, Herr, unser Gott, mit deinen großen Erbarmungen über dein Volk Israel, über deine Stadt Jerusalem, über Zion, den Ort deiner Herrlichkeit, über deinen Tempel, über deine Wohnstatt *und über das Königtum des Hauses Davids,* des Gesalbten deiner Gerechtigkeit. Gepriesen seist du, Herr, *Gott Davids,* Erbauer Jerusalems« (*Schmone Esre* 14).[424]

In den nachfolgenden Bitten werden die Segnungen der messianischen Zeit beschworen: die Sammlung Israels (*berakha* 16) und der Friede über dem Land (*berakha* 18). Der Jerusalemische Talmud bezieht sich dazu auf die Bibelstelle Hos 3,5 und kommentiert:

Es heißt ja: »Danach werden die Kinder Israels umkehren und den Ewigen, ihren Gott, und ihren König David suchen.« Die Rabbanen sagen: Wenn der Messias lebend ist, wird er den Namen David tragen, wenn er nicht (mehr) lebend ist, dann wird er immer noch David heißen. (yBer 2,4)[425]

Das heißt, entscheidend ist das messianische Ereignis, nicht der Name (und die Herkunft) dessen, der es her.aufführt. Der Messias, wer immer er sein mag, wird der *David redivivus* sein.

Im mittelalterlichen Judentum nimmt der ersehnte neue David mehr und mehr überirdisch-spirituelle Züge an. In der sog. Hekhalot-Literatur findet sich etwa die Schilderung eines Visionärs, der des himmlischen David ansichtig wird.

Und dann kam David, der König Israels, an der Spitze! Und ich sah alle Engel des Hauses David hinter ihm. Jeder

---

424 Thoma 2003, 224.
425 Thoma, ebd.

einzelne trug seine Krone auf seinem Haupte. Aber die Krone Davids war glänzender und sonderbarer als alle anderen Kronen. Ihr Glanz reicht vom einen Ende der Welt bis zum andern … Als David, der König Israels, zum Tempel hinaufstieg, der im Himmelsgewölbe liegt, war für ihn ein Thron von Feuer bereitet, der 40 Parasangen hoch ist und doppelt so viel an Länge und doppelt so viel an Breite … Als David kam und sich auf seinen Thron setzte, gegenüber dem Thron seines Schöpfers, und als alle Könige des Hauses David sich vor ihm niederließen …, da sprach David sogleich Loblieder und Lobpreisungen, die kein Ohr je gehört hat. Als David anhob und sprach: »Der Herr, der Gott, wird in Zion König sein von Generation zu Generation. Halleluja« [Ex 15,18; Ps 146,10], da hoben auch Metatron und alle Gestirne an und sprachen: »Heilig, heilig, heilig ist der Herr der Heerscharen. Erfüllt ist die ganze Erde von seiner Herrlichkeit« [Jes 6,3].[426]

Andererseits gab es im Judentum aber auch ganz handfeste Ausformungen des messianischen Glaubens, bis hinein in die Neuzeit. Die letzten jüdischen Messiasse, die schwere Irritationen und Spaltungen in den jüdischen Gemeinden auslösten, waren der charismatische kleinasiatische Jude Sabbatai Zwi (1626–1676) und der eher exzentrische polnische Jude

---

426 Hekh 124–126, zitiert nach Thoma 2003, 226. Dieser zitiert hier seinerseits P. Schäfer (Übersetzung der Hekhalot-Literatur II, Tübingen 1987). In der Kabbalistik schließlich gerät David vollends zur Chiffre für metaphysische Gegebenheiten und Vorgänge. So stehen in dem liturgischen Ritus »Segnung des Neumonds«, dessen geheimes Zentrum die »Prinzessin Schabbat« ist, höchst geheimnisvoll die Größen »Mond«, »Neumond« und »Herrlichkeit des Reiches« nebeneinander. Die Schlussformel dieses Ritus lautet: »David, der König Israels, lebt und besteht«! Vgl. Werblowsky 2003, 243–246.

Jakob Frank (1726–1791).[427] Sabbatai Zwi offenbarte sich 1648 als Messias und kündigte für 1666 die Erlösung der Juden an. Trotz entschlossener Abwehr durch die jüdischen Autoritäten – es wurde über ihn ein förmlicher Bann verhängt – liefen ihm große Anhängerscharen zu; aus den jüdischen Gemeinden Osteuropas gab es eine Art enthusiastischer Wallfahrten nach Palästina, die zum Teil in Katastrophen endeten. Der »Messias« selbst wurde indes von den türkischen Behörden verhaftet und entging dem Todesurteil nur durch den Übertritt zum Islam – und dies ausgerechnet im Jahr 1666. Er deutete die Not zur Tugend um und erklärte, die Erlösung sei nur möglich durch die gezielte Übertretung gewisser Konventionen des bisher unerlösten Judentums. Teile seiner Anhängerschaft nahmen dies für bare Münze und traten ebenfalls zum Islam über. Jakob Frank, der von sich behauptete, eine Reinkarnation Sabbatai Zwis bzw. von dessen Erben Berechja ben Querido zu sein, erhob das Motto »Erlösung durch Sünde« zum Programm. Er propagierte nicht nur gezielte Verstöße gegen die jüdischen Zeremonialgesetze, was seiner Bewegung, den Frankisten, den Namen »Antitalmudisten« einbrachte; er inszenierte auch einen ausufernd orgiastischen Kult, in dem seine Tochter, die »Jungfrau« Eva, eine zentrale Rolle spielte, und er empfahl schließlich seinen Anhängern den Übertritt zum Katholizismus, den er 1759 auch selbst vollzogen hatte. Vor den talmudtreuen Autoritäten zog er sich dann in den Westen – nach Brünn und schließlich nach Offenbach – zurück, wo er ein von seinen Jüngern finanziertes, prunkvolles Leben führte. Seine streckenweise verworrenen, je-

---

427 Vgl. zum Folgenden Meisl 1928, Carlebach 2004 und Voigts 2003.

doch immer zu seinem Vorteil sich auswirkenden Lehren speisten sich aus vielerlei Quellen, namentlich dem Kabbalismus und dem Sabbatianismus. Die liberalistischen Anteile daran gingen schließlich in der Französischen Revolution auf, deren Sieg vom liberalen Judentum als profane Realisierung der messianischen Ziele empfunden wurde und so dem jüdischen Messianismus ein Gutteil seines Nährbodens entzog.

Die Vorstellung vom *David redivivus* blieb indes nicht aufs Judentum beschränkt. Da sie ihre Wurzeln im Alten Testament hat, liegt es nahe, dass sie sich auch im Christentum entfaltete. Wir müssen hier nicht noch einmal auf die Frage der Davidsohnschaft Jesu und den Glauben an den Messias Jesus im Neuen Testament zurückkommen,[428] sondern wenden uns jetzt späteren Rezeptionen zu. Eine theologisch wie künstlerisch besonders ausdrucksstarke ist die sog. »Wurzel-Jesse«-Ikonographie. Jesse bzw. Isai war der Vater Davids. In Jes 11 findet sich die Verheißung, dass aus dem »Stumpf Isais« ein neuer Spross ausschlagen werde.[429] Es ist in mehrfacher Hinsicht erstaunlich, dass und wie im europäischen Mittelalter dieses Motiv aufgenommen wurde. Vom äußersten Nordwesten Europas (als Beispiel sei das zentrale Chorfenster der Kathedrale von Selby Abbey genannt) bis zum äußersten Südosten (Beispiel: das Moldaukloster Voronetz) finden sich einander verblüffend ähnliche Darstellungen nicht nur eines Sprosses, sondern eines weit ausladenden Stammbaums, dessen »Wurzel« eben »Jesse« ist.

In Voronetz liegt Jesse am Bildboden, und aus seinem Leib steigt ein Stamm auf, in dessen weit ver-

---

428   Siehe dazu B.I.4.2.
429   Siehe B.I.3.1.

zweigtes Geäst Medaillons mit vielerlei Gestalten eingezeichnet sind. Den Anfang macht David selbst, der in den Samuelbüchern ja wiederholt »der Sohn Isais« heißt.[430] (Seine sieben Brüder kommen nicht ins Bild.) Aus David geht dann Salomo hervor (dessen sechzehn Halbbrüder ebenfalls fehlen), aus diesem wiederum Rehabeam usw. – es folgt die Reihe der Davididenkönige bis zum Exil. Weniger Raum erhalten die exilisch-nachexilischen Davididen; stattdessen strebt die Darstellung zielbewusst auf den für die Christenheit entscheidenden David-Spross zu: Jesus.[431] Dieser direkten Linie David-Christus werden seitlich die verschiedensten Gestalten des Alten und des Neuen Bundes zugeordnet, so dass David als Urahn eigentlich aller Gläubigen erscheint.[432]

Das David-Fenster in Selby Abbey, das sich in sieben senkrechte Bänder gliedert, widmet die mittleren drei den Davididen (die beiden linken den Propheten, die beiden rechten den Heiligen) und erreicht – offenbar in Anlehnung an Mt 1 – in deren Darstellung eine weitgehende Vollständig-

---

430 Die Künstler und Interpreten gehen also nicht von einer historischen Einordnung von Jes 11 etwa in der Exilszeit aus, sodass aus »Jesse« exilisch-nachexilische Mitglieder des Davidhauses hervorgingen, sondern sie greifen ganz unbefangen auf die Vita Davids selbst zurück.

431 In Voronetz folgt gleich auf Jojachin – vermutlich in christologischer Ausdeutung der Immanuel-Weissagung Jes 7,14 – die Jungfrau Maria, bemerkenswerterweise auf einem Holzthron. In Selby Abbey wird die David-Genealogie Jesu mit Mt 1 über »Josef, den Mann der Maria« geführt.

432 Es sei nicht versäumt zu erwähnen, dass in Voronetz zwar nicht innerhalb des »Stammbaums Jesse«, diesem aber seitlich angefügt, eine Reihe »heidnischer« Philosophen erscheint – z. B. Plato, Sokrates, Aristoteles, Pythagoras –, die auf diese Weise in die Heilsgeschichte einbezogen werden.

keit: Neben David erscheinen Salomo und Rehabeam, darüber Asa, Abija, Joschafat, darüber Usija, Joram, Jotam, darüber Manasse, Hiskija, Ahas, darüber Amon, Joschija, Jojakim, darüber Zidkija, Jojachin (sowie Schealtiël, also ein Davidide der Exilszeit).[433] Es folgen Schealtiël, Asarja, Serubbabel, Abihud, darüber Herodes (!), Hyrkan (?), Herodes Antipas, darüber Maria mit dem Kind, Josef und – Petrus. Man sieht: In diesem Teil verlässt die Darstellung Mt 1. Die Herodianer im Davididenstammbaum sind natürlich ein (bewusster?) Fauxpas.

Auffälligerweise fehlen in den Wurzel-Jesse-Darstellungen deutliche Hinweise auf die zeitgenössischen Fürsten- und Königshäuser. Dabei konnte das monarchische Kernelement des Bildprogramms, die Königsreihe der Davididen, in einem monarchisch geprägten Umfeld gar nicht anders verstanden werden denn als stille Analogie zu den jetzt regierenden Herrscherhäusern. Die Klöster im mittelalterlichen Europa verdankten ihre Existenz und ihren Wohlstand der Förderung oder doch der Duldung durch die jeweiligen Landesherren. Um das Königshaus und seinen Stammbaum rankten sich Geschichte und Geschicke der Länder und Kirchen. Das biblische Königtum Davids war ein Muster an Gottwohlgefälligkeit und Beständigkeit. So ist es kein Wunder, dass die christlich geprägten Fürsten- und Königshöfe Zentren der David-Rezeption wurden.[434]

---

433 Die Darstellung in Voronetz ist eklektizistischer: Isai – David – Salomo – Rehabeam – Joschija – Manasse – Jojachin.

434 Beispiele dafür begegneten uns bereits im Kapitel B.III.2.1 in Gestalt einiger Deckengemälde aus Schloss Eggenberg in der Steiermark. Die Herren von Eggenberg waren, wie sich gleich zeigen wird, Nachzügler in einer schon sehr lange anhaltenden Traditionsgeschichte.

Eine besonders kuriose Variante sei an den Anfang gestellt.[435] Der 1974 nach 44-jähriger Herrschaft gestürzte letzte Monarch von Äthiopien, Haile Selassie I. (1892–1974), führte neben seinem Haupttitel »Negus Negast« eine Reihe von Nebentiteln, darunter den des »Löwen von Juda«. Das ist eine Anspielung auf Gen 49,9f., wo im sog. Jakobsegen der Stamm Juda mit einem jungen Löwen gleichgesetzt und von seinem »Szepter« und seinem »Führerstab« geredet wird. Unverkennbar geht dieser Passus auf die judäische Königsdynastie. Dass deren Begründer stärker war als Löwen (und Bären), sagt er selbst von sich in der Goliat-Geschichte (1Sam 17,36). Warum aber bezeichnen sich äthiopische Herrscher als »Löwen von Juda«? Die 1955 (!) revidierte äthiopische Verfassung konstatiert im 2. Artikel, Haile Selassie sei in ununterbrochener Linie Nachkomme Meneliks I., des Sohnes Salomos von Jerusalem! Von einem Salomosohn Menelik weiß die Bibel nichts, wohl aber von dessen angeblicher Mutter: Es war die »Königin von Saba« bzw. die »Königin des Südens«, die laut 1Kön 10,1–13 bzw. Mt 12,42 zu Salomo kam, um sich von seiner in aller Welt gerühmten Weisheit zu überzeugen. Diese Dame, so berichtet schon das mittelalterliche amharische Nationalepos »Kebra Negast«, stammte aus Äthiopien, und Salomo war von ihrer Schönheit und Klugheit derart beeindruckt, dass er sich dringend ein Kind von ihr wünschte. Sie aber war noch eine Jungfrau und stimmte einer Übernachtung in seiner Nähe nur unter der Bedingung zu, dass er sie nicht gegen ihren Willen nähme. Er stimmte zu, nahm ihr aber im Gegenzug das Versprechen ab, dass sie nichts von seinem Besitz an sich nähme. Danach ließ

---

435 Vgl. zum Folgenden Ullendorff 1974.

er ein Dinner mit zehn scharf gewürzten Gängen auftragen, wonach sich beide in verschiedenen Ecken eines Raumes zur Ruhe begaben. Alsbald überkam die junge Frau ein unerträglicher Durst, so dass sie dankbar nach einem Gefäß mit Wasser griff, das scheinbar zufällig neben ihrem Lager stand. Sogleich hielt Salomo ihr vor, sie habe ihr Wort gebrochen, nun sei auch er an das seine nicht mehr gebunden. Natürlich wurde sie sofort schwanger und schenkte nach neun Monaten einem Knaben das Leben: Menelik. Dieser reiste später nach Jerusalem, um seinen Vater zu sehen. Alle waren erstaunt über die Ähnlichkeit zwischen den beiden. Menelik studierte die Tora und nahm, als er in seine Heimat zurückkehrte, nicht nur die heilige Lade mit,[436] sondern auch eine Schar junger Leute aus gutem Hause, die in Äthiopien eine israelitische Kolonie bildeten. Der Priester Zadok salbte Menelik zum König von Äthiopien. Seine Herrschaft war überaus erfolgreich und seine Dynastie so langlebig wie, ja noch langlebiger als diejenige Davids.[437]

Diese äthiopische Version der *Novus-David*-Motivik hat ihre Besonderheit darin, dass sie ein nicht-jüdisches Königshaus in direkter Linie auf David zurückführt. So viel Kühnheit brachten andere Herrscherhäuser bzw. ihre Propagandisten, die sich ebenfalls zu König David in Beziehung setzten, nicht auf. Beginnen wir unseren Überblick mit dem römischen Kaisertum, das zwar anfangs dem Christentum mehr

---

436 Die Lade ist bekanntlich unauffindbar verschollen; doch dürfte sie eher in babylonische als in äthiopische Hände gelangt sein.

437 Nach äthiopischer Rechnung war Haile Selassie die 225. Wiedergeburt Salomos. So weit brachten es die judäischen Davididen bei weitem nicht.

oder weniger feindlich gegenüberstand und darum keinen Anlass hatte, nach biblischen Vorbildern Ausschau zu halten, das sich dann aber, in Gestalt des Kaisers Konstantin d. Gr. (324–337) überraschend dem Christentum öffnete. Dieser erste christliche Kaiser scheint David noch nicht als seinen möglichen Ahn entdeckt zu haben; ihm lag einzig an der Nähe zu Christus, noch nicht zu David.[438] Das ändert sich bereits ab seinem Sohn und Nachfolger Konstantius (337–361). Ihn fordert der in Bedrängnis geratene Bischof Athanasius von Alexandria auf, bösartigen Verleumdungen gegen ihn keinen Glauben zu schenken; »denn der heiligste David, dem – darin stimmen alle überein – nachzueifern dir wohl anstünde, hat derartige Menschen nicht geduldet, sondern sie wie tollwütige Hunde verfolgt«.[439] Wie der Mailänder Bischof Ambrosius Kaiser Theodosius I. (379–395) dazu brachte, vor ihm Buße zu üben wie einstmals David vor Natan, wurde oben bereits verhandelt.[440] Über Theodosius II. (408–450) berichtet der Kirchenhistoriker Sokrates, er sei immer, wenn Kriege ausbrachen, »dem Beispiel Davids gefolgt und zu Gott geflohen,

---

438 Die Gründe, die eine rasche Integration Davids in die römische Kaiserideologie verhinderten, mögen einerseits in der Abseitigkeit Judas und des jüdischen Königtums im römischen Weltreich, andererseits in der engen genealogischen Verbindung von David und Christus (Mt 1!) gelegen haben. Diese Überlegung und die weiteren Informationen im hiesigen und im folgenden Absatz stammen einschließlich der Quellenverweise aus einer herausragenden Seminararbeit, die stud. theol. Ueli Zahnd 2001 an der Theologischen Fakultät Bern abgefasst hat; sie trug den Titel: »Der Kaiser als νεος Δαβιδ. Einige Bemerkungen zur byzantinischen Herrschaftslegitimation, 4.–9. Jahrhundert«.

439 Dazu verweist Athanasius auf Ps 101,5: Apologia ad Constantium, Patrologia Graeca 25,621A.

440 Siehe B.III.4.2.

von dem er wusste, dass er der Besänftiger [wohl im Sinne von: Gewinner] der Kriege ist.«[441]

Mit dem Konzil von Chalkedon (451 n. Chr.) wandelt sich der Gebrauch der David-Metaphorik insofern, als der biblische König den (ost-)römischen Kaisern nicht nur als Vorbild im Blick auf einzelne Handlungen und Haltungen vorgehalten, sondern ganz generell als Urbild gottwohlgefälligen Herrschertums hingestellt wird. Kaiser Markian (450–457) feiern die Konzilsväter als »neuen Konstantin, neuen Paulus, neuen David«:[442] eine brisante Ahnenreihe, in der sich geistliche Kraft und weltliche Macht bedeutsam mischen. Bischof Sabinianus äußert in einem Gebet während des Konzils den Gedanken, es hätte auch über Markian gesagt sein können, was Gott in Ps 89,20f. über David sagt: »Ich habe einen Auserwählten aus meinem Volk erhöht; ich habe meinen Knecht David gefunden und ihn mit meinem heiligen Öl gesalbt«.[443] Die leitenden Vertreter der Kirche in der Provinz Armenia Prima erklären in einem Schreiben an Kaiser Leo I. (457–474), Gott habe »an dich, o frommer und christlichster Herrscher, wie an einen zweiten David die Befehlsgewalt übertragen: Von welchem er schon in der Wiege gewusst hat, dass er gottesfürchtig dienen werde, von dem hat er beschlossen, dass er den ganzen Erdkreis beherrschen solle.«[444]

---

441 Sokrates, Historia ecclesiae, Patrologia Graeca 67,788C.
442 E. Schwartz (Hrsg.), Acta Conciliorum Oecumenicorum, Berlin 1914 ff., Bd. 2,1,2 155.
443 Acta Conciliorum (s. vorige Anm.), Bd. 2,1,3 65.
444 Epistola XLVIII Episcoporum Armeniae Primae ad Leonem imperatorem, in: Joannes Domenicos Mansi, Sacrorum conciliorum nova et amplissima collectio, Bde. 1–29, Florenz 1759–1799, hier Bd. 7, 587.

Werden in den bisher aufgeführten Beispielen die byzantinischen Kaiser eher von außen, insbesondere von christlich-theologischer Seite mit der David-Metaphorik belegt, so scheint dies unter Kaiser Herakleios (610–641) zu einem Bestandteil der offiziellen Herrscherideologie geworden zu sein.[445] Das hatte seinen Grund darin, dass die Karriere des Herakleios in vielem derjenigen Davids glich: Er war nicht von königlicher Abkunft, sondern stürzte den bisherigen Kaiser, Phokias; er hatte in seiner Anfangszeit zahlreiche Auseinandersetzungen mit inneren Gegnern und vor allem mit äußeren Feinden zu bestehen: die Slawen und Awaren im Nordwesten und die Perser im Nordosten setzten dem byzantinischen Reich heftig zu; er schloss mit den Awaren, die bereits vor Konstantinopel aufgetaucht waren, ein Abkommen und konnte danach die Perser, welche Syrien, Palästina und Ägypten überrannt und das Heilige Kreuz aus Jerusalem entwendet hatten, zurückwerfen und die Kreuzreliquie in die Heilige Stadt zurückbringen; er heiratete seine Nichte Martina – eine kanonisch nicht eigentlich zulässige Verbindung, aus der aber eine Reihe von Kindern hervorging, von denen Heraklonas sein Nachfolger werden sollte. Die Parallelen zur Davidgeschichte liegen auf der Hand und brauchen hier nur knapp angedeutet zu werden: die Verdrängung Sauls, die Vertreibung der Philister, die Überführung der Lade nach Jerusalem, die Verheiratung mit Batscheba, die Beerbung durch Salomo. Schon damals wurde die Analogie erkannt und zur Stützung der Legitimität des Usurpators genutzt. Im Jahr 627, am Jahrestag der Befreiung Konstantinopels von den Awaren, wurde in der Hagia Sophia eine Homilie ge-

---

445 Vgl. zum Folgenden Ludwig 2003, bes. 373–377.

halten, in der Herakleios als »heute regierender Abkömmling Davids« gepriesen und Jes 37,35 zitiert wurde: »Ich will diese Stadt schützen, dass ich sie errette um meinetwillen und um meines Knechtes David willen«; diese Zusage beziehe sich auf Konstantinopel wie auf Jerusalem, »denn auch unser Herrscher ist in der Frömmigkeit zu Gott und in der Sanftmütigkeit zu den Untertanen ein David. Gemäß David aber möge der Herr auch ihn mit Siegen kränzen. Und seinen Sohn, der mit ihm regiert, möge er gemäß Salomo weise wie auch friedvoll machen.«[446] Und Herakleios selbst besiegelte diese Davidisierung seiner Herrschaft, indem er und seine Gattin Martina einen im gleichen Jahr geborenen Sohn auf den Namen David taufen ließen. Und zwischen 628 und 630 entstanden in der kaiserlichen Silberwerkstätte neun kostbare Silberteller mit Motiven aus Davids Jugendzeit.[447]

Dass die Geschichte Herakleios' und der von ihm begründeten Dynastie viel unglücklicher verlief, als dies bei David der Fall war, sei abschließend vermerkt: An Stelle der besiegten Perser besetzten alsbald die siegreichen Araber große Teile des Reichs, die vorgesehene Nachfolgeregelung gelang nur halbwegs und nur kurzzeitig. Damit entpuppte sich Herakleios als höchst unvollkommenes Abbild Davids. Gleichwohl ist es kein Zufall, dass gerade er, der Usurpator, sich so ausdrücklich auf David berief. Mit der Schilderung

---

446 Der Text dieser Theodoros Synkellos zugeschriebenen Predigt findet sich bei L. Sternbach, Analecta Avarica, 1975, 297–342; auch diese Information verdanke ich der in Anm. 438 genannten Seminararbeit von U. Zahnd.

447 Die Motive im Einzelnen: David als Hirte, sein Kampf mit einem Löwen, sein Kampf mit einem Bären, seine Salbung, sein Auftritt vor Saul, sein Sieg über Goliat (s. Abb. 52), seine Heirat mit Michal, seine Freundschaft mit Jonatan (?).

Abb. 52: Silberteller aus der kaiserlichen Werkstatt
des Herakleios (ca. 630 n. Chr): Die Szene von
Davids Sieg über Goliat soll die Assoziation von
Herakleios' Sieg über die Perser wecken

des Machtwechsels von Saul zu David findet sich mitten in der Bibel ein positives Beispiel dafür, wie ein
Untertan gegen seinen König aufbegehren und ihn am
Ende sogar ablösen kann. Und Herakleios sollte nicht
der letzte christliche Usurpator sein, der dieses biblische Wasser auf die eigenen Mühlen leitete. Als im
8. Jahrhundert n. Chr. die Macht des Merowinger-
königs Childerich III. schwand und der fränkische
Hausmeier Pippin zum eigentlichen Machthaber aufgestiegen war, gelüstete es Pippin, selbst König zu
werden. So ließ er beim damaligen Papst Zacharias
anfragen, ob nicht der, der die Macht habe, auch König
sein solle. Der Papst pflichtete dem bei, und auf sein
Geheiß wurde Pippin durch Erzbischof Bonifatius
zum König gesalbt und anschließend durch die Fran-
ken gekürt. Der Salbungsakt, den später Papst Ste-

phan II. noch einmal persönlich wiederholte, war neu in der fränkischen Geschichte. Offenbar hatte sich Pippin (bzw. hatten sich seine Berater) durch die Bibel dazu anregen lassen: »fehlendes Königsgeblüt wurde kompensiert durch den Vorgang der Königssalbung mit dem heiligen Öl … Pippin erschien als neuer David«.[448]

Karl der Große, Pippins Nachfolger, übernahm und verstärkte die David-Titulatur. Das im Jahr 799 zur Kaiserkrönung durch Papst Leo III. gedichtete Epos »De Karolo rege et Leone papa« setzte ihn als »Rex pius David« mit dem großen biblischen Vorbild gleich.

> Sol nitet ecce suis radicis: sic denique David
> Inlustrat mango pietatis lumine terras.
> (Die Sonne leuchtet mit ihren Strahlen: so erhellt David mit dem starken Licht seiner Huld die Erde.)

Von seinem Vertrauten Alkuin ließ sich Karl gern »dominus meus David« nennen. Und Odilbert, Erzbischof von Mailand, hob ihn als novus David über all seine christlichen Vorgänger, darunter Theodosius und Konstantin, hinaus:

> … Quorum vos meritis et scientia praecellentes, David sanctum imitantes qui se pro populi salute in typo nostri exhibuit redemptoris
> (… welche Ihr an Verdiensten und Weisheit übertrefft, indem Ihr Euch in der Imitatio des heiligen David übt, der sich zum Wohl des Volkes als Typus unseres Erlösers erwies)[449]

---

448 Herkommer 2003, 411.
449 Alle Zitate bei Herkommer 2003, 409 f. Dort sind auch Passagen aus Angilberts »Ecloga ad Carolum« wiedergegeben, in der sich »Kaskaden von David-Vergleichen« über Karl »ergie-

Außerordentlich kühn wird hier eine Dreierreihe David-Christus-Karl konstruiert. Kaum weniger kühn ist eine andere Reihe, die im geistigen Umkreis der Stauferkaiser hergestellt wurde.[450] Im Jahr 1195 schrieb Petrus de Ebulo (gest. 1221) ein panegyrisches Gedicht auf Kaiser Heinrich VI., betitelt mit »Liber ad honorem Augusti«.[451] Darin findet sich eine Miniatur von wahrhaft symbolischer Tragweite: Ein Palast mit sechs Gemächern gibt das Gerüst ab für eine Kurzdarstellung der biblischen Geschichte. Jedes Gemach repräsentiert eine biblische Epoche: die Zeit der Schöpfung (Erschaffung der Tiere) – die Urgeschichte (die Arche Noah) – die Epoche der Erzväter (Abraham empfängt die Verheißung) – die Zeit der Volkwerdung Israels (Mose spaltet das Schilfmeer) – die Königszeit Israels (»Rex David«). In dem darauf folgenden sechsten Gemach, ausgeweitet zur Halle mit drei Gewölbebögen, müsste in der Logik von Mt 1 oder der Wurzel-Jesse-Darstellungen Christus folgen, flankiert vielleicht von der Madonna und einem Apostel. Doch auf dieser Abbildung thront hier »Fredericus Imperator«, Kaiser Friedrich I. Barbarossa, der seine Hände segnend über seine Söhne, Heinrich VI. und Philipp von Schwaben, breitet. Das aber bedeutet, dass die Ära der Staufer unmittelbar aus der Ära Davids erwächst.

Das Kaisertum des Heiligen Römischen Reichs Deutscher Nation wanderte infolge komplizierter politischer und Erbfolge-Vorgänge zu den Habsburgern, während Deutschland zersplitterte und erst nach und

---

ßen«: »David amor noster, David super omnia carus: David amat vates, vatorum est gloria David. David amat Christum, Christus est gloria David.« Deutlich ist hier nicht vom biblischen David, sondern vom »neuen David«, Karl, die Rede.

450 Vgl. zum Folgenden Herkommer 2003, 397.

451 »Augustus« meint hier soviel wie »Kaiser«.

Abb. 53: Petrus de Ebulo (12. Jh):
Liber ad honorem Augusti

nach unter preußischer Führung wieder geeint wurde.
Als nach dem Sieg über Frankreich 1870/71 das preu-
ßische Königtum sich zu einem neuen deutschen Kaisertum aufzuschwingen anschickte, bedurfte es einer
angemessenen Reichsideologie. Da besann man sich
auch wieder der David-Symbolik, derer sich frühere
Kaiser bedient hatten. In diesem Zusammenhang ist
die Palästinareise Kaiser Wilhelms II. im Jahr 1898 zu
sehen. Wilhelm weihte damals die evangelische »Er-

löserkirche« im Muristan-Viertel zu Jerusalem ein, später stiftete er die Auguste-Viktoria-Stiftung auf dem Ölberg.[452] Zu deren Gebäudekomplex gehört die 1910 errichtete »Himmelfahrtskirche«, welche im Innern mit Fresken und Mosaiken ausgestaltet wurde, die der hernach zerstörten Kaiser-Wilhelm-Gedächtniskirche nachgestaltet waren und in peinlicher Unbekümmertheit einerseits an die Kreuzrittertradition, andererseits an die David-Kaiser-Motivik des Mittelalters anknüpften. Kaiser Wilhelms davidische Ambitionen fanden indes nicht überall Anklang. Sie weckten etwa den Spott des Dichters Frank Wedekind (1864–1918), der in der von ihm begründeten Zeitschrift »Simplizissimus«[453] unter dem Pseudonym »Hieronymus« ein ironisches Jubellied auf den eingebildeten *novus David* veröffentlichte.[454] Hier drei der insgesamt sechs Strophen:[455]

Der König David steigt aus seinem Grabe,
Greift in die Saiten, schlägt die Augen ein;
Und preist den Herrn, daß er die Ehre habe,
Dem Herrn der Herrscher einen Psalm zu weih'n.

---

452 Sie ist zu unterscheiden von der gleichnamigen diakonischen Stiftung in Hamburg; beide sind nach der Gattin Wilhelms II. benannt.

453 Jahrgang 3, 1898, Nr. 31.

454 Es trug ihm eine Klage wegen Majestätsbeleidigung ein, der er sich nur durch die Flucht in die Schweiz entziehen konnte. Dorthin war übrigens lange zuvor schon sein Vater, ein Paulskirchen-Abgeordneter und dezidierter Gegner des wilhelminischen Reichs, geflohen; doch waren die beiden längst miteinander überworfen.

455 In den ausgelassenen Strophen erwägt Wedekind u. a. recht unverhohlen die Möglichkeit, dass Widersacher des Kaisertums und gar Anarchisten das Unternehmen Wilhelms für ihre Ziele nutzen könnten.

Wie einst zu Abisags von Sunem Tagen
Hört man ihn wiederum die Harfe schlagen,
Indes ein Heeres-, Preis- und Siegeslied
Wie Sturmesbrausen nach dem Meere zieht.

Willkommen, Fürst, in meines Landes Grenzen,
Willkommen mit dem holden Ehgemahl,
Mit Geistlichkeit, Lakaien, Excellenzen,
Und Polizeibeamten ohne Zahl.
Es freuen rings sich die histor'schen Orte
Seit vielen Wochen schon auf deine Worte,
Und es vergrößert ihre Sehnsuchtspein
Der heiße Wunsch, photographiert zu sein.
…
So sei uns denn noch einmal hochwillkommen,
Und laß dir unsre tiefste Ehrfurcht weih'n,
Der du die Schmach vom heilgen Land genommen,
Von dir bisher noch nicht besucht zu sein.
Mit Stolz erfüllest du Millionen Christen;
Wie wird von nun an Golgatha sich brüsten,
Das einst vernahm das letzte Wort vom Kreuz
Und heute nun das erste deinerseits. …

Noch in der Persiflage treten die Konturen der alten David-Christus-Kaiser-Typologie deutlich hervor. Dass die wilhelminischen Hofideologen sie an der Schwelle zum 20. Jahrhundert noch einmal zu reanimieren suchten, war ein krasser Anachronismus, der einiges über die Geschichtslosigkeit des letzten deutschen Kaisertums verrät. Umgekehrt verrät noch dieser späte und missglückte Anknüpfungs- und Aneignungsversuch etwas von der Macht und Würde, die der David-Metaphorik – oder soll man sagen: dem David-Mythus? – über die Jahrhunderte und Jahrtausende innewohnten.

D. VERZEICHNISSE

1. LITERATUR

Abadie, Philippe, La figure de David dans le livre de Chronique, in: de Pury, Albert / Römer, Thomas / Macchi, Jean-Daniel (éds.), Figures de David à travers la Bible, Paris 1999, 157–186

Adam, Klaus-Peter, Saul und David in der judäischen Geschichtsschreibung (FAT 51), 2007

Afoakwah, James Donker, The Nathan-David Confrontation (2 Sam 12:1–15a). A Slap in the Face of the Deuteronomistic Hero?, Frankfurt a. M. 2015

Ahlström, Gösta W., Was David a Jebusite Subject?: ZAW 82 (1980) 285–287

Ahlström, Gösta W., The History of Ancient Palestine from the Palaeolithic Period to Alexander's Conquest (JSOT.S 146), 1993, 455–501

Alt, Albrecht, Das Großreich Davids (1950 =), in: ders., Kleine Schriften, II, München ³1964, 66–75

Alter, Robert, The David Story. A Translation with Commentary of 1 and 2 Samuel, New York / London 1999

Amiran, Ruth, Ancient Pottery of the Holy Land from Its Beginnings in the Neolithic Period to the End of the Iron Age, Jerusalem / Ramat-Gan 1969

Auld, A. Graeme, I & II Samuel (OTL), 2011

Auld, A. Graeme / Eynikel, Erik (eds.), For and against David. Story and History in the Books of Samuel (BETL 232), 2010

Avioz, Michael, Nathan's Oracle (2 Samuel 7) and Its Interpreters, Bern a. o. 2005

Bach, Alice, The Pleasure of Her Text, in: Brenner, Athalya (ed.), A Feminist Companion to Samuel and Kings, Sheffield 1994, 106–128

Bailey, Randall C., David in Love and War. The Pursuit of Power in 2 Samuel 10–12 (JSOT.S 75), 1990

Bandmann, Günter, Melancholie und Musik. Ikonographische Studien, Köln 1960

Bardtke, Hans, Erwägungen zur Rolle Judas im Aufstand des Absalom, in: FS K. Elliger (AOAT 18), 1973, 1–8

Bardtke, Hans, Der Aufstand des Scheba (2 Samuelis 20), in: F. Paschke (Hrsg.), Überlieferungsgeschichtliche Untersuchungen (TU 125), 1981, 15–27

Bar-Efrat, Shimon, Das Erste Buch Samuel (BWANT 176), 2007

Bar-Efrat, Shimon, Das Zweite Buch Samuel (BWANT 181), 2009

Baumgärtner, Rainer, Eine Symbolfigur in der Musik. Der biblische König David: Manuskript einer Sendung in DeutschlandRadio Berlin vom 17. 6. 2003

Becker, Uwe / Bezzel, Hannes (eds.), Rereading the Relecture? The Question of (Post)chronistic Influences in the Latest Redactions of the Books of Samuel (FAT II 66), 2014

Begrich, Joachim, Die Chronologie der Könige von Israel und Juda (BHTh 3), 1929

Ben-Ami, Doron, Notes on the Iron IIA Settlement in Jerusalem in Light of Excavations in the Northwest of the City of David: TA 41 (2014) 3–19

Ben-Barak, Z., Meribaal and the System of Land Grants in Ancient Israel: Bibl 62 (1981) 73–91

Berlin, Adele, Characterization in Biblical Narrative. David's Wives: JSOT 23 (1982) 69–85

Bieberstein, Klaus / Hanswulf Bloedhorn, Jerusalem. Grundzüge der Baugeschichte vom Chalkolithikum bis zur Frühzeit der osmanischen Herrschaft, Bde. 1–3, Wiesbaden 1994

Biran, Avraham / Naveh, Joseph, An Aramaic Stele Fragment from Tel Dan: IEJ 43 (1993) 81–98

Biran, Avraham / Naveh, Joseph, The Tel Dan Inscription. A New Fragment: IEJ 45 (1995) 1–18

Boaretto, Elisabeth / Jull, A. J. Timothy / Gilboa, Ayelet / Sharon, Ilan, Dating the Iron Age I/II Transition in Israel. First Intercomparison Results: Radiocarbon 47 (2005) 39–55

Bodi, Daniel, The Demise of the Warlord. A New Look at the

David Story (Hebrew Bible Monographs 26), Sheffield 2010

Bodner, Keith, David Observed. A King in the Eyes of His Court (Hebrew Bible Monographs 5), Sheffield 2005

Bodner, Keith, The Rebellion of Absalom, London 2014

Bosworth, David A., The Story within a Story in Biblical Narrative (CBQ.MS 45), 2008

Bosworth, David A., »David Comforted Bathsheba« (2Sam 12:24). Gender and Parental Bereavement, in: Dietrich (Hrsg.), Seitenblicke, 2011, 238–255

Broshi, Magen, The Population of Iron Age Palestine: Biblical Archaeology Today 1990, Suppl., 14–18

Brueggemann, Walter, 2Sam 21–24. An Appendix of Deconstruction: CBQ 50 (1988) 383–397

Bruggisser-Lanker, Therese, König David und die Macht der Musik, in: Dietrich / Herkommer, König David 2003 (s.o.), 589–629

Buber, Martin / Rosenzweig, Franz, Bücher der Geschichte verdeutscht, Köln / Olten 1969

Burger, Christoph, Jesus als Davidssohn (FRLANT 98), 1970

Cahill, Jane M., Jerusalem in the Time of the United Monarchy. The Archaeological Evidence, in: Vaughn, Andrew G. / Killebrew, Ann E. (eds.), Jerusalem in Bible and Archaeology. The First Temple Period, Leiden/Boston 2003, 15–80

Caquot, André / de Robert, Philippe, Les livres de Samuel (CAT 6), 1994

Carlebach, Elisheva, Art. Sabbatai/Sabbatianismus: RGG⁴, Bd. 7, 2004, 718

Clines, David J. / Eskenazi, Tamara C. (eds.), Telling Queen Michal's Story. An Experiment in Comparative Interpretation (JSOT.S 119), 1991

Couffignal, Robert, »Le saint roi David«. La figure mythique et sa fortune, Paris 2003

Crüsemann, Frank, Überlegungen zur Identifikation der Hirbet el Mš š (Tel Ma o): ZDPV 89 (1973) 211–224

Dallmeyer, Hans-Jürgen / Dietrich, Walter, David – ein Königsweg. Psychoanalytisch-theologischer Dialog über einen biblischen Entwicklungsroman, Göttingen 2002

Davies, Philip R., »House of David« – Built on Sand. The Sins of the Biblical Maximizers: BArR 20 (1994) 54–55

Dick, Michael B., The »History of David's Rise to Power« and the Neo-Babylonian Succession Apologies, in: FS Jimmy J. Roberts, Winona Lake 2004, 3–20

Dietrich, Walter, Prophetie und Geschichte. Eine redaktionsgeschichtliche Untersuchung zum deuteronomistischen Geschichtswerk (FRLANT 108), 1972

Dietrich, Walter, Jesaja und die Politik (BEvTh 74), 1976

Dietrich, Walter, David, Saul und die Propheten. Das Verhältnis von Religion und Politik nach den prophetischen Überlieferungen vom frühesten Königtum in Israel (BWANT 122), ²1992.

Dietrich, Walter, Die frühe Königszeit in Israel. 10. Jahrhundert v. Chr. (Biblische Enzyklopädie 3), Stuttgart 1997; *englische Version 2007*

Dietrich, Walter, Von David zu den Deuteronomisten. Studien zu den Geschichtsüberlieferungen des Alten Testaments (BWANT 156), 2002

Dietrich, Walter / Herkommer, Hubert (Hrsg.), König David – biblische Schlüsselfigur und europäische Leitgestalt, Fribourg/Stuttgart, 2003

Dietrich, Walter (Hrsg.), David und Saul im Widerstreit – Diachronie und Synchronie im Wettstreit. Beiträge zur Auslegung des ersten Samuelbuchs (OBO 206), 2004

Dietrich, Walter, Samuel (BKAT 8.1 [1Samuel 1–12]), 2011

Dietrich, Walter (Hrsg.), Seitenblicke. Literarische und historische Studien zu Nebenfiguren im zweiten Samuelbuch (OBO 249), 2011

Dietrich, Walter, Die Samuelbücher im deuteronomistischen Geschichtswerk. Studien zu den Geschichtsüberlieferungen des Alten Testaments II (BWANT 201), 2012

Dietrich, Walter, Von den ersten Königen Israels. Ein Jahrzehnt Forschung an den Samuelbüchern, Teile I–III: ThR 77 (2012) 135–170.263–316.401-425

Dietrich, Walter, The Layer-Model of the Deuteronomistic History and the Books of Samuel, in: Cynthia Edenburg / Juha Pakkala (eds.), Is Samuel among the Deuteronomists? Current Views on the Place of Samuel in a Deuteronomistic History, Atlanta, GA 2013, 39–65

Dietrich, Walter, Historiography in the Old Testament, in: M. Saebø (ed.), Hebrew Bible / Old Testament III/2, Göttingen 2014, 467–499

Dietrich, Walter, Samuel (BKAT 8.2 [1Samuel 13–26]), 2015

Dietrich, Walter, David – König der Liebe: JBT 29 (2015) 3–21

Dietrich, Walter / Edenburg, Cynthia / Hugo, Philippe (eds.), The Books of Samuel. Stories – History – Reception History, Leuven 2016 (BETL 284)

Dietrich, Walter, Israelite Early Monarchy and State Formation, in: Brad E. Kelle / Brent A. Strawn (eds.), The Oxford Handbook on the Historical Books of the Hebrew Bible, 2017 (*in Vorbereitung*)

Donner, Herbert, Art und Herkunft des Amtes der Königinmutter im Alten Testament, in: FS J. Friedrich, Heidelberg 1959, 105–145

Donner, Herbert, Geschichte des Volkes Israel und seiner Nachbarn in Grundzügen (ATD Erg. 4/1), 1984

Eckstein, Pia, König David. Eine strukturelle Analyse des Textes aus der Hebräischen Bibel und seine Wiederaufnahme im Roman des 20. Jahrhunderts, Bielefeld 2000

Edelman, Diana, Tel Masos, Geshur, and David: JNES 47 (1988) 253–258

Elliger, Kurt, Die dreißig Helden Davids: PJ 31 (1935) 29–75 = Ders., Kleine Schriften zum AT (TB 32), 1966, 72–118

Exum, J. Cheryl, Tragedy and Biblical Narrative, Oxford 1992

Exum, J. Cheryl, Bathsheba plottet, shot, and painted: Semeia 74 (1996) 47–73

Finkelstein, Israel, The Archaeology of the Israelite Settlement, Jerusalem 1988

Finkelstein, Israel, The Emergence of the Monarchy in Israel. The Environmental and Socio-Economic Aspects: JSOT 55 (1989) 43–74

Finkelstein, Israel, The Archaeology of the United Monarchy. An Alternative View: Levant 28 (1996) 177–187

Finkelstein, Israel, The Rise of Jerusalem and Judah. The Missing Link, in: Vaughn, Andrew G. / Killebrew, Ann E. (eds.), Jerusalem in Bible and Archaeology. The First Temple Period, Leiden/Boston 2003, 81–102

Finkelstein, Israel et al., Has King David's Palace in Jerusalem Been Found?: TA 34 (2007) 142–164

Finkelstein, Israel, Das vergessene Königreich. Israel und die verborgenen Ursprünge der Bibel. Aus dem Englischen von Rita Seuß, München 2014

Finkelstein, Israel / Silberman, Neil Asher, Keine Posaunen vor Jericho. Die archäologische Wahrheit über die Bibel, München 2002

Finkelstein, Israel / Silberman, Neil Asher, David und Salomo. Archäologen entschlüsseln einen Mythos. Aus dem Englischen von Rita Seuß, München 2006

Firth, David G., 1 & 2 Samuel (Apollos OT Commentary 8), Nottingham 2009

Fischer, Alexander Achilles, Beutezug und Segensgabe. Zur Redaktionsgeschichte der Liste in I Sam 30,26–31: VT 53 (2003) 48–64

Fischer, Alexander Achilles, Von Hebron nach Jerusalem. Eine redaktionsgeschichtliche Studie zur Erzählung von König David in II Sam 1 – 5 (BZAW 335), 2004

Fischer, Alexander Achilles, Flucht und Heimkehr Davids als integraler Rahmen der Abschalomerzählung, in: Lux, Rüdiger (Hrsg.), Ideales Königtum. Studien zu David und Salomo (ABG 16), 2005, 43–69

Flavius Josephus, Jüdische Altertümer (»Antiquitates Iudaicae«); Ausgabe von H. Clementz, Wiesbaden ⁴1982

Fokkelman, Jan P., Narrative Art and Poetry in the Books of Samuel, Bd. 2: The Crossing Fates, Assen 1986

Fohrer, Georg, Der Vertrag zwischen König und Volk in Israel: ZAW 71 (1959) 1–22

Fritz, Volkmar, Die Stadt im alten Israel, München 1990

Fritz, Volkmar, Where is David's Ziklag?: BAR 19 (1993) 58–61.76

Gal, Zvi, Lower Galilee during the Iron Age, Winona Lake IN 1992

Galil, Gershon, The Chronology of the Kings of Israel and Judah (SHANE 9), 1996

Galil, Gershon et al. (eds.), The Ancient Near East in the 12th–10th Centuries BCE (AOAT 392), Münster 2012

Galling, Kurt, Textbuch zur Geschichte Israels, Tübingen ²1968

Garfinkel, Yosef / Ganor, Saar, Khirbet Qeiyafa. Excavation Report 2007–2008, Jerusalem 2009

Garfinkel, Yosef / Kreimerman, Igor / Zilberg, Peter, Debating Khirbet Qeiyafa. A Fortified City in Judah from the Time of King David, Jerusalem 2016

Gauger, Hans-Martin, Davids Aufstieg. Erzählung, München 1993

Gilmour, Rachelle, Representing the Past. A Literary Analysis of Narrative Historiography in the Book of Samuel (VTS 143), Leiden 2011

Görg, Manfred, Art. Gat: NBL 1, 1991, 731–732

Goldschmidt, A., Die Kirchenthür des heiligen Ambrosius von Mailand. Ein Denkmal frühchristlicher Skulptur, Strasbourg 1902

Gosselin, Edward. A., The King's Progress to Jerusalem. Some Interpretations of David during the Reformation Period and their Patristic and Medieval Background, Malibu 1976

Gordon, Robert P., In Search of David. The David Tradition in Recent Study, in: A. R. Millard / J. K. Hoffmeister / D. W. Baker (eds.), Faith, Tradition, and History. Old Testament Historiography in its Near Eastern Context, Winona Lake 1994, 285–298

Grabbe, Lester, The Mighty Men of Israel. 1–2 Samuel and Historicity, in: Dietrich / Edenburg / Hugo (eds.), The Books of Samuel 2016, 83–104

Graham, M. Patrick et al. (eds.), The Chronicler as Historian (JSOT.S 238), 1997

Green, Alberto R., David's Relations with Hiram. Biblical and Josephan Evidence for Tyrian Chronology, in: FS D.N. Freedman, Winona Lake 1983, 373–397

Grønbæk, Jakob H., Die Geschichte vom Aufstieg Davids

(1.Sam.15 – 2.Sam.5). Tradition und Komposition (AThD 10), 1971

Gunn, David M., The Story of King David. Genre and Interpretation (JSOT.S 6), 1978

Gunn, David M., The Fate of King Saul (JSOT.S 14), 1980

Hahn, Ferdinand, Christologische Hoheitstitel (FRLANT 83), [4]1974, 242–279

Halpern, Baruch, The Construction of the Davidic State. An Exercise in Historiography, in: V. Fritz / P. R. Davies, The Origins of the Ancient Israelite States (JSOT.S 228), 1996, 44–75

Halpern, Baruch, David's Secret Demons. Messiah, Murderer, Traitor, King, Grand Rapids MI 2001

Hamilton, Mark W., The Body Royal. The Social Poetics of Kingship in Ancient Israel (Biblical Interpretation Series 78), Leiden 2005

Han, Samuel, Der »Geist« in den Saul- und Davidgeschichten des 1. Samuelbuches (Arbeiten zur Bibel und ihrer Geschichte 51), Leipzig 2015

Hayes, John H. / Hooker, Paul K., A New Chronology for the Kings of Israel and Judah, Atlanta 1988

Heinrich, André, David und Klio. Historiographische Elemente in der Aufstiegsgeschichte Davids und im Alten Testament (BZAW 401), 2009

Heither, Theresia, David. Biblische Gestalten bei den Kirchenvätern, Münster 2012

Heller, Joseph, Weiss Gott (amerikan. Originalausgabe 1984), Gütersloh 1985 / München 1987

Helms, Dominik / Körndle, Franz / Sedimeier, Franz (Hg.): Miserere mei, Deus. Psalm 51 in Bibel und Liturgie, in Musik und Literatur, Würzburg 2015

Hendel, Ronald S., King David Loves Bathsheba. Is what the historical David did or said more important than what the Bible relates?: BiRe 17 (2001) 6

Hentschel, Georg, Die Kriege des friedfertigen Königs David (2 Sam 10,1–11; 12,26–31), in: FS G. Wallis, 1990 (Wissenschaftliche Beiträge d. Martin-Luther-Universität Halle-Wittenberg. Reihe A 125), 49–58

Herzog, Ze'ev, Art. Tel Beersheba, in: NEAEHL 1, 1993, 167–173

Herzog, Ze'ev / Singer-Avitz, Lily, Redefining the Centre. The Emergence of State in Judah: TA 31 (2004) 209–244

Heym, Stefan, Der König David Bericht. Roman, München 1972

Hoffmann, Adalbert, David. Zur David-Messias-Typologie im Alten Testament, Diss. Tübingen 1970/71

Hoffmann-Axthelm, Dagmar, David als »Musiktherapeut«. Über die musikalischen Heilmittel Klang – Dynamik – Rhythmus, in: Dietrich/Herkommer, König David 2003 (s.o.), 565–588

Hollander, Harm Wouter, Art. Testamente der XII Patriarchen: RGG⁴, Bd. 8, 2005, 175 f.

Horner, Tom M., Jonathan Loved David. Homosexuality in Biblical Times, Philadelphia 1978

Hourihane, Colum (ed.), King David in the Index of Christian Art, Princeton 2002

Hübner, Ulrich, Die Ammoniter. Untersuchungen zur Geschichte, Kultur und Religion eines transjordanischen Volkes im 1. Jahrtausend v. Chr. (ADPV 16), 1992

Hugo, Philippe / Schenker, Adrian (Hrsg.), Archaeology of the Books of Samuel. The Entangling of the Textual and Literary History (VT.S 132), 2010

Hunziker-Rodewald, Regine, Hirt und Herde. Ein Beitrag zum alttestamentlichen Gottesverständnis (BWANT 155), 2001

Hunziker-Rodewald, Regine, König Saul und die Geister. Zur Entwicklung des Saulbildes in der Bibel und in der Geschichte ihrer Rezeption, Habilitationsschrift Bern 2005

Hutton, Jeremy M., The Transjordanian Palimpsest. The Overwritten Texts of Personal Exile and Transformation in the Deuteronomistic History (BZAW 396), 2009

Isser, Stanley, The Sword of Goliath. David in Heroic Literature (Studies in Biblical Literature 6), Atlanta, GA 2003

Jeremias, Jörg, Der Prophet Hosea (ATD 21/1), 1983

Jones, Gwilym H., The Nathan Narratives (JSOT.S 80), 1999

Japhet, Sara, 1 Chronik (HThKAT), 2002

Kaiser, Otto, David und Jonathan. Tradition, Redaktion und Geschichte in I Sam 16–20. Ein Versuch: EThL 66 (1990) 281–296

Karasszon, István, Ammon und Moab. Erwägungen zu Davids dynastischer Politik, in: Dietrich/Edenburg/Hugo (Hrsg.), The Books of Samuel, 2016, 441–450

Karrer, Martin, Von David zu Christus, in: Dietrich/Herkommer, König David 2003 (s. o.), 327–366

Kasari, Petri, Nathan's Promise in 2 Samuel 7 and Related Texts, Helsinki 2009

Kaswalder, Pietro / Pazzini, Massimo, La stele aramaica di Tel Dan: RivBib 42 (1994) 193–201

Keel, Othmar, Die Geschichte Jerusalems und die Entstehung des Monotheismus, Teil 1 (OLB IV, 1), Göttingen 2007

Kegler, Jürgen / Augustin, Matthias, Synopse zum Chronistischen Geschichtswerk (BEAT 1), 1984

Killebrew, Ann E. / Lehmann, Gunnar (eds.), The Philistines and Other »Sea Peoples« in Text and Archaeology (Society of Biblical Literature Archaeology and Biblical Studies 15), Atlanta, GA 2013.

Kim, Jong-Hoon, Die hebräischen und griechischen Textformen der Samuel- und Königebücher. Studien zur Textgeschichte ausgehend von 2 Sam 15,1–19,9 (BZAW 394), 2009

Kipfer, Sara, Der bedrohte David. Eine exegetische und rezeptionsgeschichtlihce Studie zu 1Sam 16 – 1Kön 2 (Studies of the Bible and Its Reception 3), Berlin u. a. 2015

Kippenberg, Hans G., Pseudepigraphie. Orpheus auf jüdischen Bildern, in: Visible Religion. Annual for Religious Iconography 7 (1990) 233–245

Kitchen, Kenneth, The Controlling Role of External Evidence in Assessing the Historical Status of the Israelite United Monarchy, in: V. P. Long / D. W. Baker / G. J. Wenham, Windows into Old Testament History, Grand Rapids MI 2002, 111–130

Kleer, Martin, »Der liebliche Sänger der Psalmen Israels«.

Untersuchungen zu David als Dichter und Beter der Psalmen (BBB 108), 1996

Klein, Johannes, David versus Saul. Ein Beitrag zum Erzählsystem der Samuelbücher, 2002 (BWANT 158)

Klement, Herbert H., 2 Samuel 21–24. Structure, Context and Meaning in the Samuel Conclusion, Diss. phil. Coventry 1995

Knauf, Ernst Axel / de Pury, Albert / Römer, Thomas, *Bayt-Dawîd ou *BaytDôd? Une relecture de la nouvelle inscription de Tel Dan: BN 72 (1994) 60–69

Knoppers, Gary N., I Chronicles 10–29 (AB), 2004

Kofoed, Jens Bruun, Epistemology, Historiographical Method, and the »Copenhagen School«, in: Long, V. Philips / Baker, David W. / Wenham, Gordon J. (eds.) Windows into Old Testament History, Grand Rapids MI 2002, 23–43

Kolb, Frank, Der Bußakt von Mailand. Zum Verhältnis von Staat und Kirche in der Spätantike, in: FS Karl Dietrich Erdmann, Neumünster 1980, 41–74

Kotter, Wade R. / Oren, Eliezer D., Art. Ziklag: ABD VI, 1992, 1090–1093

Kratz, Reinhard G., Die Komposition der erzählenden Bücher des Alten Testaments, Göttingen 2000

Ku, Cha-Yon, Weisheit in der Thronfolgegeschichte Davids. Eine literarkritische und literaturwissenschaftliche Untersuchung der Weisheitsdarstellung unter besonderer Berücksichtigung ihrer Ironisierung (Kleine Arbeiten zum Alten und Neuen Testament 9), Kamen 2009

Kümmel, Werner Friedrich, Melancholie und die Macht der Musik. Die Krankheit König Sauls in der historischen Diskussion: Medizinhistorisches Journal 4 (1969) 189–209

Kunz, Andreas, Die Frauen und der König David. Studien zur Figuration von Frauen in den Daviderzählungen (Arbeiten zur Bibel und ihrer Geschichte), Leipzig 2004

Lehmann, Gunnar, The United Monarchy in the Countryside. Jerusalem, Judah, and the Shephela during the Tenth Century B.C.E., in: Vaughn, Andrew G. / Killebrew, Ann E. (eds.), Jerusalem in Bible and Archaeology. The First Temple Period, Atlanta 2003, 117–162

Leneman, Helen, Love, Lust, and Lunacy. The Stories of Saul and David in Music, Sheffield 2010

Leonard-Fleckman, Mahri, The House of David. Between Political Formation and Literary Revision, Minneapolis, 2016

Leppin, Hartmut, Art. Theodosius I., der Große (347?–395): TRE 33, 2002, 255–258

Leske, Adrian M., Context and Meaning of Zechariah 9,9: CBQ 62 (2000) 663–678

Levenson, Jon D., 1Samuel 25 as Literature and as History: CBQ 40 (1978) 11–28

Levenson, Jon D. / Halpern, Baruch, The Political Impact of David's Marriages: JBL 99 (1980) 507–518

Lichtenhahn, Ernst, David im Musiktheater des 20. Jahrhunderts, in: Dietrich/Herkommer, König David 2003, 731–757

Linafelt, Tod / Camp, Claudia V. / Beal, Timothy (eds.), The Fate of King David. The Past and Present of a Biblical Icon (LHBOT 500), New York / London 2010

Lindgren, Torgny, Bathseba (schwedische Originalausgabe 1984), München/Wien 1987

Lipi ski, Edward, The Arameans. Their Ancient History, Culture, Religion (OLA 100), 2000

Lux, Rüdiger (Hrsg.), Erzählte Geschichte. Beiträge zur narrativen Kultur im alten Israel (BThSt 40), 2000

Maeir, Aren M. / Ehrlich, Carl S., Excavating Philistine Gath. Have We Found Goliath's Hometown?: BAR 27 (2001) 22–31

Maeir, Aren M., Insights on the Philistine Culture and Related Issues. An Overview of 15 Years of Work at Tell eṣ-Ṣafi/Gath, in: Galil a.o. (eds.), The Ancient Near East in the 12th-10th Centuries BCE, 2012, 345–404

Malamat, Abraham, Aspects of the Foreign Policies of David and Solomon: JNES 22 (1963) 1–17

Master, Daniel M., State Formation Theory and the Kingdom of Ancient Israel: JNES 60 (2001) 117–131 .

Matthiae, Karl / Thiel, Winfried, Biblische Zeittafeln, Neukirchen-Vluyn 1985

Mathys, Hans-Peter, Chronikbücher und hellenistischer

Zeitgeist, in: Ders., Vom Anfang und vom Ende. Fünf alttestamentliche Studien (BEAT 47), 2000, 41–155

Mazar, Benjamin, David's Reign in Hebron and the Conquest of Jerusalem, in: FS L. Silver 1963, 235–244

Mazar, Benjamin / Shiloh, Yigal / Geva, Hillel, Art. Jerusalem. The Early Periods and the First Temple Period: NEAEHL 3, 1993, 698–716

Mazar, Eilat, Did I Find King David's Palace?: BAR 32/1 (2006) 16–27, 70

Mazar, Eilat, The Palace of King David. Excavations at the Summit of the City of David. Preliminary Report of Seasons 2005–2007, Jerusalem 2009

McCarter, Pete Kyle jr., I Samuel (AncB), 1980

McCarter, Peter Kyle jr., II Samuel (AncB), 1984

McCarter, Paul Kyle, The Historical David: Int 40 (1986) 117–129

McKenzie, Steven L., The Chronicler's Use of the Deuteronomistic History (HSM 33), 1984.

McKenzie, Steven L., King David. A Biography, Oxford 2000

McKenzie, Steven L., David's Enemies, in: Dietrich/Herkommer, König David 2003 (s.o.), 33–49

Meisl, Josef, Art. Frank, Jakob Leibowicz: Jüdisches Lexikon, Bd. 2, Berlin 1928, 712–723

Mettinger, Tryggve N. D., Solomonic State Officials (CB.OT 5), 1971

Michelson, Marty Alan, Reconciling Violence and Kingship. A Study of Judges and 1 Samuel, Cambridge 2012

Miscall, Peter D., Moses and David. Myth and Monarchy, in: J. Chery Exum / David J. A. Clines, The New Literary Criticism and the Hebrew Bible (JSOT.S 143), 1993, 184–200

Müllner, Ilse, Gewalt im Hause Davids. Die Erzählung von Tamar und Amnon (2 Sam 13,1–22) (Herders Biblische Studien 13), Freiburg i. Br. 1997

Müllner, Ilse, Blickwechsel. Batseba und David in Romanen des 20. Jahrhunderts: Biblical Interpretation 6 (1998) 348–366

Na'aman, Nadav, The Contribution of the Amarna Letters to

the Debate on Jerusalem's Political Position in the Tenth Century B.C.E.: BASOR 304 (1996) 17–27

Na'aman, Nadav, Cow Town or Royal Capital? Evidence for Iron Age Jerusalem: BAR 23 (1997) 43–47.67

Naumann, Thomas, David als exemplarischer König. Der Fall Urijas (2 Sam. 11) vor dem Hintergrund der altorientalischen Erzähltradition, in: A. de Pury / T. Römer (Hrsg.), Die sogenannte Thronfolgegeschichte Davids. Neue Einsichten und Anfragen (OBO 176), 2000, 136–167

Naumann, Thomas, David und die Liebe, in: Dietrich/Herkommer, König David 2003 (s.o.) 51–83

Neumann, Johannes, Der historische David. Legende und Wirklichkeit in der Geschichte Israels und Judas von der Frühzeit bis zur Dynastie Omri, Radebeul 1997

Nicol, George G., Bathsheba. A Clever Woman?: ET 99 (1988) 360–363

Nicol, George G., The Alleged Rape of Bathsheba. Some Observations on Ambiguity in Biblical Narratives: JSOT 73 (1997) 43–54

Niemann, Hermann Michael, Kern-Israel im samarischen Bergland und seine zeitweilige Peripherie. Megiddo, die Jezreel-Ebene und Galiläa im 11. bis 8. Jh. v. Chr.: UF 35 (2003) 421–485

Nissinen, Martti, Die Liebe von David und Jonatan als Frage der modernen Exegese: Bib 80 (1999) 250–263

Nitsche, Stefan Ark, König David. Gestalt im Umbruch, Zürich 1994

Nitsche, Stefan Ark, David gegen Goliath. Die Geschichte der Geschichten einer Geschichte. Zur fächerübergreifenden Rezeption einer biblischen Story (Altes Testament und Moderne 4), Münster 1997

Nitsche, Stefan Ark, Viele Bilder – ein Text. Anmerkungen zur Logik der selektiven Rezeption biblischer Texte anhand der Story vom Sieg Davids über Goliat, in: Dietrich/Herkommer, König David 2003 (s. o.), 85–119

Noll, K. L., The Faces of David (JSOT.S 242), 1997

Noort, Ed, Die Seevölker in Palästina, Kampen 1994

Ofer, Avi, Art. Hebron: NEAEHL 3, 1993, 606–609

Ohler, Annemarie, Herrscher in der Umbruchszeit. Nach dem historischen David fragen: BiKi 51 (1996) 2–8

O'Kane, Martin, The Biblical King David and His Artistic and Literary Afterlives: Biblical Interpretation 6 (1998) 313–347

Olyan, Saul M., Zadok's Origins and the Tribal Politics of David: JBL 101 (1982) 177–193

Oswald, Wolfgang, Nathan der Prophet. Eine Untersuchung zu 2Samuel 7 und 12 und 1Könige 1 (AThANT 94), 2008

Peetz, Melanie, Abigajil, die Prophetin. Mit Klugheit und Schönheit für Gewaltverzicht. Eine exegetische Untersuchung zu 1 Sam 25 (fzb 116), 2008

Peleg, Yaron, Love at the First Sight? David, Jonathan, and the Biblical Politics of Gender: JSOT 30 (2005) 171–189

Pietsch, Michael, »Dieser ist der Sproß Davids ...« Studien zur Rezeptionsgeschichte der Nathanverheißung im alttestamentlichen, zwischentestamentlichen und neutestamentlichen Schrifttum (WMANT 100), 2003

Podlech, Adalbert, Abaelard und Heloïsa oder Die Theologie der Liebe, München 1990.

Polzin, Robert, Samuel and the Deuteronomist. A Literary Study of the Deuteronomic History II (1 Samuel), Bloomington IN, 1989

Polzin, Robert, David and the Deuteronomist. A Literary Study of the Deuteronomic History III (2 Samuel), Bloomington IN, 1993

Price, Jonathan / Linoy, Leonard, David [Spielfilm], 1997

de Pury, Albert / Römer, Thomas / Macchi, Jean-Daniel (éds.), Figures de David à travers la Bible, Paris 1999

Rad, Gerhard von, Das Geschichtsbild des chronistischen Werkes, Stuttgart 1930

Rad, Gerhard von, Der Anfang der Geschichtsschreibung im alten Israel (1944 =), in: Ders., Gesammelte Studien zum Alten Testament (TB 8), 1965, 148–188

Reich, Ronny, Excavating the City of David. Where Jerusalem's History Began, Jerusalem 2011

Riessler, Paul, Altjüdisches Schrifttum ausserhalb der Bibel, Heidelberg ²1966

Rofé, Alexander, The Reliability of the Sources about David's Reign. An Outlook from Political Theory, in: FS R. Rendtorff, Neukirchen-Vluyn 2000, 217–227

Ronen, Yigal, The Enigma of the Shekel Weights of the Judean Kingdom: BA 59 (1996) 122–125

Rost, Leonhard, Die Überlieferung von der Thronnachfolge Davids (BWANT 42 =), in: Ders., Das kleine Credo und andere Studien zum Alten Testament, Heidelberg 1965, 119–253

Rudnig, Thilo Alexander, Davids Thron. Redaktionskritische Studien zur Geschichte von der Thronnachfolge Davids (BZAW 358), 2006

Salmen, Walter, Die Vielzahl der Attribute des musizierenden und »springenden« David, in: Dietrich/Herkommer, König David 2003 (s.o.), 687–729.

Sasse, Markus, Geschichte Israels in der Zeit des Zweiten Tempels, Neukirchen 2004

Sauer, Georg, Jesus Sirach / Ben Sira (ATD Apokryphen 1), 2000

Schäfer-Lichtenberger, Christa, David und Jerusalem. Ein Kapitel biblischer Historiographie, in: FS A. Malamat (ErIs 24), 1993,*197–*211

Schäfer-Lichtenberger, Christa, Sociological and Biblical Views of the Early State, in: V. Fritz (ed.), The Origins of the Ancient Israelite State (JSOT.S 228), 1996, 78–105

Schäfer-Lichtenberger, Christa, PTGYH – Divine Anonyma? The Goddess of the Ekron Inscription: UF 46 (2015) 341–372

Schmid, Konrad, Herrschererwartungen und -aussagen im Jesajabuch, in: Schmid, Konrad (Hrsg.), Prophetische Heils- und Herrschererwartungen (SBS 194), Stuttgart 2005, 37–74

Schmidt, Werner H., Die Ohnmacht des Messias. Zur Überlieferungsgeschichte der messianischen Weissagungen im Alten Testament (1969), in: U. Struppe, Studien zum Messiasbild im Alten Testament (SBAB 6), 1989, 67–88

Schroer, Silvia, Die Weisheit hat ihr Haus gebaut. Studien zur Gestalt der Sophia in den biblischen Schriften, Mainz 1996

Schroer, Silvia / Staubli, Thomas, Saul, David und Jonatan – eine Dreiecksgeschichte?: BiKi 51 (1996) 15–22

Schunck, Klaus-Dietrich, Davids »Schlupfwinkel« in Juda: VT 33 (1983) 110–113

Seebass, Horst, Herrscherverheißungen im Alten Testament (BThS 19), 1992

Seger, Joe D., Art. Gath: ABD 2, 1992, 908–909

Shalom Brooks, Simcha, Saul and the Monarchy. A New Look, Aldershot 2005

Shanks, Hershel, »David« Found at Dan: BAR 20 (1994) 26–39

Shanks, Hershel, Is this King David's Tomb?: BAR 21 (1995) 62–67

Shanks, Hershel, King David, Serial Murderer: BiRev 16 (2000) 34–37.53–54

Shea, William H., The Tomb of David in Jerusalem: AUSS 34 (1996) 287–291

Siems, Andreas Karsten (Hrsg.), Sexualität und Erotik in der Antike (WdF 605), 1988

Sinclair, Lawrence A., Art. David III. Neues Testament: TRE 8, 1981, 387–388

Skehan, Patrick W., Joab's Census – How Far North (2Sm 24,6)?: CBQ 31 (1969) 42–29

Smidt-Dörrenberg, Irmgard, David und Saul. Variationen über ein Thema von Rembrandt, Wien 1969

Steck, Odil Hannes, Der Abschluß der Prophetie im Alten Testament (BThSt 17), 1991

Steger, Hugo, David rex et propheta. König David als vorbildliche Verkörperung des Herrschers und Dichters im Mittelalter, nach Bilddarstellungen des achten bis zwölften Jahrhunderts (Erlanger Beiträge zur Sprach- und Kunstwissenschaft 6), Nürnberg 1961

Steiner, Margreet, Jerusalem in the Tenth and Seventh Centuries BCE. From Administrative Town to Commercial City, in: Mazar, Amihai (ed.), Studies in the Archaeology of the Iron Age in Israel (JSOT.S 331), 2001, 280–288

Stern, Ephraim, Art. Zafit, Tel: NEAEHL 4, 1993, 1522–1524

Steussy, Marti J., David. Biblical Portraits of Power, Columbia 1999

Stolz, Fritz, Das erste und zweite Buch Samuel (ZBK.AT 9), 1981

Stolz, Michael, Sichtweisen des Mittelalters. König David im Bilderzyklus eines Bamberger Psalmenkommentars aus dem 12. Jahrhundert, in: Dietrich/Herkommer, König David 2003, 497–530

Suchanek-Seitz, Barbara, So tut man nicht in Israel. Kommunikation und Interaktion zwischen Frauen und Männern in der Erzählung von der Thronnachfolge Davids, Münster 2006

Tae-Soo Im, Das Davidbild in den Chronikbüchern (EHS XXIII 263), 1985

Tanner, Andreas, Amalek. Der Feind Israels und der Feind Jahwes. Eine Studie zu den Amalektexten im Alten Testament, Zürich 2005

Thoma, Clemens, Art. David II. Judentum: TRE 8, 1981, 384–387

Thoma, Clemens, David im antiken Judentum, in: Dietrich/Herkommer, König David 2003 (s.o.), 213–228

Thompson, John A., The Significance of the Verb Love in the David-Jonathan Narratives in 1 Samuel: VT 24 (1974) 334–338

Tsumura, David Toshio, The First Book of Samuel (NICOT), 2007

Tümpel, Christian (Hrsg.), Im Lichte Rembrandts. Das Alte Testament im Goldenen Zeitalter der niederländischen Kunst, Zwolle 1994

Tushima, Cephas T.A., The Fate of Saul's Progeny in the Reign of David, Cambridge 2011

Valler, Shulamit, King David and 'his' Women. Biblical Stories and Talmudic Discussions, in: Brenner, Athalya (ed.), A Feminist Companion to Samuel and Kings, Sheffield 1994, 129–142

Van Caugh, Jean-Marie, Fils de David dans les évangiles synoptiques, in: de Pury, Albert / Römer, Thomas / Macchi, Jean-Daniel (éds.), Figures de David à travers la Bible, Paris 1999, 345–396

VanderKam, James C., Davidic Complicity in the Deaths of Abner and Eshbaal. A Historical and Redactional Study: JBL 99 (1980) 521–539

Van Seters, John, The Biblical Saga of King David, Winona Lake, 2009

Vaughn, Andrew G. / Killebrew, Ann E. (eds.), Jerusalem in Bible and Archaeology. The First Temple Period (SBL Symposium Series 18), Atlanta GA 2003

Veijola, Timo, Die ewige Dynastie. David und die Entstehung seiner Dynastie nach der deuteronomistischen Darstellung (AASFB 193), 1975

Veijola, Timo, Salomo – der Erstgeborene Bathsebas, in: J. A. Emerton (ed.), Studies in the Historical Books of the OT (VT.S 30), 1979, 230–250 = ders., David. Gesammelte Studien zu den Davidüberlieferungen des Alten Testaments, Helsinki/Göttingen 1990, 84–105

Veijola, Timo, David in Keïla. Tradition und Interpretation in 1 Sam 23,1–13: RB 91 (1984) 51–87 = ders., David. Gesammelte Studien, 1990, 5–42

Vermeylen, Jacques, La loi du plus fort. Histoire de la redaction des récits davidiques de 1 Samuel 8 a 1 Rois 2, Leuven 2000 (BETL 154)

Vette, Joachim, Art. Ziklag: Wissenschaftliches Bibellexikon im Internet: http://www.bibelwissenschaft.de/stichwort/35382/ (2010)

Voigts, Manfred, Das Ende der David-Tradition. Jakob Frank und die Französische Revolution, in: Dietrich/Herkommer, König David 2003 (s.o.), 249–279

Waschke, Ernst-Joachim, Der Gesalbte. Studien zur alttestamentlichen Theologie (BZAW 306), 2001

Waschke, Ernst-Joachim, David redivivus. Die Hoffnungen auf einen neuen David in der Spätzeit des Alten Testaments, in: Dietrich/Herkommer, König David 2003 (s.o.), 179–209

Weil, Grete, Der Brautpreis, Zürich 1988

Weinfeld, Moshe, The Census in Mari, in Ancient Israel and in Ancient Rome, in: FS J. A. Soggin, Brescia 1991, 293–298

Weippert, Helga, Palästina in vorhellenistischer Zeit (Handbuch der Archäologie II/1), München 1988

Weippert, Manfred, Historisches Textbuch zum Alten Testament (GAT 10), Göttingen 2010

Weiser, Arthur, Die Legitimation des Königs David. Zur Eigenart und Entstehung der sogen. Geschichte von Davids Aufstieg: VT 16 (1966) 325–354

Wellhausen, Julius, Prolegomena zur Geschichte Israels, Berlin ⁶1905

Wenham, Gordon J., Were David's Sons Priests?: ZAW 87 (1975) 79–82

Werblowsky, R. J. Zwi, Gestalt, Symbol und Chiffre. David in der Kabbalah, in: Dietrich/Herkommer, König David 2003 (s. o.), 239–247

Willi, Thomas, Die Chronik als Auslegung (FRLANT 106), 1972

Willi, Thomas, Das davidische Königtum in der Chronik, in: R. Lux (Hrsg.), Ideales Königtum. Studien zu David und Salomo (ABG 16), Leipzig 2005, 71–87

Willi, Thomas, »Den HErrn aufsuchen ...« Einsatz und Thema des narrativen Teils der Chronikbücher, in: D. Böhler / I. Himbaza / P. Hugo (éds.), L'Ecrit e l'Esprit, FS Adrian Schenker, 2005 (OBO 214), 432–444

Willi, Thomas, Chronik. 1. Teilband. 1. Chronik 1,1–10,14, 2009 (BK.AT 24)

Willi-Plein, Ina, Michal und die Anfänge des Königtums in Israel (VT.S 66, 1997, 401–419 =), in: Dies., Sprache als Schlüssel. Gesammelte Aufsätze zum Alten Testament, Neukirchen 2002, 79–96

Willi-Plein, Ina, ISam 18–19 und die Davidshausgeschichte, in: Dietrich (Hrsg.), David und Saul im Widerstreit, 2011, 138–171

Wolpe, David, David. The Divided Heart, New Haven and London (Jewish Lives), 2014

Wright, Jacob L., David, King of Israel, and Caleb in Biblical Memory, Cambridge 2014

Würthwein, Ernst, Jesaja 7,1–9. Ein Betrag zum Thema: Prophetie und Politik (1954 =), in: Ders., Wort und Existenz. Studien zum Alten Testament, Göttingen 1970, 127–143

Würthwein, Ernst, Die Erzählung von der Thronfolge Davids – Theologische oder politische Geschichtsschreibung? (ThSt 115), 1974

Wyatt, Nicolas, David's Census and the Tripartite Theory: VT 40 (1990) 352–360

Zach, Michael, Die Ambivalenz des David-Bildes in II Sam 9–20; I Kön 1+2 (Oldenburgische Beiträge zu Jüdischen Studien 19), Oldenburg 2006

Zalewski, Ulrich, Gott, König und Volk. Eine synchrone und diachrone Auslegung von 2 Sam 24 (EThSt 103), 2014

Zenger, Erich, David as Musician and Poet. Plotted and Painted, in: J.C. Exum / S.D. Moore (eds.), Biblical Studies/Cultural Studies (JSOT.S 266), 1998, 263–297

Zenger, Erich (/ Hossfeld, Frank-Lothar), Psalmen 51–100, ²2000 (HThK)

Zhixiong Niu, »The King lifted up his eyes and wept«. David's Mourning in the Second Book of Samuel, Rom 2013

Zimmermann, Julia, »histrio fit David …« – König Davids Tanz vor der Bundeslade, in: Dietrich/Herkommer, König David 2003 (s. o.), 531–561

Zitelmann, Arnulf, Jonatan, Prinz von Israel. Roman aus der frühen Königszeit, Weinheim 1999

2. Abbildungsnachweis

Abb. 1–7: Illustrationen zum Psalmenkommentar des Petrus Lombardus um 1170/80, Bamberg, Staatsbibliothek, Msc. Bibl. 59, Bl. 1–4 (Vor- und Rückseiten); W. DIETRICH / H. HERKOMMER (Hrsg.), König David, biblische Schlüsselfigur und europäische Leitgestalt, Freiburg/Stuttgart 2003, 506 ff.

Abb. 8: A. Biran / J. Naveh, The Tel Dan Inscription. A New Fragment: IEJ 45 (1995) 1–18. – Zeichnung: Ada Yardeni; W. DIETRICH, Die frühe Königszeit in Israel: 10. Jahrhundert. v. Chr., Stuttgart u. a. 1997 (Biblische Enzyklopädie 3), 138, Abb. 11a und 11b

Abb. 9: Domenico di Niccolò, Ausschnitt aus dem Fußbodenmosaik, David als Psalmendichter (Mitte), David mit der Schleuder (links) und der getroffene Goliat (rechts). 1423?; B. SANTI, Der Marmorboden des Dom von Siena, Scala Firenze, Siena 2003, 32, Abb. 25

Abb. 10: G. LEHMANN, The United Monarchy in the Countryside: Jerusalem, Judah, and the Shephelah during the Tenth Century, in: A. G. Vaughn / A. E. Killebrew, Jerusalem in Bible and Archaeology. The First Temple Period, Atlanta 2003, Abb. 4.1

Abb. 11: E. STERN (Hrsg.), The New Encyclopedia of Archaeological Excavations in the Holy Land, Jerusalem 1993, 707

Abb. 12: E. STERN (Hrsg.), The New Encyclopedia of Archaeological Excavations in the Holy Land, Jerusalem 1993, 703

Abb. 13: G. LEHMANN, The United Monarchy in the Countryside: Jerusalem, Judah, and the Shephelah during the Tenth Century, in: A. G. Vaughn / A. E. Killebrew, Jerusalem in Bible and Archaeology. The First Temple Period, Atlanta 2003, Abb. 4.11 (bearbeitet)

Abb. 14: Adaption von I. FINKELSTEIN, The Great Transformation: The ›Conquest‹ of the Highlands Frontiers and the Rise of the Territorial States, in: T. E. Levy, The Archaeology of Society in the Holy Land, Leicester 1995, 356, Abb. 3

Abb. 15: Z. HERZOG, Archaeology of the City, Tel Aviv 1997, Abb. 5.14

Abb. 16: © Gunnar Lehmann

Abb. 17: © Walter Dietrich / Stefan Münger

Abb. 18: © Kinneret Regional Project

Abb. 19: Kupferstich, Arias Montano, Bedito (1597): David, virtutis exercitatissimae probatum Deo spectaculum, ex Davidis, Pastoris, Militis, Ducis, Exsulis ac Prophetae exemplis / Benedicto Aria Montano meditante ad pietatis cultum propositis; Aeneis laminis ornatum a Ioanne Theodoro, & Ioanne Israele de Bry […], [Frankfurt]. Fotographie Sara Kipfer, mit freundlicher Genehmigung der Universitätsbibliothek Basel

Abb. 20: Gustave Doré, Das Attentat Sauls auf David, Holzstich, THE YORCK PROJECT, Die Bibel in der Kunst. Gemälde, Zeichnungen, Grafiken, Berlin 2004 (CD-Rom)

Abb. 21: Rembrandt van Rijn, David und Jonathan, signiert und datiert 1642, Holz 63 × 71 cm, St. Petersburg, Eremitage; C. TÜMPEL (Hrsg.), Im Lichte Rembrandts. Das Alte Testament im Goldenen Zeitalter der niederländischen Kunst, Zwolle 1994, 199, Abb. 140

Abb. 22: Mittelalterliche Buchillustration, ca. 1250, New York, Pierpont Morgan Library, Ms. M.638, fol. 26r; S. C. COCKERELL (Hrsg.), Old Testament Miniatures. A Medieval Picture Book with 283 Paintings from the Creation to the Story of David, London o. J., Abb. 162

Abb. 23: Guido Reni, David mit dem Kopf Goliats, Öl auf Leinwand 220 × 145, Paris, Museé du Louvre, THE YORCK PROJECT, Die Bibel in der Kunst. Gemälde, Zeichnungen, Grafiken, Berlin 2004 (CD-Rom)

Abb. 24: Lorenzo Ghiberti, »Paradiestür« (nach der Restaurierung), linker Flügel, David erschlägt Goliath, Florenz 1425–1452, Museo dell'Opera del Duomo; A. PAOLUCCI, Die Bronzetüren des Baptisteriums in Florenz, München 1997, 150

Abb. 25: Michelangelo Buonarotti, David Statue (1501–1504), Marmor, 434 cm, Accademia, Florenz; F. HARTT, David by the Hand of Michelangelo. The Original Model Discovered, London 1987, 19, Abb. 2, Photo by Courtesy R. F. S. P. Rome

Abb. 26: Miniatur aus der Weltchronik des Rudolf von Ems, Codex bibl. 205, fol. 136; H. HAAG (Hrsg.), Grosse Frauen der Bibel in Bild und Text, Herder Verlag, Freiburg u. a. 1993, 169

Abb. 27: Juan Antonio Escalante, Abigail vor David, Museo del Prado, Madrid, H. HAAG 1993 (s. Abb. 27), 173

Abb. 28: Kupferstich, Arias Montano, Bedito (1597): David (s. Abb. 19), Fotografie Sara Kipfer, mit freundlicher Genehmigung der Universitätsbibliothek Basel

Abb. 29: Bible Moralisée, Bathseba im Bade, Manuskript 166, fol. 76, (13. Jh.?), Bibliothèque Nationale, Paris, H. HAAG 1993 (s. Abb. 27), 187

Abb. 30: Rembrandt van Rijn, Bathseba, signiert und datiert 1654, Leinwand 142 × 142 cm, Paris, Musée du Louvre, C. TÜMPEL 1994 (s. Abb. 21), 160, Abb. 102

Abb. 31: Marc Chagall, David steigt auf den Ölberg, Radierung, O. BREICHA (Hrsg.), Marc Chagall. Die Bibel. 105 Radierungen zum Alten Testament, Salzburg 1996, 159, Abb. 71

Abb. 32: Deckengemälde aus Schloss Eggenberg bei Graz (1666–1673), Bildmaterial mit freundlicher Genehmigung des Landesmuseums Joanneum, Schloss Eggenberg, Graz

Abb. 33: Max Hunziker, David trauert, Grisaille, Der Psalter. Mit vierzig Grisaillen von Max Hunziker (o. Hrsg.), Württembergische Bibelanstalt Stuttgart, Stuttgart 1966, 234

Abb. 34: Münsterportalfigur König David, Erhart Küng, Hauptportal des Berner Münster, 15. Jh., Inv. 42599, Foto Stefan Rebsamen, Reproduktion mit freundlicher Genehmigung des Bernischen Historischen Museums

Abb. 35: Marc Chagall, signiert, rücks. bezeichnet: Cantique de David, Aquarell, Gouache, Tusche und Bleistift 35,8 × 26,6 cm; B. ROLAND, Marc Chagall. Die Bibel. Gouache, Aquarelle, Pastelle und Zeichnungen aus dem Nachlass des Künstlers, Mainz 1990, 108, Abb. 81

Abb. 36: Dura Europos, Jacobs Blessing; Orpheus/David, ca. 250 n. Chr.; W. DIETRICH / H. HERKOMMER 2003 (s. Abb. 1–7), 334

Abb. 37 Barberini-Psalter: David spielt vor Tieren (Mitte), erwürgt einen Löwen (rechts) und erschlägt einen Bären (links), Konstantinopel 11. Jh., Rom, Biblioteca Apostolica Vaticana, Berb. gr. 372, fol. 248r., W. DIETRICH / H. HERKOMMER 2003 (s. Abb. 1–7), 600, Abb. 1

Abb. 38 und 39: aus der Partitur der Sonate von Johann Kuhnau, »Der von David vermittelst der Music curirte Saul« (1700); W. DIETRICH, Die frühe Königszeit in Israel: 10. Jahrhundert. v. Chr., Stuttgart u. a. 1997 (Biblische Enzyklopädie 3), 284, Abb. 15

Abb. 40: Lucas van Leyden, David vor Saul, Kupferstich, Wien, Graphische Sammlung Albertina, THE YORCK

PROJECT, Die Bibel in der Kunst. Gemälde, Zeichnungen, Grafiken, Berlin 2004 (CD-Rom)

Abb. 41: Arthur Boyd, David and Saul, glazed terra-cotta, 74,8 cm, National Gallery of Victoria, Melbourne, Australia; A. F. CAMPBELL / M. A. O'BRIEN, Unfolding the Deuteronomistic history: origine, upgrades, present text, Minneapolis, MN 2000, Cover art

Abb. 42: Psalter, David mit den vier Musikern Asaf, Heman, Etan und Jedutun, (vermutlich Mailand, Ende 9. Jh.) Rom, Biblioteca Apostolica Vaticana, Vat. lat. 83, fol. 12v.; W. DIETRICH / H. HERKOMMER 2003 (s. Abb. 1–7), 603, Abb. 3

Abb. 43: Huth Psalter, David am Glockenspiel mit Fidler und Tänzer, London, British Library, Add. MS 38116, fol. 89, um 1280/90; W. DIETRICH / H. HERKOMMER 2003 (s. Abb. 1–7), 712, Abb. 21

Abb. 44: Ulrich Schreier, Initiale »B« in Breviarum, David mit Triangel, Salzburg, Studienbibliothek, Cod. M III 21, fol. 10v., um 1470; W. DIETRICH / H. HERKOMMER 2003 (s. Abb. 1–7), 713, Abb. 22

Abb. 45: Juniper-Stilp, David springt mit der Harfe, Masice (Kroatien), Antonius Kirche, Holzschnitzerei am Chorgestühl 1765/74; W. DIETRICH / H. HERKOMMER 2003 (s. Abb. 1–7), 724, Abb. 32

Abb. 46: Domenico Zampieri, David springt mit der Harfe, Rom, San Silvestro al Quirinale, Wandgemälde in der Kuppel der Cappella Bandini, 1625/29; W. DIETRICH / H. HERKOMMER 2003 (s. Abb. 1–7), 723, Abb. 31

Abb. 47: Winchcombe Doppelpsalter, David »springt« als Gaukler vor der Lade, Dublin, Trinity College, Ms. 53 fol. 151r, 12. Jh.; W. DIETRICH / H. HERKOMMER 2003 (s. Abb. 1–7), 534, Abb. 1

Abb. 48: Walter Habdank, David und Natan, Holzschnitt; P. NEUENZEIT (Hrsg.), Bilder der Hoffnung. 24 Holzschnitte zur Bibel von Walter Habdank, Bd. 1, München 1980, 29, Abb. 6

Abb. 49: Byzantinische Miniatur, 10. Jh., Paris, Bibliothèque Nationale, Ms. Gr. 139. fol. 136 verso; R. A. SCHRÖDER,

Die Bibel in der Kunst. Das Alte Testament, Köln 1956, Abb. 174

Abb. 50: Illustration aus dem Stundenbuch des Jean Bourdichon, David als Büsser, Rom, Bibliotheca Apostolica Vaticana, Vat. lat. 3781, fol. 74r., um 1480–85; W. DIETRICH / H. HERKOMMER 2003 (s. Abb. 1–7), 607, Abb. 6

Abb. 51: Illustration aus dem Stundenbuch des Duc de Berry, von den Brüdern Limburg, Faksimile Verlag, Luzern, 15. Jh.; H. HAAG, Grosse Frauen der Bibel in Bild und Text, Herder Verlag, Freiburg u. a. 1993, 192

Abb. 52: Silberteller aus der kaiserlichen Werkstatt des Herakleios, ca. 630 n. Chr., The Metropolitan Museum of Art, New York, acc. no. 17.190.396; E. CRUISHANK DODD, Byzantine Silver Stamps (DOS 7), Washington 1961, 179,

Abb. 53: Petrus de Ebulo, Liber ad honorem Augusti (12. Jh), Bern, Burgerbibliothek, Cod. 120. II, Bl. 143r; W. DIETRICH / H. HERKOMMER 2003 (s. Abb. 1–7), 398, Abb. 4